迈乎学习

以三课工程促核心素养落地的麓山实践

邓智刚◎著

谨以此书
与奋斗在新时代课改一线的
教育同仁们共飨！

CNS
湖南教育出版社

图书在版编目（CIP）数据

迈孚学习：以三课工程促核心素养落地的麓山实践/邓智刚著. —长沙：湖南教育出版社，2019.10

ISBN 978-7-5539-7185-8

Ⅰ. ①迈… Ⅱ. ①邓… Ⅲ. ①中学—教学研究 Ⅳ. ①G632.0

中国版本图书馆 CIP 数据核字（2019）第 173208 号

迈孚学习——以三课工程促核心素养落地的麓山实践

MAI FU XUEXI—YI SANKE GONGCHENG CU HEXIN SUYANG LUODI DE LUSHAN SHIJIAN

邓智刚 著

责任编辑：姚 晟 董静静
装帧设计：辛 宇
出版发行：湖南教育出版社（长沙市韶山北路443号）
网　　址：www.bakclass.com
微 信 号：贝壳导学
电子邮箱：hnjycbs@sina.com
客服电话：0731-85486979
经　　销：湖南省新华书店
印　　刷：湖南省众鑫印务有限公司印刷
开　　本：710 mm×1000 mm 16开
印　　张：22.5
字　　数：350 000
版　　次：2019年10月第1版
印　　次：2019年10月第1次印刷
书　　号：ISBN 978-7-5539-7185-8
定　　价：48.00元

序

长沙麓山国际实验学校邓智刚校长总结整理多年的教育教学改革和管理经验，将于近期付梓出版，书名定为《迈孚学习》。“迈孚（MIFE)”一词由邓校长提出，这并非他刻意而为的标新立异，而是他对这几年教育教学改革成果的中肯概括。

课堂无疑是学校教育教学改革的主阵地。教育部长指出，要“从课堂的战略地位出发，确定课堂教学改革是教育改革的核心”。邓智刚校长十分重视课堂教学改革，担任长郡双语实验中学校长期间，他带领全校教师以慕课、翻转课堂等信息化课堂改革为突破口，致力于探索现代教育技术与学科教学的深度融合，在个别化教学研究方面取得了可喜成果。2015 年担任麓山国际实验学校校长后，他将学校进行了多年的“EEPO 有效教育”与慕课、翻转课堂进行整合，将其命名为“迈孚学习”，继续探索课程建构和教学改革。在《迈孚学习》一书中，“迈孚”既是一个新的教育教学理念，是一个思想体系，又是一个具有校本特色的高效课堂操作体系。

《迈孚学习》的主要内容包括导论与五章，共六个部分，分别从内涵界定、育人价值、课程体系、课堂实施、保障措施、升华拓展等不同角度对“迈孚学习”进行了全面介绍与呈现。其价值主要表现在以下几个方面。

探索了一条核心素养的培育路径。2016 年 9 月，以培养“全面发展的人”为核心的中国学生发展核心素养研究成果正式发布。核心素养体系已成为我国深化课程改革、变革育人模式、提高教育质量的方向和引擎。培育核心素养的主渠道同样在课堂。从 2017 年开始，邓校长主持研究湖南省“十三五”教育科学规划重点课题“基于中学生核心素养培育的三维课程建构与教学改革”。他以“迈孚学习”变革打开课题研究的通道，带领研究团队探索将核心素养研究从理论走向实践，进而内化为学生适应终身发展和社会所需的品格与能力，为现今中小学核心素养的培育与落地提供了一条可供借鉴的路径。

构建了一种高效课堂的校本化模式。“高效课堂”是近年来中小学的热门话题。顾名思义，“高效课堂”是指以最小的教学和学习投入获得最大学习效益的课堂，其基本特征是“自主建构，互动激发，高效生成，愉悦共享”。以“迈孚”为核心理念的高效课堂注重建立平等的师生关系，创设教学情境激发学生兴趣，优化“先学后教”的学生自主学习机制，培养学生的创新精神和实践能力。同时，“迈孚高效课堂”实行作业检测流程化，把大部分作业放在课堂上同步完成，减少学生课后作业量，实现了“高效”与“减负”双赢。

找到了一个推动教育信息化的抓手。教育信息化要求在教育过程中充分运用以计算机、多媒体和“互联网＋”为基础的现代信息技术，来促进教育改革，提高教育效率。2018 年，教育部正式发布《教育信息化 2.0 行动计划》，教育信息化是未来教育的发展方向。“迈孚学习”要求教师充分利用网络媒体和微视频等现代信息手段整合课程资源，变革教学方式，提高教学效率。为将这一课堂模式落到实处，麓山国际创建了教学资源共享和互动研讨网络平台，搭建了教学管理监控系统。“迈孚学习”无疑为提升教师信息素养，推进学校教育信息化找到了一个重要抓手。

作为学校改革发展的践行者，邓校长带领的课堂教学改革始终将理论学习与实践反思相结合，将吸纳先进教育理念与本校教学实际相结合。因此，“迈孚学习”既有鲜明的时代特点，又有浓郁的校本特色，这是他引领教育教学改革获得成功的重要经验。如今，以麓山国际实验学校为主体的麓山教育共同体已发展成一校九区的规模，邓校长同时担任“长沙市邓智刚名校长工作室”的首席校长，“迈孚学习”的影响已不局限于麓山国际实验学校。我们相信，《迈孚学习》一书的出版将为全国基础教育领域的课改发挥更大的示范引领作用。

2019 年 6 月 15 日

目录

导论

第一章　迈孚学习——师生成长发展的 DNA

第二章　三维课程——迈孚学习的内核系统

第三章　MIFE 课堂——迈孚学习的主要阵地

第四章　队伍建设——迈孚学习的关键保障

第五章 课题研究——迈乎学习的升华平台

导　论

作为新时代的教育工作者，我们总是在思考：未来的教育是什么样子的？未来的学校是什么样子的？未来的师生和教学是什么样子的？

于是有了党的十九大中关于教育改革与发展的论述，于是有了全国教育大会的精神指引，于是有了新高考改革，于是有了《中国教育现代化2035》的蓝图设计，于是有了更多的探索与实践。

于是有了缘起校园的《老师好》这样的电影。苗宛秋和他的学生们的故事，直指人心和人性，让大家想起了校园里熟悉的情节，让我们直面教育的真性情——朴素、感人。《老师好》中的苗宛秋，是一个时代教师朴素形象的定格—黑框眼镜、白衬衫、手腕上的旧手表，唤醒了每一个人心中对老师的回忆。苗宛秋深爱学生但言语中不轻易流露，也不放弃任何一个学生。同时，他也是一个隐忍的君子：在分不到学校的安置房中隐忍，在老婆的埋怨眼神中隐忍，在学生的针锋相对中隐忍，在同事的嘲笑中隐忍，在被剥夺了清华大学录取资格中隐忍。观赏影片时，我们很少笑，更多的是哭：他号召同学们为疾病缠身的伙伴捐款；他晚上免费替同学们补习，在学生面临人生抉择时，他没有代替她做决定，而是告诉她“人生有好多个十字路口，重要的就那么一两条，要选一个最适合你自己的”。苗宛秋的无私奉献也终于让学生们感受到了他的一片真情。《老师好》这部电影犹如岁月凝成的珍珠，放在地上是冰冷的，拿在手里却炙热烫手，那份温度里有你，有我，有他，有记忆串连的每一个教育故事。

作为一名校长，我经常思考：如何打造学校特色？如何实现立德树人根本任务？如何培育核心素养？如何培养学校育人目标中预设的“受欢迎的世界公民”？

于是有了省教育学会初中校长研究专业委员会的系列研讨，于是有了长沙市邓智刚名校长工作室的团队提升。于是我们在章程建设和五年规划上下苦功夫，在学校培养目标上下苦功夫，在校园文化建设上下苦功夫，在课程建构上下苦功夫，在课堂改革上下苦功夫，在教师专业发展上下苦功夫，在学生学习方式上下苦功夫。

于是，在我们的孜孜追求与不懈努力下，在近年来的探索与实践中，“迈乎学习”应运而生。“迈乎学习”代表着这个时代的呼唤在教育领域的生根发芽。

教育的科学之道在于科学理论的指导。理论和实践应该是相融共生、相亲相爱的关系。[①] 知识经济汹涌澎湃，基础教育课程改革如火如荼。2018 年召开的全国教育大会在习近平新时代中国特色社会主义思想指导下，加快了教育现代化步伐，为努力写好新时代教育改革发展的奋进之笔规划了蓝图，指明了方向。教育的定位、教育的首要问题和根本任务、人民教师无上光荣、“九个坚持”、六个“下功夫”等论述，就是我们学校教育发力奋进的基本遵循。

教育的科学之道在于“适合”。这种“适合”的根本保证，就是尊重教育规律、师生交往规律和学生身心发展规律，实现教师主体性和学生主体性的有机统一。在这种背景下，我校坚定地开展了以“迈乎学习”教育思想为核心的基于中学生核心素养培育的课程建构和教学改革的探索与实践。[②]

---

① 代蕊华．校长要做有思想的实践者［J］．中小学管理，2018（1）．
② 邓智刚．基于中学生核心素养培育的课程教学改革探索［J］．创新人才教育，2018（9）．

一、缘起：对中学个别化教学组织管理的系统思考

个别化教学是以学生的个性差异为依据，基于不同学生的特质与优势智能，实现不同类型和不同层次的学习成长，从而开发个别化的教学资源，个别化诊断学生的学习能力和评定学业成绩，使学生在“自我比较”中完成有差异发展的教育思想。[①] 个别化教学的核心思想就是中国古代的因材施教。

2013 年，我有幸参加了由教育部中学校长培训中心主办的第二十三期全国初中校长高研班的培训学习，学习思考中有一深刻感悟：个别化教学不应局限于课堂教学，它应包含学生学习的各个方面。对学校而言，个别化教学的组织管理囊括了办学理念、课程建设、教学改革、师资队伍建设以及评价机制等维度；个别化教学既是一种教学组织形式的变革，同时也包含着对教学方法手段、课程教材等的变革与优化。个别化教学实现了以学生的个性差异为依据的教学方式，满足学生个性成长的需要；减轻了学生过重的课业负担，提高教育教学质量；加快了个性化教育的推进速度，进而实现教育的可持续发展。

笔者在担任长郡双语实验中学校长和麓山国际实验学校校长期间，主持开展了个别化教学组织管理的校本实践研究。

个别化教学组织管理的切入点是尊重师生个性发展的个别化多元课程建设，构建有利于学生个性化发展的高效课堂模式。个别化教学组织管理的基点是办学理念和学生观的创新。笔者在长郡双语实验中学担任校长期间，将长郡中学的“只只蚂蚁捉上树”的办学理念改成“只只蚂蚁爬上树”。由“捉”到“爬”一字之差，体现了学校的育人理念和教育思想的转变，体现的是对学生主动性和个性的尊重，促进学生及学校的持续健康和谐发展。从而调动其生命中的积极因素，让其成为更好的自己。

作为长郡双语实验中学首任校长，通过五年的探索与实践，为长郡双语

① 邓智刚．对中学个别化教学组织管理的系统思考［J］．课程教育研究，2017（4）．

实验中学初步构建了全方位的个别化教学的环境，取得了良好的效果。从教师方面来看，个别化教学活动尊重教师的主体性和能动性，教师在专业成长道路上有很大的自由发挥空间。从学生方面来看，学生在学习热情、学习态度、学习方法和学习效果等各方面都有所改善，收获属于自己的成功，极大地增强了学生的自信心。①

取得成绩的同时也存在一些需要思考的问题。第一，对于个别化教学仍有很多质疑的声音。这种质疑主要来自家长和教师。第二，对教师个别化教学能力的培训还不够完善。第三，学生的主动性和自觉性还需加强。第四，缺乏完备的个别化教学条件和平台支撑。第五，个别化教学的起点是“差异”，衡量差异的标准有待完善。第六，国家课程、地方课程和校本课程三者之间的关系需要更加有效地权衡。第七，需攻克在个别化教学的课堂中遇到的具体问题。第八，个别化教学方案的科学性和实效性有待提高。

2015 年，担任长沙麓山国际实验学校校长以来，我结合麓山国际实验学校的办学特点，开始了新一轮的个别化教学探索与实践，又有了新的启发与思考，并于 2016 年申报了湖南教育学会“十三五”重点课题“基于个别化教学的课堂建设与课堂改革”的实践研究。

长沙麓山国际实验学校自建校以来，开展了一脉相承的以提高课堂教学质量的教育教学改革研究。特别是近几年，我们把个别化教学的前期研究成果运用到麓山国际的教育教学改革探索实践中，不断追寻新时代教育关键命题的答案。

二、继承：EEPO 的前期探索

EEPO 即有效教育，它的英文全称是 effective education in participatory organizations。其核心理念是：有效教育是通过组织和参与来实现的。②

① 邓智刚．中学个别化教学组织管理的实践与思考［D］．长沙：湖南大学，2016.

② 任小艾，任国平，朱哲．期待已久的变革：广西壮族自治区有效教育改革与实践纪实［J］．人民教育，2012（1）.

EEPO在培养目标上，强调知识性、个性与创造性的统一；在方法论上，强调通过学生的有效参与实现有效教育；在教学方式上，强调通过要素组合、平台互动、三元方式等课型来进行课堂教学；在学习方式上，强调学习方式训练的重要性，要进行5J（单元组、约定、团队、板卡、表达呈现）训练；在评价方式上，既有“三性”（知识性、个性与创造性）“三动”（主动、互动、能动）的经典型评价，又有学科性评价、流程性评价、项目性评价、单要素评价等评价方式，所有评价方式都遵从“以学评教、以学定教”的原则。

EEPO的主要课改成果具体表现在：①转变了思想观念，新课程理念得以内化，“以生为本”“以学评教”“以学定教”深入人心；②改变了教学方式，先学后教，少讲多练，突出学生的主体地位；③训练学生学习方式成为学校常态，团队成为学校基本的学习生活方式；④改变了管理方式，头脑风暴、民主管理、团队合作成为学校基本管理文化；⑤改变了教学评价方式，从突出教师的教转向突出学生的学，从只注重结果转变为注重过程和结果并重。

三、溯本：教学一体化和学科特色化的麓山实践

“教学一体化、学科特色化”改革的核心基点是落实课程标准，旨在强化落实课标达成和提升课堂教学效能的课改新思路。

“教学一体化”的实施效果分两个层次。第一层次：教师的教、学生的学和课标达成的一体化。第二层次：①从教师教的角度来看，实现“备课＋上课＋批阅”一体化；②从学生学的角度来看，实现“课前＋课中＋课后”一体化；③从课程标准达成的角度来看，实现“教案＋课件＋检测”一体化。“教学一体化”改革，这两个层次的一体化，可以通过教师备课与学生备学的一体化来实现，也可以通过师生互动与生生互动、课堂互动与课下互动、人机互动以及人与资源的互动一体化来实现。①

① 李素洁. 课堂教学的“道”与“术”[J]. 学术论文联合比对库，2017（6）.

"学科特色化"的基本思想表现在：学科课程标准有一定的统一性，但希望实施的目标、策略和方法具有鲜明的学科特色。"教学一体化"虽然在同一学科同一课时设计了统一的三件套（教案、学案和检测单），但落实到不同的学生、班级和具体的学情，老师们可以作出个性化调整。课堂上，教学目标一致，但在教学方式、学习方式、情景设计和课堂互动的设计上可以灵活处理，多元生成。

四、推进：翻转课堂、微视频与慕课的多元整合

翻转课堂（flipped classroom）是指教师引导学生课前先学，课堂上多元互动并解惑释疑，课后针对性布置作业进行强化训练和深度探究的教学形态。理想的翻转课堂具有如下特征：学生积极主动的学习状态，个体指导为主的教学风格，师生、生生之间的有效互动，课堂教学多维目标的达成。① 翻转课堂的实质是使得教师的教和学生的学紧密互动，学生先学，从而提高课堂教学的针对性和实效性，提升课堂的生命质量和整体效能。

翻转课堂的基本要领：一是学校要基于网络和云数据建设搭建教学互动的平台；二是教师要认真领会学科课程标准，形成知识清单，掌握重难点，并制作相应的微视频、PPT、课后训练题和微课，让学生在家中能菜单式选择性自学和复习检测；第三，对学生自学情况有系统的评价跟进机制，保持学生的学情有可控的精准的理性分析。②

微视频学习是一种针对性很强的有效教学形式，是翻转课堂教学模式的重要组成部分。每一个微视频牵涉到的学科逻辑范畴就是一个知识点，重点突出。微视频的讲解要没有知识性错误和常识性错误。微视频的制作要讲求一定的科学性和艺术性，使得微视频能成为学生进行重难点突破时的重要辅

① 田爱丽，吴志宏. 翻转课堂的特征及其有效实施：以理科教学为例［J］. 中国教育学刊，2014（8）.

② 刘仕龙. 自主合作探究：初中数学高效课堂的构建［M］. 长春：吉林人民出版社，2018.

助教学手段。[1]

慕课（massive open online courses）即大型开放式网络课程。慕课的灵魂要义是学科课程的在线开发。开发的主体是多元的，可以是老师、家长、社会相关行业的专家，甚至是学生。很多对学科有特别兴趣和深度钻研的学生，在线开发的网络学习资源，深受欢迎。笔者担任长郡双语实验中学校长期间，兼任C20初中慕课联盟的创始校长，于2013年正式启动慕课及翻转课堂课改实验，专门设立慕课实验班，学校被长沙市教育局确定为全市唯一的慕课实验学校。2013年长郡双语实验中学被评为“湖南省中小学教师培训基地学校”“长沙市校本研训示范学校”。

自担任长沙麓山国际实验学校校长以来，我继续在教师中推进这一教育实验。学校组建了“慕课教师团队”，目前已发展了近180人。各学科、各年级组教师们在课堂教学、重难点自习突破、周末自习辅导、寒暑假作业在线课堂等场合中，广泛使用慕课和微视频等现代教育元素，取得了良好的教育教学效果。2019年暑假，我校慕课团队中的多位名师在长沙市教育局组织的“线上名师公益课堂”活动中大放异彩，在线课堂重难点突出，讲解深入浅出，具有很强的启发性。得到了家长、学生及社会各界的一致好评。

五、创新：MIFE（迈孚）高效课堂的全新突破

众所周知，核心素养培育的主阵地在课堂。2015年我担任长沙麓山国际实验学校校长时提出：以构建“MIFE（迈孚）高效课堂”作为课堂教学改革的突破口和主要抓手，通过MIFE高效课堂的建设打通中学生核心素养培育的核心通道。2016年我主持了湖南省教育学会“十三五”教育科学重点课题“基于个别化教学的课程建构与教学改革”的研究与实践。2017年又申报了湖南省教育科学规划重点课题“基于中学生核心素养培育的三维课程建设与课堂教学改革”，就是想立足“三课”（课程、课堂、课题）建设，使核心素养

---

① 刘仕龙. 自主合作探究：初中数学高效课堂的构建［M］. 长春：吉林人民出版社，2018.

落地。经过几年的努力，取得了一定的成果。

MIFE是“MOOC lntegrated with flipped classroom and EEPO”的简称，是慕课（MOOC）与翻转课堂（flipped classroom）、有效教育（EEPO）的整合。其中文名“迈孚”具有理念超前、多元互动、智慧高效的内涵。① MIFE高效课堂既是认识论，又是方法论和实践论。核心理念为：教学是教师与学生双主体协同交流的过程（教学即交流，以学定教，学教合一）。核心目标为：一切致力于促进学生主动发展，构建以学生发展为本的新型教学关系。教学手段：一看信息技术与学科教学的融合程度如何，是否熟练运用微课、微视频等现代信息技术辅助教学；二看课内流程性检测是否及时有效。教学方式为：一看是否体现学生、教师的双主体作用；二看学习共同体是否形成（师生间、生生间）；三看是否能动地体现教学核心环节—思（自主学习）、议（合作交流）、展（展示呈现）、评（点拨释疑）、测（流程检测）；四看是否体现课堂教学的生态性、生活性、生长性、生成性。学习方式为：一是“五要素”（听、看、讲、想、做）是否变换运用；二看单元组、团队学习方式是否训练到位运用自如；三是课堂约定是否有效；四是表达呈现方式是否多样（口头呈现、投影呈现、板卡呈现、多媒体呈现）。

在MIFE高效课堂建设中，我校主要从以下几点进行突破。

第一，课堂教学组织有效化。①建立平等民主的师生关系，营造和谐融洽的课堂气氛；②改善和优化教学情境的创设；③夯实基础，侧重能力，因势利导地优化学生自主学习机制；④立足发展、面向未来，不断优化学生学习习惯的培养机制。

第二，课堂评价课型化。教学评价树立了以学评教和教学统一的思想，主要包括教学理念、教学目标、教学手段、教学方式、学习方式和教学效果等方面。

第三，因材施教层次化。学校采取布置学习任务、分层辅导、分层布置

① 邓智刚．基于中学生核心素养培育的课程教学改革探索［J］．创新人才教育，2018（9）．

作业等措施，力促每个学生的学习效益最大化。

第四，作业检测流程化。学校对学生作业检测的时效性进行了大胆改革，把大部分作业放在课堂上完成，减少辅导资料的重复征订，减少学生课后作业量。

第五，质量检测精细化。学校精心设计试卷质量分析报告表，在每学期段考、期中和期末考后要求教研组长和备课组长组织本组教师认真填写此报告表，同时要开展组内段考、期中和期末考试卷分析活动，并将分析结果反馈给相关部门、学生和家长。

第六，资源整合现代化。①学校努力实现有效教学中教材、教师、学生、教法各要素的综合平衡。②学校要求教师在教学中根据学生层次和接受程度重组教材结构和知识呈现的方式，并充分利用网络媒体、微视频、图片、实践活动等方式整合课程资源，进而提高教学效率。③学校创建教学资源共享和互动研讨网络平台，搭建教学管理监控系统，实现资源价值的最大化。[①]

从“个别化教学”到“EEPO（有效教育）”到“教学一体化、学科特色化”再到“MIFE（迈孚）高效课堂”，学校教育教学改革始终以立足课堂，以课堂教学为中心。虽然取得了傲人的成绩，但以课堂教学为中心也存在局限性和遗憾。主要体现在以下几个方面：

第一，课堂教学无法充分地促进和实现学生全面而有个性的发展。学生个性潜能的开发缺失，这是课堂教学中心的本体局限，也是我国学生“均值高、均差小”的重要原因。

第二，课堂教学已经步入高原状态。教师的教育理念、教育理想、教育追求，体现在多个方面，不仅仅是课堂教学。所以高质量的课堂教学面临着可持续发展的挑战。

第三，“课堂教学中心”无法应对信息技术时代的要求。信息时代，社会多样化程度日益提高，个人定制的时代正在到来。以英语为例，七年级的英语老师会发现，学生里有从幼儿园开始学英语的，有从小学三年级开始的，有的甚至已经考级。英语课该怎么教？这就需要英语教研组深入思考。一些

---

① 邓智刚．基于中学生核心素养培育的课程教学改革探索［J］．创新人才教育，2018（9）．

学校不同形式的走班、选课和其他课程校本化的实施与改革行动，说明对学生个性选择与学情信息的探索十分重要。而这些都可以充分运用信息技术来实现。

第四，课堂教学越来越难适应推进教育公平带来的挑战。[①] 促进教育公平的举措之一是就近入学，促使教育走向均衡。这一教育决策，却在事实上提升了班集体学习的差异性和教学管理的难度。

第五，课堂教学难以发挥全体教师的作用。高质量的课堂教学容易形成少数教师优秀，教师的整体实力不易表现。高质量的课堂教学适应不了学校特色建设：学校的师资优势、学校条件、领导能力、学校课程自主权、学校管理等方面的实力，都显示不出来。

第六，课堂教学难以很好地应对学生核心素养的培育。质量标准是考试命题的重要内容、重要依据。比如说，数学有三个水平，高中毕业水平、高考要求、自主招生要求，这说明核心素养是有层次，有不同水平要求的。学校如何适应这种需要推进教育教学改革，已经成为我们要重点考虑的问题。

第七，课堂教学中心的教与学脱节的现象比较严重。[②] 主要表现在教与学目标取向的脱节、教法和学法的脱节、教学内容与教学目标的脱节、教学内容和形式与学生学习实际的脱节、教师要求和学生学习积极性的脱节等方面。

新时期，新征程，我们需要直面新时代教育。

中学生核心素养培育的关键是学校结合自身实际情况和学生特点，把核心素养培育融合到教育教学过程中。[③] 为此，我们不忘初心，直面问题，敢于担当，创新突破，提出并构建了“迈乎学习”的教育思想体系，并依托长沙麓山国际实验学校以及麓共体兄弟学校的教育教学改革实践，不断探索，且行且思考。

---

① 石鸥，张文. 立足课堂，超越课堂，向课程要质量［J］. 教育科学研究，2017（12）.

② 李素洁. 课堂教学的“道”与“术”［J］. 学术论文联合比对库，2017（6）.

③ 邓智刚. 基于中学生核心素养培育的课程教学改革探索［J］. 创新人才教育，2018（9）.

第一章

迈乎学习

——师生成长发展的DNA

迈乎学习关注当下基础教育两大热点：教育现代化与核心素养培育。新时代加快推进教育现代化，首先要树立现代化的教育理念。《中国教育现代化2035》提出了推进教育现代化的八大基本理念：更加注重以德为先，更加注重全面发展，更加注重面向人人，更加注重终身学习，更加注重因材施教，更加注重知行合一，更加注重融合发展，更加注重共建共享。同时，世界教育聚焦核心素养培育。核心素养培育是立德树人的关键，核心实质是“培育全面发展的人”。为此，长沙麓山国际实验学校立足校本，积极推进学校教育现代化，构建了“迈乎学习”教育思想体系，推行一系列的教育教学改革探索，力促核心素养的真正落地。

第一节　迈乎学习的基本内涵

迈乎学习是以“个别化教学”“EEPO（有效教育）”“教学一体化、学科特色化”“MIFE（迈乎）高效课堂”的理论与实践成果为基石，以中学生核心素养培育为指导，以立德树人为学校教育的根本任务，从而促进学生全面发展、教师专业发展、学校内涵发展的一种“理念超前、多元互动、智慧高效”的教育思想体系、理论体系和操作体系。

迈乎学习通过学校文化建设、多元课程构建、课堂教学改革、学习路径拓展、互联网信息技术与教育融合、干部和教师队伍建设等方面的改革创新，构建一种新型的、立体的和全方位的教育生态，将学生培养成为具有“自信、自理、自主”能力和“爱心、责任、合作”素养的最受欢迎的“世界公民”。

一、概念解读

MIFE是“MOOC lntegrated with flipped classroom and EEPO”的简称，是慕课（MOOC）与翻转课堂（flipped classroom）、有效教育（EEPO）的有机整合。其中文名“迈乎”具有理念超前、多元互动、智慧高效的内涵。

迈乎学习是一种以学习者（学习者不仅是学生，同时也包括教师和管理者团队）为中心的教育思想体系。其体系的建立是站在学习者的角度来进行的。新时代学校建构的基本原则是以学生为中心、以促进儿童发展为目的，儿童中心论是新学校的共同价值基础。[①] 迈孚学习的核心目标是促进学习者主动发展、全面发展、个性发展和可持续发展。

迈孚学习重视学生的知情意信行的涵养，重视学生学习潜能的开发，重视核心素养与个性的培育。迈孚学习突出学生的主体地位，不仅在于学生掌握了多少知识，更在于学生如何学习，使学生掌握独立学习的科学方法。

迈孚学习要求学校将智慧校园的建设、信息技术与新课程改革深度融合，用科技赋能教育，适应每个学生学习需求的精准供给。[②] 现代信息技术是迈孚学习的重要工具，迈孚学习需要借助移动互联网与人工智能（AI）等现代信息技术，将学生的学习空间由物理空间延伸到了虚拟空间，利用 AI 技术、大数据等，对学生当前学习内容的掌握程度进行判断，并推送相应内容。迈孚学习通过智慧校园建设促进学生全面、个性、可持续发展。

迈孚学习需要学校运用扁平化的思维，通过整合与构建多元的课程资源，将一切有助于学生全面而个性化成长发展的活动都视为课程。如科学实验类课程、实践活动课程、社团课程、研学旅行课程、生涯规划课程、养成教育课程等，将所有课程当成学校与学生发展的“互动时空”，为学校特色的形成与学生发展提供空间和平台。努力打造富有特色的课程体系，将学校打造为适合每个生命成长、发展和完善的教育生态园。

迈孚学习的主阵地是课堂，要求立足课堂、超越课堂。所以课堂教学应转变过分注重知识学习而轻视实践体验的状况，增加学生动手实践和体验感悟的机会，密切学生与自然、社会、个体生活的联系，让学生用完整的视角去发现和解决问题、体验和感受生活，培养学生的创新精神和实践能力，从书本走向世界，让学生从被动接受转变为主动学习。迈孚学习需要选择适当的媒体呈现形式，对学习资源进行排序，并提供不同的学习路径，帮助学生积极主动地参与到学习过程中去，开展更深层次的学习。

---

① 张斌贤，周梦圆. 儿童中心学校的兴起与美国教育变革［J］. 全球教育展望，2018（10）.

② 中国教育科学研究院课题组. 中国未来学校 2.0 概念框架［N］. 中国教育报，2018（11）.

迈孚学习强调以解决问题为导向的4C能力，包括批判性思考与问解决（critical thinking and problem solving）、有效沟通（effective communication）、团队共创（collaboration and building）、创造与创新（creativity and innovation）。经济合作与发展组织（OECD）指出，2030年所需的核心能力涵盖知识（knowledge）、技能（skills）、特质（character）与态度（attitude）、后设学习（meta-learning）等四大向度。

迈孚学习从两个方面颠覆了人们对传统学校教育的理解：一是学校教育的组织重心从传统的教师教学中心转向了学生的学习中心，教师的教必须服务于学生的学。二是学校教育的价值重心从传统的知识中心转向了学习者全面可持续发展这一中心。学生在学习过程中不仅要获得知识，更要获得技能、价值观和态度等。

二、基本特征

迈孚学习作为理念超前、多元互动且智慧高效的学习体系，呈现出以下特色。

1. 学习本质个性化

就迈孚学习的本质特点而言，它是“以学习者（人）为中心，以学习任务本身为焦点”的学习。对学生而言，迈孚学习是一种基于核心素养培育的多元化和差异化的教育，也是一种个性化的学习策略，是一种师生间互主体参与的学习，是一种依托信息技术但不拘囿于信息手段的学习，是一种联系生活但超越生活的学习方式，是一种坚守传承和盘活积淀的学习。

2. 学习时空多元化

时间方面，学生学习时域的选择性更多。学生可以选择课前学习检测，可以选择在线同步学习，也可以选择延时学习检测等方式的学习。碎片化学习与系统化学习相结合，小组异时探究与集体同步学习相融合。

空间方面，技术的发展使得学习空间不断拓展。教室、实验室、操场、创客中心、社区、农村、企业等各种场域都是学生学习的理性空间，甚至

QQ群、微信群、博客、网站等，都是学生学习必不可少的虚拟空间。学生可以借助大数据、人工智能，实现学习时空的动态可调，甚至是跨时空穿越。

3. 学习组织动态化

学习的组织和管理动态可调。学习规划可实现中长期发展计划与阶段性发展计划的有机统一，保持整体高位运行。改变传统学习行政班级的固化编制，采取选课走班等新型组班形式，实现学生整体培育目标和学生个性化培育目标的有机统一，保持学习组织的活力与动态平衡。学生学业生涯规划教育实现自我教育、学科教育和职业教育的有机统一，保持内化与外化的相互融合。

学生学习的过程管理借助云校园系统的大数据分析，保持科学性、人本性、生态性、针对性和实效性。慕课与翻转课堂模式的实施呼唤基于数据分析即时走班、学生课下先学基础上的课时调整与促进发展导向的考试制度改革等教学流程的变革。① 而这其中，最重要的是改变师生角色对应关系和互动关系。在这种开放的环境下，教师也不再是学习的权威，而变成了学生学习的“引路人”“分析师”“数据管理员”等。教师对学生给予及时引导，学生也可以寻求其他学生或网络在线资源的帮助，有效地完成深度学习。

4. 学习课程定制化

迈乎学习的课程供给将从传统学校的“统一批发”走向“个人定制”，课程供给将从过去的学生围绕学校转，变为课程供给围绕学生的需求转。定制化课程实现的具体路径将基于互联网、云计算和大数据应用的学生学习诊断和分析。迈乎学习就是适应每个学生学习的“个别化教育”。

5. 学习方式混合化

学习方式变革是迈乎学习的关键。迈乎学习强化了各种深度学习方式的

① 陈玉琨．中小学慕课与翻转课堂教学模式研究［J］课程·教材·教法，2014（10）．

融合。在自主学习方面，文献研读方式、主题探究方式、习题训练方式和实践体验等方式不断在核心素养的培育上找到切入点。在小组合作学习方面，班级合作小组与项目化学习共同体的变体形式越来越复杂，越来越有针对性，越来越深入。在探究性学习方面，体验式、实验式、传授式等主动性学习方式和讲授法以及研讨法等传统被动式方式将会进行更加美妙的融合。课堂的学习方式由单一走向多元。

6. 教师角色多元化

传统的教师角色是单一的知识传授者，教师在教学中处于中心地位，学生处于被动服从的地位。迈乎学习要求教师既是知识的输出者，又是学生探究学习的导航者、合作学习的促进者、深度学习的开发者、创新能力的培养者、教育教学的研究者、社区开放学校的支持者、课程建设的创造者设计者和评价者。教师角色多元、知识多元、能力多元是迈乎学习的重要特征。

7. 学习评价过程化

在迈乎学习的教育思想体系中，需要建立一套涉及学习全流程全方位的过程性评价体系。

一是强化学习兴趣、态度与动机等方面的评价机制。非智力因素对学习过程的影响的监测与评价可以与综合素质评价相结合。学习动力系统的评价还要发挥各种主体的评价意识和信息疏通交流机制。要让教师、家长与学生的每一次教育，成为学习评价的正能量，激发学生学习的无限潜能和无限可能。要将学习出勤、劳动纪律、寝室表现、主题活动、自习辅导等各种细节中反映出的学生学风问题，及时反馈到班级、小组和学生本人，从而作出调整。

二是强化学生学习素养的评价机制。各学科要建立具有学科特色的学业能力监测与评价机制。学业评价不仅要关注学生的学业成绩，而且要发现和发展学生多方面的潜能，了解学生发展中的需求。① 课前有学科预习疑问清

① 陶西平. 未来不再遥远：浅谈未来学校的模式［J］. 未来教育家，2018（3）.

单，课堂上有知识点过关检测、综合能力应用习题、学科素养拓展训练等，课后有知识结构思维导图制作等深度学习的探究性作业或者课题，并且设计相关的评价参考标准。

三是强化学习效能的评价管理机制。要加强线上和线下学情监控反馈管理体系。借助云校园等平台，强化学生迈孚学习的过程性数据分析，有纵向与横向上的学习进度与实效性数据图谱，甚至还有与理想学校的分数转换值与差距域，可供师生、学校管理者和家长实时阅读、理性预测和科学规划。

迈孚学习的核心特征是理念超前、多元互动和智慧高效。“理念超前”集中体现了迈孚学习在现代性与社会性方面的本质诉求；“多元互动”集中体现了迈孚学习在生态性与人本性方面的本质诉求；“智慧高效”则集中体现了迈孚学习在系统性与科学性方面的本质诉求。

第二节　迈孚学习的框架支柱与理论基础

迈孚学习是一个体系庞大复杂的系统工程。迈孚学习的目标达成和课改措施的推进，离不开科学的理论基础与生态化的框架支柱。

一、迈孚学习的框架支柱

灵动的学习环境、学习型校园文化、精心的课程体系及专业的师资队伍是迈孚学习的四大支柱。

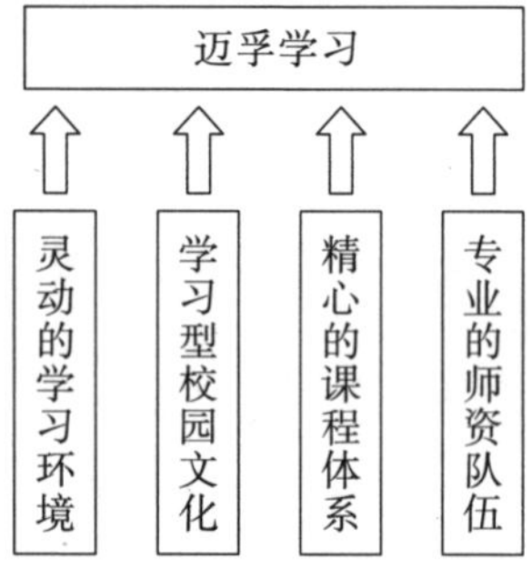

图 1-1　迈孚学习的四大支柱

(一) 灵动的学习环境

美国教学设计领域著名专家乔纳森（Jonassen）认为：学习环境是影响学习者建构知识意义和促进能力生成的外部条件系统。①

---

① 龚小英，吴丽萍，李小勇．中小学课堂学习环境的设计研究//十三五规划科研成果汇编（第五卷）[C]，2018（5）．

迈孚学习的环境是各学习要素高度互动的活动社区。学校是一个开放的组织系统，学校的每一寸空间都是潜在的课堂。社会实践、社区服务、参观考察、研学旅行等，都是学习的延伸；科技馆、博物馆、社区、企业等，都是课堂的延伸。迈孚学习把社会变成学生成长的大课堂。

迈孚学习的环境建构都遵循学习的本质意义和基本规律。任何可以实现高质量学习的地方都是学校。迈孚学习打破传统的教学结构，构建充满人文关怀、体现个性差异、满足不同需求的教学体系；打破固化的学校组织形态，采用弹性的学制和扁平化的组织架构，为学生创设多元融合的育人空间。

迈孚学习主张学习环境的个性化与智能化建构。学习环境因学习项目的不同和学段年级的不同而各有特色，这集中体现了迈孚学习基于个别化教学的不变初心。智能化学习环境就是创造让学生随时随地、利用任何终端进行学习的教育环境，实现更有效的学生中心教育。知识的获得、储存、编辑、表现、传授、创造等方面的智能化环境优化，将提高人们的创造性和问题解决能力。

（二）学习型校园文化

学习型校园文化具有以下特征：一是以人为本，二是在生活中学习，三是团队精神，四是学会反思，五是学会创新。

迈孚学习从“以施教者为中心”的文化转为“以学生为中心”的文化。迈孚学习变革了学校既有的学科本位、知识导向、讲授为主的课堂教学模式，从“知识本位”的文化转为“素养本位”的文化。激励教师创设贴近学生经验、能够承载育人价值的各种真实情境，让学生基于问题、任务或项目式的活动方式，开展自主、合作和探究性的学习。迈孚学习不囿于一室之内，让学生经历复杂多样的真实情境，在有意义的任务和活动中实践、反思、讨论和质疑，培养思维方式和探究模式，建立迈孚学习型文化。

迈孚学习让学习从书本走向世界，学生从被动接受者转变为主动学习者，打破“一言堂”现象，让个性化学习得以落实。① 学校打破固定课时安排，形成以主动、探索、体验、创作为特征的迈孚学习型文化。

我校努力培育的教研文化，就深刻地反映了学习升华的特质。

长沙麓山国际实验学校教研文化要点

说明：标注（★）的内容各教研组重点介绍

一、业务学习常态化

利用教师大会和教研组会议积极学习教育方针、法规政策和新课改要求；经常召开教研会议，学习教学法规和课程标准，传达教改教研信息，布置落实有关教研任务，总结阶段性工作，交流教学经验，商讨、解决教学问题。

1. 两周一次的教研组长会
2. 开学和期末的教师发展论坛（★）
3. 书香校园教师读书活动（★）
4. 国培、省培、市培等参培率100%
5. 引进来、走出去相结合，派骨干教师和MIFE课改团队到上海等地考察和学习交流

二、教研规划务实化

明确教学目标，依据教学原则和学科特点，按照学生核心素养培育和关键能力培养要求，制订切合实际的短期（学期）和中期（学年）的实用性计划以及中长期发展计划，突出操作性和实效性。

1. 学校发展五年规划
2. 教研组建设三年规划（★）
3. 教研组学期计划
4. 备课组教学周计划

---

① 王素，曹培杰，康建朝，等．未来学校设计构想［J］．今日教育，2017（4）．

三、教研督导精细化

根据教学计划和教学规范的要求，加强对备课、上课、作业布置和改评、课外辅导、测试等各个环节的业务管理和督导；注重学生、家长、社会等方面的情况反馈，并细致分析和认真吸取；加强名师工作室以及专题项目组的引领管理工作；加强对教研组和教师教研积分的过程管理。

1. 教学常规管理五项规定（★）
2. 教师积分制（★）
3. 教师绩效的教学教研能力考核（★）

四、校本研修项目化

构建由“校长室—教科室、教务处—教研组—年级备课组”组成的四级校本研训体系。每学期开学、期中、期末各开展一次学习研训。每位教师每学年上 1～2 节教研课，每位教师每学期听课 15 节以上，行政人员和教研组长听课 20 节以上，新教师听课 22 节以上。每周星期三和星期四下午分学科开展常规教研活动。每学期安排由全校老师参加的大型教学观摩研究活动不少于两次，力求示范性与目的性结合，针对性与典型性共通，做好评议优劣、探讨得失的工作，并记录存档。

1. 课标考纲研讨会
2. 段考试卷分析研讨活动
3. 教师专业理论与技能的培训和测试（★）
4. 新进教师培训
5. 青年教师片段教学与课堂教学比赛
6. 课题研究汇报活动（含立项论证、开题、中期检查、结题等）（★）
7. 精品课程建设研讨会
9. 奥赛教练和学科培优工作经验交流会（★）

五、“MIFE 高效课堂”智慧化

MIFE 高效课堂既是认识论，又是方法论和实践论。

1. MIFE核心理念：教学是教师与学生双主体协同交流的过程（教学即交流，以学定教，学教合一）。

2. MIFE核心目标：一切致力于促进学生主动发展，构建以学生发展为本的新型教学关系。MIFE高效课堂有一个中心，即一切以学生为中心。促进学生学科素养与综合素养的全面、个性而可持续的发展。

3. MIFE教学手段：一看信息技术与学科教学的融合程度如何，是否熟练运用微课、微视频等现代信息技术辅助教学；二看课内流程性检测是否及时有效。

4. MIFE教学方式：一要体现学生、教师的双主体作用；二要形成学习共同体（师生间、生生间）；三要能动地体现教学核心环节——思（自主学习）、议（合作交流）、展（展示呈现）、评（点拨释疑）、测（流程检测）；四要体现课堂教学的生态性、生活性、生长性、生成性。

5. MIFE学习方式：一是要“五要素”（听、看、讲、想、做）变换运用；二是单元组、团队学习方式训练到位运用自如；三是课堂约定是否有效；四是表达呈现方式多样（口头呈现、投影呈现、板卡呈现、多媒体呈现等）。

6. MIFE评价标准：（略）

六、集体备课常规化

组织各年级备课组制订好学期授课计划，同教材能基本统一教学要求、教学进度和考核标准；每周各个学科都有统一的时间集体备课；在认真钻研教材的前提下，将个体单独备课与集体备课相结合，做到主次分明、相辅相成；不断完善网络备课平台，提升资源共享效果。

1. 集体备课纲要形成与上传（★）

2. 校本作业研发

3. 教学资源的开发与交流（★）

七、师徒结对人性化

关心培养青年教师的成长，做好对新执教老师的传、帮、带工作。采用师徒结对的形式，签定师徒结对合同，明确师徒任务，并进行学期考核，若青年教师在三年内成长较快，符合“出师表”的相关要求，可以主动申请“出师”，学校将进行比较庄重的“出师仪式”。每年开展学校传统教学活动，提供锻炼的机会，如十分钟片段教学、师徒结对徒弟汇报课、两笔字比赛、课件制作比赛等。积极组织青年教师参加教育行政和科研部门组织的教育教学活动，胸有成竹，游刃有余，展示自信、独特的自己，荣获佳绩。

1. 方案

2. 协议

3. 活动

4. 出师表

八、拓展课程个性化

设计和组织形式多样的拓展丰富课程，做到计划、内容、方式、时间、人员等逐一落实；课程内容讲求思想性、知识性、科学性、趣味性兼顾，有利于教师个性化的发挥以及学生个性兴趣培养和综合素质的提高；采取选课走班与模块选修相结合、必修课程与选修课程相结合、显性课程与隐性课程相结合、长课时与短课时相结合、兴趣班与专业队相结合以及学科选学生和学生选学科相结合等多元实施和评价方式；学校每年甄选、评优并编印一批精品校本课程。

1. 课程说明与教材研发

2. 拓展课程选课走班（★）

3. 过程评价

九、多元研课实操化

提倡教师相互听课、推门听课，鼓励老师多听课。

1. 备课组研课（★）

2. 教研组研课（★）

3. 学校精品课研课

4. 国培省培市培示范课、省市赛课、长郡集团赛课、麓共体赛课等大型展示课。

十、课题研究生态化

结合具体教学实践，积极探索行之有效的教学方法，提高教学效率和质量；积极研究新高考给教育科研带来的新变化；认真总结经验，进行理性思考，撰写有内容、有见地、有质量的教学论文。

研究对象倾向于在实践中碰到的真问题、实问题、小问题。研究方法倾向于行动研究、案例研究、叙事研究。研究过程倾向于边研究问题边改进教学、边研究边展示（在网络、公开课、研讨会上展示发布）边改进边认定。研究周期倾向于1～2个学期。成果形式倾向于物化成果：可以是研究报告或者是一篇论文，可以是叙事、教学案例，也可以是教育教学行为改进的日记反思或者经验总结等。

学校每学年进行一次以上的大型课题评优活动。

1. 名师工作室与专题项目组工作课题化管理与推进。（★）

2. 微型课题研究。每学期教师参与课题研究的比率达100%。2016—2017学年有200多项课题结题，最终评出微型课题成果奖52项，一等奖28项，二等奖24项。2017—2018学年共有100多项课题结题，课题研究质量明显提升。（★）

3. 国家、省市课题及其子课题的研究，立足教育教学实践，探寻师生可持续发展的生长点。基于麓山国际实验学校教育教学实践的务实做法及其突破性成果，学校课题研究不断深入。学校共申报国家级、省、市各类课题共计30多项，其中独立课题16项，课题科研的影响力逐步辐射。邓智刚校长主持申报了省教育规划重点课题“基于中学生核心素养培育的三维课程建构与教学改革”（立项号XJK17AZXX010，201706），获得了相关专家的一致好评。向雄海副校长主持的省规划课题著作《中学生潜能开发与创新素养培育》获得“湖南省双百工程优秀教育教学著作”。此外还有校园足球等多个特色主题研究获得省市立项。

为进一步推进校园文化建设，引领未成年人共享书墨馨香，在轻松、快乐阅读中增长知识，引领教师树立终身学习理念，促进教师专业成长，让老师和学生阅读也“悦”读，怡情增智，把学校营造为“书香校园”，自 2015 年以来，我校开展了一系列的全民（全校师生）阅读活动。

1. 学生“青春悦读”行动

（1）深入宣传，营造良好阅读氛围。

根据学校工作计划，图书馆、教科室、教务处和团委及时制定了详实可行的活动方案。按照活动方案，我们在全校开展了全民（全校师生）阅读活动的动员工作，确定了推荐的 100 种优秀图书，随后各班按照部署依次展开各项活动。

（2）全员发动，开展爱心捐书。每学期利用跳蚤市场开展爱心捐书活动，号召全校师生把自己喜欢的图书捐献出来共同分享，以此来扩充阅读资源。

（3）专项管理，成立学生图书漂流社和学生图书管理站。

图书漂流社旨在实现书籍在每个班级的流动化管理，图书漂流社的成立让学校图书馆的书籍得到充分流动，大大增加了书籍的借阅率。学生图书管理站是由学生通过自主管理图书来寻找自己喜欢的图书，了解自己喜欢的知识并扩大阅读的广度和深度。学校每个班级都有固定的图书管理员，班级图书管理员都需经过专门的培训，能熟练掌握图书分类、登记、上架、保管等流程。班级图书管理员的职责如下：对所有书目认真核对、登记，制度上墙，借阅管理，制定班级借阅登记管理办法，教育其他同学爱护书籍，保证图书完整齐全，不被损毁和丢失。

（4）完善评价，建立学校图书角的常规评比细则。

具体实施方案如下：

每周三进行班级图书角评比检查，评比内容主要为：图书数量，图书角布置，图书角管理，读书活动。例如：班级图书角图书总数要求 150 册以上，按册数评分；图书管理员工作情况、班级图书角管理制度、借阅登记情况、图书角管理特色、班级读书活动开展情况都将纳入常规评比。

2018 年下学期，学校鼓励班级创建“书香班级”，以此培养学生的阅读兴趣，开拓阅读视野，提高人文素养。

（5）教师引领，青春作伴读好书。学校开设了阅读导读课，由语文老师上 1～2 节阅读导读课，指导学生阅读，提高学生的阅读能力。

（6）特色活动，激发师生悦读热情。2018 年 11 月 21 日—22 日，高一和高二年级举行了“麓山读书会——我推荐的一本书”活动，各班同学以非常独到的眼光和深刻的见解剖析书籍，此次活动为麓山学子在阅读中茁壮成长提供了一个良好的平台。

（7）拓展课程，悦读指导有的放矢。

“青春悦读”原名“青春作伴好读书”。自 2008 年 5 月起步，它是张曲老师所在班级的班刊，也是她教书育人的文化主阵地。2010—2013 年稍成气候，逐步向全年级推广。2015 年 9 月从高一年级开始，稍具规模和体系。十年间，从一个人到一群人，从在走廊上贴报纸到每周一份近 2 万字的“青春悦读”材料，数百万字的阅读材料，见证了一线教师推动高中生阅读的不懈努力。

◎“青春悦读”课程目标

“青春悦读”校本课程，紧扣“核心素养”，精益求精，集思广益，分三个年级开发出一套应试、素养皆适用的校本教材；并以此为抓手开展“提升中学生核心素养的校本教程开发与研究”的课题研究，着力于培养高中生的优秀人文素养。

①与时俱进，紧扣“核心素养”，开发出一套应试、素养皆适用的校本教材；以原有的《青春悦读》为基础，分三个年级开发完善我们的校本教材。

②精益求精，集思广益，以此为龙头来引领麓山系的语文阅读与教学，着力于培养具有优秀人文素养的学生。

◎课程结构和内容

• 开卷有益（新书快讯、时文选粹）

• 经典有声（传统文化经典如孔孟、老庄、史传、古文观止……）

• 诗词有韵（声律启蒙、诗经楚辞、唐诗宋词……）

• 青春热点（聚焦热点话题，多角度全方位探讨）

• 佳作有范（作文指导和佳作展示）

青春悦读目录（2018 年上学年）

一、青春悦读第一期（编辑：熊静）

1. 开卷有益：《跟道家学大气，跟佛家学静气，跟儒家学正气》

2. 经典有声：《李白传》

3. 青春热点：世界那么大，你凭什么去看看？

教育的目标就是确保学生能辨别“有人在胡说八道”

用奋斗打开生命的强光

4. 佳作有范：《和而不同　相融至美》《育儿观背后的文化密码》

5. 诗词有韵：杜甫《江亭》

二、青春悦读第二期（编辑：范艳萍）

1. 开卷有益：《霍金去世：那个解释时间的人，被时间带走了》《霍金：无法禁锢的灵魂》

2. 经典有声：《朗读者》100 句精华句子（前五期）

3. 青春热点：减负——这届家长到底想要哪种减负？

4. 佳作有范：《夯实文化基础，重中之重》

5. 诗词有韵：文天祥《酹江月·和友驿中言别》

三、青春悦读第三期（编辑：李冬平）

1. 开卷有益：《我死诸君思我狂，人间不见吵架王》《与其被娱乐刷屏，不如看文人吵架》

2. 经典有声：《朗读者》100 句精华句子（第六至八期）

3. 青春热点：《经典咏流传》凭什么火了

4. 诗词有韵：晏几道《临江仙·梦后楼台高锁》

四、青春悦读第四期（编辑：佘志斌）

1. 开卷有益：最新报刊时评精选

2. 经典有声：20所著名大学校训，看见中国文化精神！

3. 青春热点：身在井隅，心向璀璨——邵阳“80后”外卖小哥的诗意送餐之路

4. 佳作有范：《让传统再一次成为时尚》《甲骨文与电脑技术相遇——别样的时尚》

5. 诗词有韵：24个节气24朵花，日日和你花前月下

五、青春悦读第五期（编辑：田伊琳）

1. 开卷有益：最新报刊时评精选

2. 经典有声：《朗读者》100句精华句子（第九至十二期）

3. 青春热点：“90后”视障姑娘张倩昕，帮助“同行者”融入社会

4. 佳作有范：《致富流芳可双赢》《种树卖钱又何妨?》《不卖树，有何不可?》

5. 诗词有韵：陆游《南乡子·归梦寄吴樯》

六、青春悦读第六期（编辑：李伟耀）

1. 开卷有益：最新报刊时评精选

2. 经典有声：《中国诗词大会3》第一至十期的开场白

3. 青春热点：你不在这一年起飞，就在这一年沉沦

4. 佳作有范：《古文化遇上新时尚》《象千年之形　领时代风骚》《在记忆和时尚之间》《一阵虚火之后》

5. 诗词有韵：千年诗圣——杜甫

七、青春悦读第七期（编辑：陈旭佳）

1. 开卷有益：最新报刊时评精选

2. 经典有声：《宋史·列传第三十八》

3. 青春热点：“鸪”字带来的点赞和思考

4. 佳作有范：2018年高考作文备考：“文品与人品”材料作文讲评

5. 诗词有韵：苏轼《千秋岁·次韵少游》

八、青春悦读第八期（编辑：刘智）

1. 开卷有益：十大五四人物，50句经典言论，重拾五四精神！

2. 经典有声：《朗读者》第二季第一集《初心》的经典台词

3. 青春热点：面对诱惑定住心神；见证勇毅前行的中国力量；青春除了诗与远方，还有家国天下

4. 佳作有范：《心中有光，不惧黑暗》《从源而学，为梦而兴》

5. 诗词有韵：朱淑真《眼儿媚·迟迟春日弄轻柔》

九、青春悦读第九期（编辑：吴玲颖）

1. 开卷有益：母亲做的这八件小事点亮了我的一生

2. 经典有声：《王温舒传》

3. 青春热点：①名校大学生，写作也不行　②清华要开设“写作课”，收获点赞声一片不是偶然　③中国式“偏科”：被否定的学生，被宣扬的天才

4. 佳作有范：《以痛吻我，以诗为报》

5. 诗词有韵：诗词中那些让你“一眼万年”的眼神

目前，《青春悦读》已发展成稳定的周刊。由张曲老师主持，高中部全体语文老师参与《青春悦读》校本教材的编辑开发工作。每周一刊，每周一节阅读课——教师引领与学生自主阅读相结合，文章阅读和整本书阅读相结合，学生阅读与写作相结合。周刊特设了《佳作有范》栏目，征集与展示学生优秀习作，进行阅读的反馈与交流。

因为有了教师的整体规划、引导和删选，基本避免了“网络碎片阅读”的负面内容。更重要的，《青春悦读》是一线教师依据多年高中教学积累下来的经验，并充分考虑各方需求后，形成的一个操作性强的阅读推广模式。无论是开卷有益，或是诗词有韵，或是青春热点，抑或是佳作有范，系列课程主题鲜明、重点突出、选材经典，课程富有文化底蕴和可操作性。

◎课程特色与实施效果

- 每周一刊：确保阅读材料的时效性和鲜活性；平均每期近 2 万字，每学年 25 期左右，为实现新课程标准提出的高中生要实现每年百万字课外阅读量的目标提供了渠道，做到了化整为零、化繁为简。
- 栏目创新：打破常规按照题材、体裁分类的编排体例，结合教学与教育，融汇传统与现代，兼重应试与素养，涵纳阅读与写作，既高张中华优秀传统文化大旗，又着眼于学生核心素养的培育。
- 方式突破：以“经典诵读”“诗词有韵”和“思想聚焦”为生发点，将阅读、写作、班会活动融为一体，既注重教书，更注重育人。每周的“论语新得”润物无声，“诗词有韵”潜移默化，“思想聚焦”高屋建瓴，立足于培养具有高度爱国心和责任感使命感的中国青年。

既贴近时政，又贴近高考；既不忘传统，又紧跟潮流。现在的高中生和家长很能接受这种亲民、灵活、接地气的阅读方式。新鲜，方能触动年轻人的心弦；与时代接轨，传统才能焕发生机；短小的经典，读起来不费力；有应试技巧，可以得到家长、学生的支持与配合。①

因此，每期《青春悦读》一出炉，2000 多份纸质版很快便被学生们抢走；电子版则会共享到麓山教育共同体内的 7 所学校群里。张曲老师期望：它是一道水果拼盘，营养、好看，且不影响“一日三餐”，方便高中生在“每样都尝一口”之后找到自己的“最爱”，为未来几十年的深度阅读探明“口味”。

学生从阅读匮乏到爱上阅读与写作，从被动阅读到读写结合，登上了《十几岁》时下热闻解读栏目《七条君》；在第十五届“叶圣陶杯”全国中学生新作文大赛中，吴玲颖老师荣获“全国中学示范文学社团”模范指导老师称号；在第五届中学生素养大赛中，在第二十届“语文报杯”作文大

① 陈文静，刘秋泉，江新军，等. 优秀传统文化的“点灯人”：记长沙麓山国际实验学校教师张曲［J］. 湖南教育（A 版），2017（9）.

赛中，高三语文备课组老师都获得了优秀指导老师奖。我们和兄弟学校因《青春悦读》而结盟；张曲老师因此登上《湖南教育》封面，被评为湖南省2017年十大教育新闻人物之一；《中国教育报》也对我们的校园阅读做了专题报道。

2. 教师“教育悦读”计划

2015年以来，学校要求每位教师利用假期读一本书，写一份读书笔记、一篇读后感。开学初，学校要求教研组内开展读书交流活动，并推选优秀教师参加全校教师“教育悦读”读书报告会。活动结束之后，学校按比例评选出优秀读书笔记、优秀读后感、读书报告会优秀个人、读书活动优秀教研组。对表现优秀的教师及教研组进行精神和物质双重奖励。优秀读后感推荐至学校微信平台发表并结集印刷成册。

2018年10月31日至11月1日，学校举办了“书香校园”建设之教师读书分享活动。在这次读书分享会上，肖瑶等17位教师作为教研组代表进行发言，分享了自己的读书心得。老师们娓娓道来，妙语连珠，可谓精彩纷呈，各具特色。他们通过自身的读书经历讲述了读书对于教师的重要意义，并将自己读书时的个人做法和设想分享。各位老师将读书感悟与教学实践相结合，让在场的同行们如沐春风、受益匪浅。

3. “书香校园”主要成效

“书香校园”建设和“全民（全校师生）阅读活动”开展以来，图书馆新进图书23739册，新书的购置为图书馆增添了新鲜血液，为全民（全校师生）阅读活动的开展提供了丰富的精神食粮。全民（全校师生）阅读活动的开展对每个学生的健康成长产生了深远的意义，进一步提高了学生的思想觉悟和文化底蕴，有力地促进了和谐班集体的建设；全民（全校师生）阅读活动的开展，引导教师树立终身学习的理念，通过“以读促写”“以写促读”“读写并进”等方式转变了教师的教育思想，提升了教师的综合素养，促进了教师的专业成长。

（三）精心的课程体系

迈孚学习追求高质量的课程。迈孚学习的课程将根据生活中的真实问题设置主题，通过跨学科的课程整合，在不同学科领域之间建立联系，促进知识的活化，加强知识学习向实践创新的迁移。

迈孚学习的课程呈现以下特征和亮点：

一是个性。所有学生的学习内容相同的局面将逐渐瓦解，学校依据课程标准，对教材内容进行优化和改造，彰显本土文化特色和学校价值主张，更好地满足学生的个性化发展需要。

二是联结。迈孚学习的课程将突破校园的限制，增强学生与自然、社会以及个体生活的联系。通过校内外课程资源的有效整合，课程的提供者不仅仅是教师，也可能是农民、医生、商人、工程师、运动员、社区工作人员等，任何有专长的人都可以成为教师。在信息技术的支持下，课程资源更加丰富，学生既可以选择线上课程，也可以选择线下课程，既可以选择本校课程，也可以选择外校课程。

三是跨学科。迈孚学习鼓励师生尝试基于解决真实生活情境问题的跨学科探究活动与相关研究性学习项目。在语言和思维表达方面，突破学科概念体系的藩篱，实现跨学科整合，使得学科语汇更加丰富。强化各学科的研究方法和学习方法的有机整合，提升学生可持续学习能力。

学校的课程设置和开发以人本性为基础，即实现学生的全面个性可持续发展，以培养受欢迎的豪迈的“世界公民”作为学校教育的出发点和终点；坚持科学性原则，即课程设置和开发符合学生的身心发展规律和自然社会发展需求；强调生态性，即充分关注受教育者、教育者和教育环境的差异性和变化，使课程设置和开发符合学生、教师、学校的实际情况，最大限度地达到教育资源的有效利用和教育的有效。

（四）专业的师资队伍

教师是立教之本和兴教之源。专业的教师，小而言之，福泽莘莘学子，大而言之，福泽家国天下。① 与传统教育相比，迈乎学习中的教师更加重要和关键，对教师的要求更高。其中，教师的知识深度以及对学生的指导能力至关重要。

迈乎学习的教师应具有以下几种特质。

1. 全新的教育理念，科学的角色定位。（1）要把核心素养培育放在教育教学的首位。尊重学生，平等对待和欣赏每一名学生，面向全体学生，促进学生个性全面发展。（2）要有以人为本的学生观。尊重学情和学生学习过程，采用合适的教育教学方法，创设适宜智慧高效的情境与活动，通过“教”唤起学生的“学”。（3）要建立民主、平等、和谐、合作的教学观。发挥师生的间互主体功能。

2. 精深的专业功底，广博的文化素养。教师的专业功底过硬，才能对学科知识体系有准确的把握，才能参悟学科的重点与难点，才能有针对性地辅导学生，才能站稳讲台。广博的文化素养，是教师形成个性化教学风格和展示教师独特魅力的底蕴条件，是教师站好讲台的重要保障。

3. 良好的个人修为，较强的科研能力。教师不仅要有广博的知识，还需要具备良好的个人素养与适应学科特点的科研能力。教师阳光，课堂才正能量满满。教师语言丰富，课堂才文化味十足。教师创新思维发达，课堂才会灵动生成。教师组织能力强，课堂才会张弛有度。教师科研攻关能力强，教育才能升华。

4. 过硬的信息素养，扎实的教育技术。在信息时代背景下发展起来的互联网、云计算、移动通信、大数据、物联网和人工智能等，正在给我们的教

---

① 刘仕龙. 自主合作探究：初中数学高效课堂的构建［M］. 长春：吉林人民出版社，2018.

育带来巨大的改变。那些机械简单的知识可以交给互联网，教师则进行更富创造性和启发性的问题探究和价值引领。在互联网背景下成长起来的新一代学生必将获得更多元的学习途径、更丰富的学习资料和个性化的培养。传统的学校也更趋现代化和信息化。教师必须紧跟时代步伐，善于运用并借助这些手段让教育这项心灵工程更富生命力。

5. 开阔的教育视野，持续的学习能力。（1）加强专业理论学习，提高教育教学实践能力，努力成为研究型教师。不断促进个人专业发展，更新教育教学观念，注意搜集专业发展的新动向、新信息，不断更新知识，以适应时代发展的要求和学生学习的需求。（2）深刻领会最新的教育政策和理论，加强学习，多看权威性的教育类杂志，多观摩名师的课，以人之长补己之短。（3）勤于写作。把经验和总结写下来，提升至理论高度，就不会使自己停留在较低的理论层次，拿不出实际的材料说明自己的观点。认真撰写论文是教师业务记录的很好的途径。此外，还包括高质量的教学反思和精心的教学设计等。（4）善于统筹资源。现代科学技术推陈出新，网络资源丰富多彩。教师要善用各类资源，少走弯路，加快前进步伐。

有学者认为，一个优秀的教师应该具有以下八种思维，笔者是非常赞同的。（1）上帝思维。博爱态度是成为好老师的第一步。（2）司马光思维。遇到瓶颈时，勇于打破传统模式。（3）孙子思维。要教育好学生，首先要了解学生。（4）拿破仑思维。做一个站着教书的教师，才能教出有独立思考能力的学生。（5）哥伦布思维。探索课堂妙招，体现教学个性，收获教育旅程。（6）拉哥尼亚思维。言简意赅，少即是多，是成功教师的一个标志。（7）奥卡姆思维。真正的教育规律历久弥新，简单质朴。（8）多米诺思维。量变引起质变，细节的日积月累成就教育的常态，好教师应该学会引领和等待。

迈乎学习带动了新教学范式的转型，教师不再是掌握知识和程序（复习旧知识，预习、导入新知识，布置作业练习）的权威与主导，教师的作用不再是简单的单向度传递信息，而是引导学生对知识信息进行连接与整合，是通过师生互动、教学实践、学习质量测评等方式，实现学生对知识的深度理解、运用、评价和创新。教师的使命是通过对学生学习目标的实现，来促进他们应对瞬息万变的未来社会的实践能力。教师的最大成功不是被学生崇拜，而是创造出值得自己崇拜的学生。①

迈乎学习的教师需要向学生提供优质的学习资源和引领。教师不必再局限于传统教学时间的限制，可以根据自己对学习的理解，组织各种学习活动。

迈乎学习需要的是有责任、有爱心、懂设计的专业教育者。教师要在学生最需要自己的时候提供帮助，成为学生的好助手。

二、政策理论基础

1.《中国教育现代化 2035》和“中国学生发展核心素养”理论

党的十九大和全国教育大会有关教育的论述为迈乎学习研究指明了方向。《中国教育现代化 2035》提出了推进教育现代化的八大基本理念：更加注重以德为先，更加注重全面发展，更加注重面向人人，更加注重终身学习，更加注重因材施教，更加注重知行合一，更加注重融合发展，更加注重共建共享。

中国学生发展核心素养理论，以科学性、时代性和民族性为基本原则，以培养“全面发展的人”为核心，分为文化基础、自主发展、社会参与三个方面。综合表现为人文底蕴、科学精神、学会学习、健康生活、责任担当、实践创新六大素养，具体细化为国家认同的十八个基本要点。②

迈乎学习以立德树人为学校教育的根本任务，立足学生核心素养培育，以培养全面可持续发展的人为最高目标。

2. 人本主义学习理论

人本主义学习理论强调人的尊严、价值、创造力和自我实现。人本主义学习理论坚持以自由为基础、以人为中心、以过程为定向的学习方式。人本

① 刘仕龙. 自主合作探究：初中数学高效课堂的构建［M］. 长春：吉林人民出版社，2018.

② 胡云. 基于现代学校制度的特色学校创建研究［D］. 长沙：湖南大学，2017.

主义认为学习者要遵守相关的规则。人本主义学习理论重视情感、态度、价值观等非智力因素在学习中的作用。

迈孚学习关注人的现实需要和未来需要，突出学生学习的主体地位和作用，强调学习者的个性与潜能。

3. 建构主义学习理论

建构主义学习理论强调知识的整体建构和意义建构，这为迈孚学习的体系设计和规划提供了科学性和生态性的指向；强调能力的跨学科综合建构，这提示迈孚学习要提供学习的多元智慧平台；强调情感、态度、价值观的自然生成，这为迈孚学习的情景设计和资源整合回归到学生的真实体验提供了理论指引。

4. 掌握学习理论

掌握学习理论是由美国著名的教育心理学家布鲁姆提出来的。掌握学习理论强调集体教学。倘若无法达到所规定的掌握水平，则需要重新对本单元的部分或者全部内容进行再次学习，然后再测验，直到完全掌握。

迈孚学习注重对学生学习过程的诊断。日常学习加强过程性记录，提升学情反馈的科学性、时效性和针对性。主题学习和探究式学习中强化计划、实施和评价的在线一体化，提升学习的规划性和可持续性。合作学习与创新体验学习中，强化过程性研讨和互动评价，提升学习的互动性和生动性。迈孚学习强调使学生真正掌握知识，提高能力，培育核心素养。

5. 多元智能理论

多元智能理论认为每个人都是聪明的，但聪明的范畴和性质有一定的差异。在教育目标上，多元智能主张差异性发展和培养人。在教学方法上，多元智能理论强调应根据每个学生的智能优势和智能弱势选择最适合学生个体的方法，最终促进每个学生成就自己的优秀。

迈孚学习强调教学不是让学生千军万马过独木桥，也不是简单地给学生多架几座桥，而是主张给每个学生都铺一座桥，让“各得其所”成为现实。这就是我校提倡的“让每个学生都来有所学，学有所得，得有所长”。

因此，在教学行为上，迈孚学习更多地从关注学生，开发学生潜能，促进学生全面发展方面去考虑问题，改进教学的形式和环节，重视小组合作学习和讨论，以利于多元智能的培养，使学生的主体地位更加明显。

6. 连通主义学习

连通主义学习理论主张学习是一个复杂的过程，这种过程发生在模糊不清的环境中。连通主义强烈地关注外部知识源的连接，而不仅仅设法去解释知识如何在人们的头脑中形成。

基于此，迈孚学习主张，学习动机与目的的多样性导致了不同学习者在同一学习过程中学习路径的多样性。因此，迈孚课堂教学实践中的学习可以说是个性化的，因为不同的学习者，其交往方式不同，学习路径不同，关系模式也不同。迈孚学习的重要特征就是实现由知识性学习向创造力学习的转变。

7. 有效教育、翻转课堂、慕课、微课程等教学模式

有效教育（EEPO）的核心理念是：有效教育是通过组织和参与来实现的。在培养目标上，强调知识性、个性与创造性的统一；在方法论上，强调有效教育是通过学生的有效参与实现的；在教学方式上，强调通过要素组合、平台互动、三元方式等课型来进行课堂教学；在学习方式上，强调学习方式训练的重要性，要进行5J（单元组、约定、团队、板卡、表达呈现）训练；在评价方式上，既有“三性（知识性、个性与创造性）”“三动（主动、互动、能动）”的经典评价，又有学科性评价、流程性评价、项目性评价、单要素评价等评价方式，所有评价方式都遵从“以学评教、以学定教”的原则。

翻转课堂（flipped classroom）是指一种教师创建学习视频，学生在家中或课外自主观看，回到课堂师生面对面交流和完成作业的教学形态。它颠覆了教师在课堂上讲课，布置课后作业，让学生练习的传统的教学模式。[①] 迈孚课堂课前自主学习最主要的资源就是微视频，它以短小精悍、可反复观看、随时学习的特点受到学生的喜爱。

---

① 胡云．基于现代学校制度的特色学校创建研究［D］．长沙：湖南大学，2017.

慕课是新近涌现出来的一种在线课程开发模式。通俗地说，慕课是大规模的网络开放课程，它是为了增强知识传播而由具有分享和协作精神的个人组织发布的、散布于互联网上的开放课程。①

迈孚学习核心理念融各家之所长。迈孚课堂的核心思想：教学是教师与学生双主体协同交流的过程。核心目标：一切致力于促进学生主动发展，构建以学生发展为本的新型教学关系。教学手段：一看信息技术与学科教学的融合程度如何，是否熟练运用微课、微视频等现代信息技术辅助教学；二看课内流程性检测是否及时有效。教学方式：一看是否体现学生、教师的双主体作用；二看学习共同体是否形成（师生间、生生间）；三看是否能动地体现教学核心环节—思（自主学习）、议（合作交流）、展（展示呈现）、评（点拨释疑）、测（流程检测）；四看是否体现课堂教学的生态性、生活性、生长性、生成性。学习方式：一是“五要素”（听、看、讲、想、做）是否变换运用；二是单元组、团队学习方式是否训练到位，运用自如；三是课堂约定是否有效；四是表达呈现方式是否多样（口头呈现、投影呈现、板卡呈现、多媒体呈现等）。

① 焦建利. 从开放教育资源到“慕课”：我们能从中学到些什么［J］. 中小学信息技术教育，2012（10）.

第三节 迈乎学习与学校育人目标之间的辩证关系

学校作为教育兴国的基地，对学生成长的影响是最深远的，因为学校的办学思想往往是学校的教育哲学、文化理念和思想灵魂。桃李不言，下自成蹊。学校的发展立足学生的全面、个性、可持续发展，这是我校迈乎学习教育思想体系的着力点和基石。

一、我校的办学思想和育人目标

（一）指导思想：全面贯彻落实党的教育方针，认真领会和落实《中国教育现代化 2035》关于推进教育现代化的八大基本理念，科学把握教育发展规律，以改革创新为动力，以提高质量为核心，不断深化教育教学改革，全面推进素质教育，按照“学校引导、制度管理、机制激励、自我发展”的管理思路，努力促进学生全面发展、教师专业发展、学校内涵发展。

（二）办学思想

1. 办学定位：传承创新，博采众长，面向世界

2. 办学宗旨：为学生全面发展奠定基础，为学生个性发展搭建平台

3. 学校精神：追求卓越，永不满足

4. 校训：学会生存，学会关心

5. 誓词：做豪迈的中国人

6. 育人理念：以人为本，成才先成人

7. 培养目标：将学生培养成具有“自信、自理、自主”能力和“爱心、责任、合作”素养的最受欢迎的“世界公民”。

（三）办学目标

建设成为省内领先、全国一流、世界知名的现代教育实验学校。

（四）办学理念

“质量＋服务”作为立校之本，建设现代教育实验学校。

我校依据《国家中长期教育改革与发展规划纲要（2010—2020年）》和《中国教育现代化2035》等教育法规政策的基本要求，将“质量＋服务”作为立校之本，艰苦创业，励精图治，不断突破，构建可持续发展的基础教育样板示范学校，建设现代教育实验学校。

（五）我校学生发展整体目标及阶段性目标

我校迈乎学习培育目标为注重科学性、生态性和可操作性。学校致力于学生全面发展，使学生成为最受欢迎的世界公民。学校积极构建可操作的迈乎学习的培育目标发展体系。

可以从以下几个方面来理解我校学生发展整体目标及阶段性目标。

第一，理解学校学生发展理念与整体目标，成长为最受欢迎的世界公民。

我校深入挖掘校训内涵，拓展校训核心文化为两个方面（学会生存、学会关心）、六个层面（自主、自理、自信、爱心、责任、合作）。学校将这一育人总目标科学分解为两个学段目标（初中＋高中），并以学生的具体行为表现加以呈现。例如，七到九年级，“学会关心”中“爱心”的培养目标为：(1) 爱自然、爱社会、关爱他人，积极参加城乡手拉手社会实践活动，向农村贫困同学主动献爱心。(2) 珍爱生命，珍惜友谊，知恩感恩。高一到高三，“学会关心”中“合作”的培养目标为：(1) 学会用非暴力的方法处理矛盾、解决冲突，在各种磨合中找到新的共识，并从中获得实际的体验。(2) 了解全球化的特征，人类本身的多样性、共同性及相互之间的依赖性，养成在多元文化中与人互相尊重、友好共存的基本态度与能力。(3) 参与国际教育合作与交流活动，参加社区、国家、国际性的各种志愿者服务活动，理解国际交流与合作的必要性。

这样，学校以“学会生存，学会关心”为核心，以明确清晰的学段培养目标为顺序，再以各类丰富具体的活动为载体，构建一个从初中到高中一贯制的完整育人体系，从而能够循序渐进地践行校训的丰富内涵，科学高效地实现校训的育人目标。

第二，理解不同年级段的发展目标体系，成长为全面可持续发展的人。

不同年级段有不同的发展目标体系，具体参见表 1-1。

表 1-1　长沙麓山国际实验学校不同年级的发展目标体系一览

年级	发展特点	学生发展目标
七年级	由小学进入初中学习，心理很单纯，有一种新鲜感	价值引领，养成习惯，培育问题意识；适应新的老师、同学、学习内容和学习方法，保持良好的学习状态；蜕变为一个真正的初中生
八年级	身体开始发育，个性也在发展，心理还很单纯	习惯养成，价值引领，培育先进意识；爱国、诚信，关心集体，热爱生活，尊重生命；主动、自觉学习，有强烈的求知欲和好奇心
九年级	身体迅速发育，个性基本形成，逻辑思维得到进一步的发展	创新人格，养成习惯，价值引领，敢于质疑，有独立意识、创新实践力，注重生活体验，保持持续发展动力，对未来充满信心
高一	由初中进入高中，有一种新鲜感，身心持续发育，进入高中快速适应期	迅速适应高中学习生活的节奏，学习难度和要求增加，培养发现问题、提出问题、分析并解决问题的能力；培养发散思维、批评思维等思维品质；多参加社会实践活动
高二	进入高中适应期，心智进一步成熟	明晰人生发展规划，进一步提升发现问题、提出问题、分析解决问题的能力；提升发散思维、批判性思维等创新思维品质；全面提升创新实践力等综合实践能力
高三	目标明确，冲刺高考，为未来人生发展奠定基础	全方位发展创新思维和创新实践力；思考未来发展方向，理性选择大学及专业；集中精力迎接高考，提升高考应考能力，尤其是综合思辨与应用能力；核心素养进一步得到升华，对未来充满信心并坚定前行

在具体实施中，各阶段的培育目标需要进一步细化，通过各类活动载体实现学生发展目标。表 1-2 给出了高一年级的主题教育活动和细化目标。

表 1-2　长沙麓山国际实验学校高一年级主题教育活动安排及学生培养目标

时间	主题教育活动	学生培养目标
9 月份	班干部竞选，学习小组（团队）展示	合作、自主、责任
	纪念抗战胜利日	爱国、担当
	中秋节、教师节、感师恩	中华传统文化、文明、感恩
	体育文化节	个性品质、团队精神
10 月份	高中生青春形象与使命教育	责任、品质
	第一次月考总结	反思、全面提升
	秋季研学旅行	团队、价值引领
11 月份	自主、高效学习研讨	双主学习——主体、主动
	第二次年级学生大会	习惯养成、挫折教育
	探究高中生学习心理及最佳方法	心理指导、自我管理、能力提升
	人文与社会节	人文素养、道德素养
12 月份	第三次年级学生大会	坚韧不拔、刻苦勤奋
	普法教育	法制教育、恪守规则
	文化艺术节	审美情趣
	新年新气象，写下高中奋斗愿望	理想教育、价值引领
1 月份	签名备考及诚信教育	心理教育、诚信教育
	合作小组互评和自评	合作、自我教育
	“五彩麓山枫”寒假社会实践活动	聚焦核心素养实践力
3 月份	寒假实践活动团队展示	合作意识、担当与责任、规则意识
	学习雷锋活动	诚信、友善
	科技节：科技改变生活	创新思维、创新实践力
	植树节：踏青毅行	责任意识、乐观积极的心理品质

续表

时间	主题教育活动	学生培养目标
4 月份	清明扫墓	文明、感恩、文化
	春季研学旅行	亲近自然、社会实践
	外语文化节	国际视野、全球文化
	世界阅读节	阅读习惯、人文素养
5 月份	五四青年节活动	爱国、责任、感恩
	消防自救演练	生命、生存、安全教育
	母亲节：感恩教育	爱心、责任、感恩
	校园心理节：心理健康教育	心理健康教育
6 月份	为高三学子送祝福	人生规划
	世界环境日：我们共有一个地球	社会公德、责任
	父亲节：责任与担当	爱心、责任
	期末备考心理教育	心理健康教育
7 月份	应考：诚信教育	诚信教育
	“五彩麓山枫”暑假社会实践活动	聚焦创新实践力

二、迈孚学习与学校育人目标之间的辩证关系

迈孚学习与学校育人目标之间是相辅相成的辩证关系。作为一种教育思想体系和理论体系，迈孚学习的教育思想为未来学校的建构提供了新的麓山方案，为学校育人目标的设定提供了指南。作为一种教育操作体系，迈孚学习又是实现学校育人目标的重要的特色路径。迈孚学习与学校育人目标在“学生全面发展＋教师专业发展＋学校内涵发展”上紧密一致。

迈孚学习思想体系让核心素养研究从理论走向实践，内化为学生适应终身发展和社会所需的品格与关键能力。

第一，目标导向上，迈孚学习与学校育人目标在“培养什么人”问题上达成高度一致。学校育人目标的“中国特色”鲜明。将学生培养成具有“自信、自理、自主”能力和“爱心、责任、合作”素养的最受欢迎的“世界公

民”。世界公民的前提就是责任担当且自立自信的中国人。培养豪迈的中国人，是我们的民族血脉和文化基因在育人目标中的体现。“受欢迎的世界公民”是迈乎学习面向未来基于构建人类命运共同体的深度考量。迈乎学习为学校育人目标的落地提供了重要平台。迈乎学习的思想体系遵循党和国家的教育方针，用核心价值引领全面发展。迈乎学习的根本指针就是要以立德树人为学校教育的根本任务，以中学生核心素养培育为主线，培养德智体美劳全面发展的社会主义建设者和接班人。这就与学校育人目标在“培养什么人”问题上同频共振。

第二，价值判断上，迈乎学习使学校育人目标在“做以人为核心的教育”上更加坚定。学生发展目标经历了从分数到能力、从能力到素养的过程，核心素养是新时代中国学生发展目标的重要依据。中国学生发展核心素养分为三个方面、六大素养和十八个要点。以人文底蕴和科学精神为底色的文化基础，不再将文理积淀割裂开来，体现了基础教育为学生终身学习和可持续发展奠基的新时代定位。① 在自主发展方面，学会学习和健康生活中增添了信息意识、珍爱生命和健全人格等许多新时代元素，体现了对学生自理、自主、自信等方面的目标导向。在社会参与方面，强化了对社会、对国家、对国际理解的价值认同和责任担当，强化了对复杂事物、未来挑战以及棘手问题的主体意识、规划定位、价值判断、科学假设、路径设计和方法选择等一系列新时代实践能力的培养。

迈乎学习融合了以上所有方面的内核诉求，深刻领会了核心素养培育的真谛，以其个性化定制的特色凸显个别化教学的魅力，以学习者为中心的思想基因，则是人本主义教育思想在新时代教育的传承和集成。这些都能为学生全面发展奠定基础，为学生个性发展搭建平台。迈乎学习的思想体系实事求是，与时俱进，用时代诉求引领全面发展。

第三，文化个性上，迈乎学习的思想体系体现学校办学特色和育人目标，

① 邓智刚．探寻核心素养落地的路径［J］．湖南教育（A版），2017（5）.

用精神文化引领全面发展。学校发展不能千校一面，而要根据学校特点及学生身心发展规律，制订具体化系统化的育人目标，并将育人目标通过学校办学理念、校训等精神文化方式呈现出来，并内化到全体师生的血液里。一所学校的办学品质如何，育人目标的确定是关键，这也是办学者必须明确的一件大事。

麓山国际推行的迈乎学习，用现代学校制度理顺学校治理关系，用科学性、人本性和生态性探索未来学校立德树人的顶层规划和制度设计，用全面个性可持续发展的育人标准丈量新时代教育的高度，用灵动的学习环境保证学习的氛围，用学习型校园文化保证学习的底蕴，用精心的课程体系保证学习的品质，用专业的师资队伍保证学习的融通。

第四节　迈乎学习的操作模型与组织策略

迈乎学习是集东西方教育教学思想理论精髓于一体的“理念超前、多元互动、智慧高效”的教育思想体系、理论体系和操作体系。迈乎学习有自己独特的操作模型与组织策略。

一、迈乎学习的操作模型

迈乎学习体系有四大支柱和八大组织策略，如图 1－2。

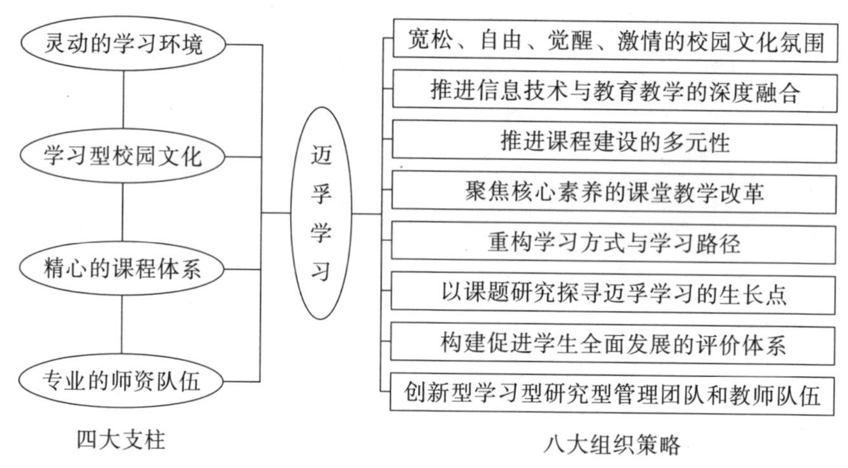

图 1－2　迈乎学习体系的四大支柱和八大组织策略

环境、文化、内容（课程）及教师是迈乎学习的四大支柱。支柱就是起支撑作用的柱子，是骨架，比喻中坚力量。组织策略是血肉，是有目的、有预计、有组织的行动程序，是行动过程中的手段和谋划，是体系中经过选择的、针对特定主题内容而组织的基本方法。支柱与组织策略是相辅相成、密不可分的有机体。

学习环境需要良好的校园文化、现代信息技术手段、优良的学习路径、有效的课程与课堂以及专业的教师队伍来支撑。反过来，灵动的学习环境对校园文化建设、互联网+教育、学习路径的重构、课程建设、课堂教学改革以及教师队伍建设提出了更高的要求。同样，学习型文化需要其他方面来支撑。课程学习内容需要现代信息技术、多元课程、高效课堂、学习方式、课题研究、评价体系以及教师队伍来实现。专业的师资队伍需要在校园文化、多元课程、课堂教学、课题研究、评价体系以及互联网+教育中成长与发展。

二、迈孚学习的组织策略

我校的迈孚学习是一个基于“八大组织策略”的系统工程，即校园文化、信息技术、多元课程、学习路径、课堂教学、课题研究、评价体系和队伍建设等八个方面。

（一）营造宽松、自由、觉醒、激情的校园文化氛围

学校文化是学校的核心竞争力的源泉，我校高度重视文化立校。学校文化的整体性管理是门艺术，是一个系统工程。学校有文化建设规划，能将各项学校工作统整和提升到学校文化建设层次，并不断完善创新。

宽松、自由、觉醒、激情的校园文化，是个什么样子？

具体思路如下表：

表1-3 校园文化建设策略一览表

项目维度	具化的策略要求
制度文化建设	制度的制定注重师生思想和文化的觉醒，这是制度的根，也是出发点和落脚点 制度的激励性和可操作性是制度生命力的根本保证

续表

项目维度	具化的策略要求
环境文化建设	校园的每一处都有人心，都有学校的温度。环境建设人人有责 搭建科学化、信息化的文化管理平台，努力打造师生共同的精神文化家园
课堂文化建设	课堂氛围生动活泼、严谨有序、思维活跃。师生关系民主平等，相互激励赞赏。情境设计引人入胜，教学互动趣味高效，学情监测动态及时，教学评价发展升华
学生文化建设	以搞好课堂教学改革为着力点，培养中学生健康的学习观和价值观。以规范学生的行为行动为中心，搞好中学生文化舆论导向和学生行为规章制度建设。以充分开展中学生自治为重要抓手，建立积极的生活观和人生观。抓好中学生团队建设（含班级建设），促进和谐交往，促进同伴教育。以教育环境的积极潜移默化和教育资源优化作为品质诉求，落实校内外人文环境的建构和丰富的活动文化系统优化。学校把各种学生活动规范成六大文化艺术节活动课程，“五彩麓山枫”为主的社会实践活动与系列化团活动品牌建设。
教师文化建设	师德高尚、业务精湛。青蓝工程、校本研训、外出研修、课题研究
精神文化建设	以价值观念的变革为重点，以校训为纲，构建以生命生成为核心的现代学校精神文化。办学思想：传承创新，博采众长，面向世界。学校精神：追求卓越，永不满足

营造宽松、自由、觉醒、激情的校园文化氛围，在于科学规划和细节的把握。

第一，宽松自由的真谛在于系统优化，校园文化建设科学规划，常抓不懈。

万事预则立。校园文化建设涉及环境建设、制度建设、师生形象、综合素养、思想道德、行为规范等诸多方面的培养与实践，是一个渐进的过程，是一个有计划、逐步实施、不断完善的过程。学校要制定长远规划，分管领导统筹各部门分工合作，齐抓共管，抓细抓实抓好。校园文化建设科学规划才能实现管理的游刃有余，常抓不懈才能让广大师生感到宽松有度。

第二，激情的真谛在于价值引领，校园文化建设不忘初心，积极向上。

从理论层面来看，教育的逻辑起点是价值引导情境中学习主体的自主建构。培养学生做负责任的未来世界公民，形成高尚的道德情操和创造力，以及对多元文化的理解与欣赏能力，是时代赋予我们的使命。我国正处在社会转型时期，学校教育中如何建设具有生命力、内涵丰富、积极健康的价值观教育体系，是深化学校教育改革的核心内容。

从操作层面来看，应落实以下几个方面：从校徽校歌中体现价值引领，从校园环境中体现价值引领，从年级建设中体现价值引领，从班级建设中体现价值引领，从主题仪式中体现价值引领，从善心活动中体现价值引领，从主题活动中体现价值引领。

我校将校训“学会生存，学会关心”八个大字镌刻在校门口巨大的大理石上，每天都提醒着全校学生将校训铭记于心，外化为行。每间教室黑板的正上方统一张贴着同样字体的八个大字，让校训天天进入同学们的眼中和脑中。校园网的首页以图文并茂的方式对校训进行总体的诠释，让同学们能在网上快捷直观地领悟校训的基本内涵。开学典礼、升旗仪式、班会等各类校园活动，对校训的宣传与诠释都是重要主题，同学们在这些活动中潜移默化地加深了对校训的记忆与理解。

第三，觉醒的真谛在于行为养成，校园文化建设突出重点，强化亮点。

良好的行为习惯培养是校园文化建设的一个重点。我们要充分利用升国旗仪式、主题班会、校园文化活动、社会实践活动及班级管理、宿舍管理等多种途径，培养学生文明、积极的生活态度，良好的行为举止，与人和周围事物良好相处的行为方式。培养师生做事专心、责任担当、沉稳自信且有始有终的良好习惯。我们坚信：良好的行为习惯是师生顺利成长、收获成功的基石。

高度重视和加强班级文化建设、学习小组文化建设和社团文化建设。加强班主任培养，提高班主任素质，落实班主任责任，使班级行为文化追求一种真诚、宽松、向上的境界。加强学科教师的研训，提升教育教学组织能力、专业功底和文化底蕴。加强学习小组文化建设，注重细节、兼顾全局，对学生给予最大程度的理解、宽容和关爱，促进学生互帮互助，全面发展和个性发展相辅相成，共同进步，实现学生团队可持续发展。加强社团文化建设，在和风细雨中，在交流沟通中规范学生的言行，培养良好的生活习惯、学习习惯和人际交往习惯，使学生行为文化建设落到实处，使文明校园焕发勃勃生机。

（二）推进信息技术与教育教学的深度融合

教育部在《教育信息化 2.0 行动计划》中提出重点发展人工智能教育，提升教师的人工智能信息化素养。随着大数据和人工智能技术的发展，教育教学与人工智能技术相融合，为教师提供智能化教学的工具和手段，实现可规模化的“因材施教”；为每个学生动态规划最优学习路径，提供个性化的高效学习方案，让每一个孩子享受个性化的教与学。当数据建立起自主学习和教研两者之间的桥梁，学生学习的数据反馈给教师后，教师使用基于学生数据库和素材数据库自动生成智能讲义进行教学，从而反馈到学生训练场景，形成“自主学习—教研—教学—训练—自主学习”的完整场景闭环。从网课时代、O2O 时代、直播时代到目前的人工智能教育时代，技术的进步使得教育方法向“因材施教”一步步迈进。教育将更多地朝着人机混合智能的方向发展，具体而言，即机器让拥有信息化素养的老师，根据不同的学习个性特征，培养具有信息化思维的学生综合能力。

教育是一个最难被技术撬动的领域。然而，教育一旦被撬动，很可能就是一场翻天覆地的变革。①

我校基于迈孚学习的需要，积极推进信息化校园建设。2017 年暑假，我在麓山国际以网络为平台，探索采用慕课的方式免费为学生提供在线检测与讲评，每天近四千人在线学习互动。《中国教育报》以《长沙名师网上义务做家教》为题，专门推介了这一全新的教育教学方式。

我校的做法主要有：

1. 搭建网络教研平台系统。开展网上在线实时教研活动，探索建立网络教学研讨活动。一是利用录播教室的设备与网络教研平台的直播栏目，实现实时课例转播和实时同步评课；二是建设视频点播系统，使我们的学生、教师可在网络上浏览制作好的课件、优秀课例；三是运用录播教室的设备把课堂教学或辅导的内容录制下来并上传到校园网站，让教师可以随时随地的学习。

2. 建设教师成长记录系统。一是建立教学成果统计管理平台，应用数字化技术进行分析和评价，以人工操作无法比拟的速度为学校领导提供应有尽有的各类数据；二是建立教师个人成长电子档案，随时呈现每一位教师的成长轨迹。

3. 学科备课也都使用电子教案，实行组内集体备课。个人根据具体情况调整适合自己的方法策略。课件、微视频与流程性检测单等配置资源通过网络协同制作，互相交互，减少重复劳动，提高效率。

（三）推进系统优化的课程建设

培养全面发展的人的核心在课程。学校坚持课程系列化，推进多元课程建设，从课程目标、课程内容、课程实施、课程评价等方面构建起由学科基础型课程、拓展丰富型课程、活动实践型课程组成的“生命成长”型三维课程体系。

---

① 陈玉琨. 智能化时代的学校教育［N］. 中国教育报，2018－09－13.

一是课程内容整合系统化。在学科基础型课程方面，学校坚持教学目标和育人目标的有机统一，坚持模块、单元与课时教学目标的一体化。① 在拓展丰富型课程方面，学校体现自身独特的教育个性，尊重学生主体地位，促进学生个性化发展。在活动实践课程方面，实现价值引领和习惯养成的有机融合，促进知识获得、能力提升与情感态度价值观的全面提升。

二是课程实施形态多样化。从实施目标管理来看，学校课程实现了过程与结果、预设与生成相结合；从形式来看，学校实现了显性课程与隐性课程的结合、长课时与短课时的结合。② 除了课程标准规定时长的课程外，学校有短课时的拓展课程，如早读和午间听力课等，还有较长课时的人文知识拓展课程、班级管理拓展课程（班会课）以及其他活动课程。③

三是课程实施要求规范化。学校在课程开发上坚持全员参与、系统开发，在课程组织上做到时间保证、动态可调，在课程监控上实现资源共享、精细管理。

校本课程是培养学生个性特长最有效的实践方式。学校大力提倡老师们依据自己的兴趣特长申报校本课程。近年来，我校开设了涵盖各个学科门类的 150 余门选修课，供学生自由选择。我校建校 25 周年庆典在长沙音乐厅举行，全程由我校师生自行规划设计和操作实施，效果良好，展示了扎实的专业基础和豪迈的麓山风采，显示了我校在民乐器乐拓展课程方面的探索成果，受到了师生家长、专业人士和社会媒体的高度评价。笔者认为，学校应该是每一位从这里毕业的学生回想起来就觉得温暖的地方。

（四）聚焦核心素养的课堂教学改革

迈乎学习实施的主阵地在课堂。我校课堂教学变革的目标聚焦于学生问

---

① 胡云. 基于现代学校制度下的特色学校创建研究 [D]. 长沙：湖南大学，2017.

② 向雄海. 中学生潜能开发与创新人才早期培养机制的建构 [J]. 创新人才教育，2018 (9).

③ 王振亚，吴秀娟，钟武伟. 个性，在校园里自由生长：长沙市麓山国际实验学校实施素质教育小记 [J]. 湖南教育（B 版），2016 (5).

题意识、自主意识、合作意识、探究能力等方面的培养，着力提升学生核心素养。①

1. 迈孚课堂主张道术结合

《易经·系辞》语录：形而上者谓之道，形而下者谓之器。学校诠释为：开展任何一项工作，都要道术兼备，既要有思想理念引领，也要策略方法落地。长沙麓山国际实验学校实践历练的“MIFE 高效课堂”亦遵循这一原则。

学校确立 MIFE 高效课堂之初，就对其基本思想进行了提炼，明确阐述：MIFE 高效课堂既是认识论，又是方法论和实践论。其核心理念是：教学是教师与学生双主体协同交流的过程。教学即交流，以学定教，学教合一。其核心目标是：致力于促进学生主动发展，构建以学生发展为本的新型教学关系。

有序的课堂才能高效，课堂教学许多年来形成的基本流程环节，有其符合学生认知规律的内涵，轻易颠覆，反而有悖教育规律，教师学生不能接受，影响教学效率。所以，MIFE 高效课堂结构遵循设定目标、新课导入、主题探究、导学提问、检测反馈等课堂教学的基本环节。

顺应人工智能飞速发展，学校积极探索信息技术如何与学科深度融合，实施“名师网络课堂”建设。

网络直播教学活动，学生可用电脑、手机、平板收看，并且完全免费开放，可以回看，兼顾不同层次的学生，也有利于知识的强化。MOOC 背景下的名师网络课堂，发挥了名校名师辐射带动作用，促进校内优质教学资源共享。直播讨论区，师生互动，老师能及时看到全体学生闪光观点、问题疑惑；生生互动非常热烈，学生也可以为学生解答问题。

2017 年暑假，利用一个周末时间，学校在七年级到高中二年级，开展了“学生网络在线检测及讲评活动”。我们制定详细的工作方案，提前确定命题

① 向雄海. 中学生潜能开发与创新人才早期培养机制的建构［J］. 创新人才教育，2018（9）.

和讲评老师，在学生暑假倡议书中，提前将相关要求告知学生及家长。

我们要求学生、家长按下列操作流程完成在线检测。

（1）家长在检测前一天，使用特定账号密码下载试卷，打印试卷。

（2）家长组织，学生自觉按规定时间，分学科测试。

（3）网上按学科考试顺序，分别公布答案，学生核对答案，自我初评打分（家长可以协助）。

（4）教师在预定时间在线讲评试卷，学生在线收看，矫正自评分。

（5）教师在线答疑，师生互动。

（6）学生在线上传考试得分。

（7）下期开学，将考试试卷交班主任检查。

【案例】

长沙麓山国际实验学校

2017年暑假学生学习在线检测及讲评活动方案

一、活动目的

1. 阶段性检测学生自主学习情况

2. 实践性探索、丰富“MIFE高效课堂”改革形式

二、活动组织

领导小组：（略）

工作小组：（略）

三、活动时间

2017年7月29日—30日

四、在线检测流程

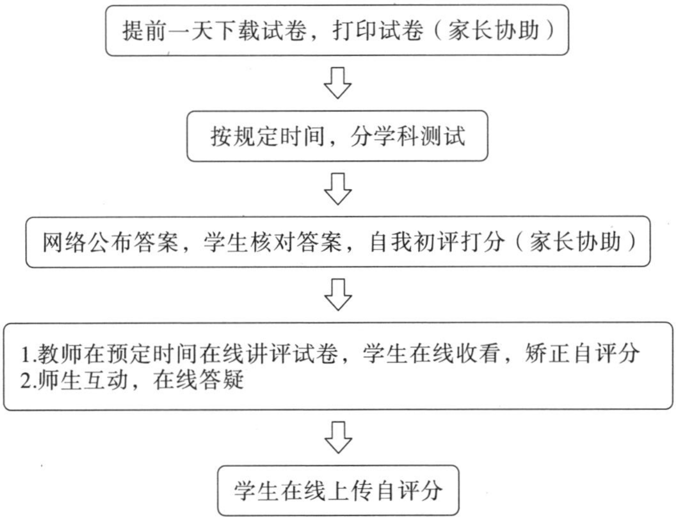

提前一天下载试卷，打印试卷（家长协助）

按规定时间，分学科测试

网络公布答案，学生核对答案，自我初评打分（家长协助）

1.教师在预定时间在线讲评试卷，学生在线收看，矫正自评分
2.师生互动，在线答疑

学生在线上传自评分

图 1－3　在线检测流程

五、活动具体安排

表 1－4　活动具体安排

时间	新高二（原高一）				
	上午		下午		晚上
7 月 29 日 （周六）	语文检测 8：00—10：30	公布答案，自评 10：30—11：00 语文讲评 11：00—12：00	数学检测 14：30—16：30	公布答案，自评 16：30—17：00 数学讲评 17：00—18：00	
7 月 30 日 （周日）	理综或文综检测 8：00—10：30	公布答案，自评 10：30—11：00 政治讲评 11：00—11：30 历史讲评 11：30—12：00 地理讲评 12：00—12：30	英语检测 14：30—16：30	公布答案，自评 16：30—17：00 英语讲评 17：00—18：00	理综讲评 生物 19：00—19：30 化学 19：30—20：00 物理 20：00—20：40

续表

时间	新九年级（原八年级）				
	上午		下午		晚上
7月29日 （周六）	语文检测 8：00—10：30 政治检测 10：50—11：50	公布语文、政治答案，自评 11：50	数学检测 14：30—16：30	公布数学答案，自评 16：30—17：00 数学讲评 17：00—18：00	教师讲评 语文 19：00—19：50 政治 20：00—20：30
7月30日 （周日）	物理检测 8：00—9：00 历史检测 9：30—10：30	公布物理、历史答案，自评 10：30	英语检测 14：30—16：30	公布英语答案，自评 16：30—17：00 英语讲评 17：00—18：00	教师讲评 物理 19：00—19：50 历史 20：00—20：30
时间	新八年级（原七年级）				
	上午		下午		晚上
7月29日 （周六）	语文检测 8：00—10：30 生物检测 10：50—11：50	公布语文、生物答案，自评 11：50	数学检测 14：30—16：30	公布数学答案，自评 16：30—17：00 数学讲评 17：00—18：00	教师讲评 语文 19：00—19：50 生物 20：00—20：30
7月30日 （周日）	物理检测 8：00—9：00	公布英语答案，自评 10：30—10：30 英语检测 10：30—11：20	地理检测 14：30—15：30	公布地理答案，自评 15：30—16：00 地理讲评 16：00—16：30	

六、活动分工

表 1-5　活动分工

时间	主要工作	负责人	备注
6 月 22 日上午 8：20	工作布置协调会	向雄海	
6 月 26 日前	1. 确定考试说明 2. 拟定告学生及家长书	胡云	
6 月 30 日前	1. 给年级组布置该项工作 2. 向学生布置学习检测任务，并向及家长做宣传	叶修刚	
7 月 10 日前	1. 命题要求： ①暑假作业的前半部分，原题分值占 30％ ②答题卡是非扫描版的 ③答案需有解析＋分步计分 ④命题提交邮箱： 高中：1134460400@qq. com 初中：1120263616@qq. com 2. 讲评要求： ①按时到位，讲评地点：高中教学楼教室 ②做好 PPT ③部分试题黑板上现场书写 ④个别试题可使用微视频解答 ⑤在线解答学生试卷问题	胡云	命题
7 月 27 日—28 日	各年级通过微信群、QQ 群，提醒学生及家长	王德复	
7 月 28 日	上午 9 点，网上发布两天考试的所有试卷，家长下载打印	王德复	
7 月 29 日—30 日	1. 组织学生完成检测 2. 组织教师讲评	王德复	
8 月 1 日前	1. 检测成绩汇总 2. 检测情况小结	王德复	

七、讲评分工（见内网通知）

八、注意事项

1. 提前确定命题和讲评老师。

2. 告学生及家长书，教务处拟定后，交由学生处发给学生及家长。

3. 家长协助打印和协助学生自评。

2. 迈孚课堂主张形神兼备

迈孚课堂的神韵在于思想体系的集大成。学校确立以MIFE高效课堂为抓手，改革课堂教学，既传承了运用实践近十年的有效教育、教学一体化和学科特色化思想，又与时俱进，融入个别化教学与智慧校园建设的新需求。课堂教学是培养思维的最好场所。教学的本质就是培养思维，思维可以改变世界。迈孚创新课堂力图夯实学生“科学精神”“人文底蕴”的文化基础，培养“学会学习”“健康生活”的自主发展能力，孕育“责任担当”“实践创新”的社会参与精神。

迈孚课堂的形态变化多元，继承中有创新。除了传统的新授课堂、复习课堂、试卷讲评课、实验课、听力课、阅读课等，还开设了一些短课时课堂，如英语报刊阅读课、课前新闻播报、书法课等。此外，迈孚课堂还把学生从教室带到室外，如学业生涯规划课，直接走入大学城，走进国家重点实验室，走进企业。再如，青春毅行课和户外心理团队辅导课的时长，将近一天。研学旅行课，则在校外进行，为期1～5天。

（五）重构学习方式与学习路径

学校坚持一些经典的教学模式。比如“要素组合”“平台互动”“哲学方式”等。

案例：

表 1-6　要素组合课型教案示例

设计教师	戴青艳	审核教师	龙淼	编辑时间	2016-2-27
课题	二元一次方程			课型	要素组合课型方式
学习目标	1. 了解要素组合课型方式的七个要素，并强化学习方式中的5J训练 2. 理解二元一次方程及二元一次方程组的概念 3. 理解二元一次方程及二元一次方程组的解的概念，并会检验一组未知数的值是否为二元一次方程或二元一次方程组的解				

关键内容 & 内容提要	T	方法 & 策略	反思 & 自评
导入： 老师介绍要素组合课型方式的内容概况	3	1. 老师板书要素组合课型方式的七要素 2. 教师解释动静转换的概念 3. 提醒学生注意，在学习的过程我们学习体验了七要素中哪些要素	
前测： 了解学生对一元一次方程及其解的概念的掌握情况 （见《流程性检测单》） 想＋看＋做	5	1. 学生自主完成 2. 完成者用左手OK手势告知老师 3. 教师课件出示答案，学生自我核对 4. 完成者用左手OK手势告知老师 5. 提问：本学习环节用了哪些要素？	在教学的过程中检测并强化训练学生的学习方式（约定、口头表达呈现）
自主学习： 二元一次方程及二元一次方程组的概念 （见《流程性检测单》 看＋想＋做＋听＋讲＋动静转换	8	1. 阅读教材，自主完成《流程性检测单》上的相关填空 2. 思考与讨论：二元一次方程与一元一次方程有什么相同点与不同点？ ①自主思考并将想法写在《流程性检测单》上 ②与同桌交流、讨论后补写 3. 完成者用左手OK手势告知老师 4. 教师随机抽取一组同桌回答，并随机抽查其他组听课情况 5. 提问：本学习环节用了哪些要素？	不断强化学习方式的训练

续表

设计教师	戴青艳	审核教师	龙淼	编辑时间	2016－2－27
课题	二元一次方程			课型	要素组合课型方式
学习目标	1. 了解要素组合课型方式的七个要素，并强化学习方式中的5J训练 2. 理解二元一次方程及二元一次方程组的概念 3. 理解二元一次方程及二元一次方程组的解的概念，并会检验一组未知数的值是否为二元一次方程或二元一次方程组的解				

关键内容 & 内容提要	T	方法 & 策略	反思 & 自评
中测： 见《流程性检测单》 想＋做＋看＋讲＋听＋动静转换 后测： 见《流程性检测单》	12	1. 学生独立完成中测 2. 学生四人小组内交流，核对答案，确定结果 3. 教师随机抽取一组代表发言，并进行流程性检测，通过学生举手了解学生掌握知识情况，了解学生的困惑及问题。另请有不同意见的小组代表发言，陈述看法和理由 4. 四人小组重新讨论意见不统一的问题，找到解决问题的依据 5. 学生发言，强化概念 6. 提问：在本学习环节中用了哪些要素？ 7. 小结，并强调要素组合的7要素 学生完成流程性检测单的后测	预设： 如果学生对于T2的（5）有异议，则小组讨论；如果学生概念清晰，问题不大，则进入下一环节，也就是自主学习2及中测2。 由于本节课学生在T2（5）花费了很多时间思考讨论，所以将自主学习2及中测2纳入后测环节中
板书设计			

平台互动课型是一种最基本的课型。首先选择一个关键要素或关键环节（知识、能力、信息、创造和品格）形成目标状况，围绕这个目标形成多途径、多向度、多功能的刺激状况，并通过小组或团队的互动，主动积极地进行功能性、结构性、系统性的强化学习。

另一种经典的课型方式是哲学方式课型。它的一个重要原则就是“少就是多”。哲学方式课型的操作流程为：选好观察材料→提出问题和民主筛选问题（问题排序）→群体探究思辨，主题扩张演化。

案例：

表 1－7　哲学方式课型教案示例

设计教师	**戴秋**	**审核教师**	**贾志**	**编辑时间**	**2017－9－20**
环节	教学过程与方法				设计意图及说明
出示素材 思维扩张	1. 出示素材，确定思考方向 ①导入语 ②在黑板上书写“水”字 2. 学生讨论、定向引导 讨论 由“水”字同学们想到了哪些与之相关的生物学知识？ 预想：水是生命之源 水在细胞内存在 水与光合作用、呼吸作用有关 水影响生态环境 …… 学生讨论，及时呈现各自观点。教师及时捕捉有用信息，并归纳总结：水主要在生物界的细胞、代谢、生态三个方面发挥重要作用 教师板书				1. 通过出示个性化的素材，激发学生学习兴趣 2. 由一个“水”字引发与生物学有关的知识，充分调动学生学习的潜能，使不同层次的学生都能尽其所能表达自己的观点 3. 通过不同学生观点的呈现，以丰富学生视野，提高其知识的广度和深度

续表

环节	教学过程与方法	设计意图及说明
自主构建 合作探究	1. 自主构建 ①教师指出构建方向。学生独立构建水在细胞、代谢、生态三方面的概念图 ②完成学习卡上的内容一 2. 小组合作 ①四人小组之间交互构建概念图，进一步完善相关网络构建，并整理出小组合作成果 ②教师及时指导小组合作	1. 学生自主独立探究，充分发挥个性特点，使个人潜能得到充分体现 2. 小组合作，充分利用人力资源，进行思维扩张延伸
共同完善 构建网络	1. 小组呈现 教师随机抽查各小组构建的概念图，小组代表在黑板上呈现概念图，阐述小组的观点 2. 其他小组补充，共同构建完整的概念图 进一步完善概念图，水如何在细胞、代谢、生态三个方面建立关系 预想： 细胞水所建立的知识网络包括：水的物化性质；水在细胞中的存在形式；自由水和结合水之间的转化关系及应用；细胞中能产生水的细胞器等 代谢水所构建的知识网络包括：能产生水、消耗水的生理过程；与植物代谢水、动物代谢水相关的生理过程：如水分代谢、矿质营养、光合作用、呼吸作用、水平衡、三大营养物质的代谢等 生态水所构建的知识网络包括：水对动植物形态、分布、生理、生殖的影响；水污染等 充分发挥学生思维的能动性，让学生在讨论中尽可能完善上述概念图的构建 教师及时捕捉相关信息，进一步完善上述概念图的构建。拓展相关知识	1. 通过小组代表的呈现，其他小组的补充，充分任用人力资源，使思维扩张再扩张 2. 小组呈现的同时激化其他同学的思辨，使之提出更深层次的问题 3. 营造一个充分民主的研讨空间。个人、小组、教师三位一体共同完善概念图。丰富了学生知识，拓宽了学生视野，大大增加了课堂容量

续表

环节	教学过程与方法	设计意图及说明
巩固提高 应对高考	1. 完善概念图 ①通过学生思维深度、广度的训练，在黑板上形成一个与水有关生物知识的完善概念图 ②教师整理黑板上的概念图 2. 运用概念图，应对高考考题 ①教师近一步强化相关构建，总结与水有关的生物知识在高考考点中的地位及如何应对高考 ②学生独立完成学习卡的第1题。教师出示答案并检查正确率 3. 总结 ①学生分析学习卡第1题所涉及的与水有关的知识点 ②教师总结，归纳解题技巧及如何熟练运用概念图 作业：完成学习卡第2～4题	1. 引导学生反思，强化教学重点。揭示生物知识的内在联系，提高学生对生物学习的兴趣 2. 引导学生利用构建的概念图解决高考相关试题，掌握解题技巧

迈孚学习也推行翻转课堂等新的教学模式。翻转主要体现在平时的课堂教学中，更多倡导在课堂内构建平台，提升微视频作用，实施课内小翻转。

现代中学生是信息技术原住民，学校三管齐下，推进教学活动中微视频的运用。一是精选资源网站，购买微视频资源，供教师学生选择；二是利用教育部“一师一优课，一课一名师”、华师慕课联盟比赛、湖南省教师发展测评、校内教师比武等活动，引领教师自制优质微视频；三是通过校园科技节活动，激励学生制作微视频。学生制作的微视频，软件使用更加专业多样，知识呈现更丰富，贴近学生思维认知，更被学生接受。更重要的是，学生在制作过程中，能学习领悟、拓展提升书本知识。

学校根据教师课堂教学中微视频的使用状况，不断矫正他们对微视频的认识，明确提出，微视频不能只用于调节课堂气氛，不能只用于导入，不是用得越多越好，而要充分发挥其短时间集中解决一个复杂或者关键内容的作用，使用时间上，可以是课前预习、课中解难、课后总结。微视频的精美是外在要求，更重要的是其内容的精美、精巧、精细、精练。

此外，在整体模式一致基础上形成的学科特色化 MIFE 高效课堂也日臻完善。

案例：

表 1－8　初中语文迈乎 MIFE 高效课堂流程设计

课型	课堂基本流程
讲读课	1. 预习自学，字词检测（2 分钟） 2. 情境激趣，导入课文（1 分钟） 3. 作者简介，普及常识（2 分钟） 4. 研读课文，提出问题（20～25 分钟） 5. 核心知识，微课突破（2～6 分钟） 6. 归纳小结，拓展延伸（5～10 分钟）
自读课	1. 预习自学，提出问题（5 分钟） 2. 检测字词，筛选问题（3～5 分钟） 3. 重点研讨，微课突破（20 分钟） 4. 拓展延伸，课堂练笔（10 分钟）

案例：

表 1－9　信息技术 MIFE 高效课堂流程设计

流程	主题	时间	具体操作
第 1 环节	自学探究	5～10 分钟	老师课前准备好：（1）作业要求（包括目标、要求、范例、评分标准）；（2）素材资料（尽量多提供几套资料，使学生在练习时能够自由充分发挥）；（3）视频帮助（学生能够通过视频帮助完成主要操作步骤），课堂中老师重点巡视学习的自主研究情况，收集并解答学生在观看视频进行操作中出现的各种问题
第 2 环节	新课教学	5～10 分钟	老师广播讲解本堂课的知识点，重点分析制作作品中需要掌握的目标，并对其中的各种专有名词进行解释，分解操作原理
第 3 环节	疑难解答	3～8 分钟	老师针对学生自主研究中出现的代表性问题，从错误的原因，到错误后修改的方法进行讲解（此环节可以由老师来操作解答，也可以由学生上台演示如何纠正错误）

续表

流程	主题	时间	具体操作
第 4 环节	操作练习	8～20 分钟	学生练习，继续完成作业 有能力的同学在完成作业后可以指导本组操作有困难的同学完成作业，也可以继续完成作业要求中的拓展练习
第 5 环节	作品交流	1～3 分钟	老师投影广播学生中的优秀作品（或有典型问题的作品），激发学生的创作热情（有针对性地引导学生纠正操作过程中出现的问题）

迈孚学习坚持教法改革与学法指导同步进行。一方面把教法建立在研究学法和学情的基础上，以提高教法的针对性和有效性；另一方面，在探索和选用先进的科学的教法中，引导学生掌握适合其自身特点的学习方法。

（六）以课题研究探寻迈孚学习的生长点

学校立足教育教学实践，开展课题研究，探寻师生可持续发展的生长点。

第一，以课题研究探寻现代教育治理视域下学生核心素养培育的生长点。基于课题研究，把现代教育理念运用到学校教育教学实践中，解决课程建设、教学综合改革、学科管理以及课堂教学模式效能等实际问题。

第二，以课题研究探寻学校生态化建设过程中学生核心素养培育的生长点。笔者主持申报了湖南省教育科学规划“十三五”重点课题“基于中学生核心素养培育的三维课程建构与教学改革”，以三课助推迈孚学习，促中学生核心素养培育的落地。随着办学实践的深入，学校深化课题研究，总结办学经验，促进办学水平的不断提升。同时，学校还有 200 多位教师参与了课程建设、教学方式、学习方式、德育管理、班级文化等更多教育教学细节的研究。这使得学校全方位探寻中学生核心素养培育体系，找准着力点，提升了学生核心素养培育的可操作性。

第三，加强微型课题研究，汇聚一线教师智慧。学校鼓励一线教师基于教育教学实践开展微型课题研究，促使他们把问题转化为课题、把经验提升为成果。一个课堂问题、一个教学案例、一种新的学生评价方式，都可以成为微型课题研究的选题。每个备课组都有课题，教师每学期参与课题研究的比率达到100%。

第四，加强课题研究辐射，提炼麓山多元的探索经验。一方面，学校苦练内功，加强麓山教育共同体内部课题研究的整合、提质和升华。在笔者的带领下，各校开展了扎实的集团多元化办学、样板学校建设和现代教育实验学校等方面的探究，各职能部门和学部年级组开展了教育教学管理制度和文化建设方面的研究，各教研组和备课组加强了学科核心素养培育的深入探究，德育管理部门和年级组以及相关班主任开展了针对性较强的学生管理与心理教育专题研究。麓山教育共同体《教师发展手册》和《学生成长手册》相继出炉。《书韵留香》和《教师发展足迹——教师优秀教学设计案例集》在教育共同体内部获得高度评价，为湖南省其他学校树立了科研样板。另一方面，学校加强科研投入，鼓励对外研讨交流。学校对各种课题都给予配套的经费支持，积极举办各种学术研讨会并参加省市科研部门举行的各种学术年会与研讨会。作为“长沙市校长（教师）培训基地”，学校每年承办中高考研讨会和校长培训班等各种学术交流会议与项目培训20多次。这进一步提高了学校教师的教科研水平，促进了学生综合素质的发展。

学校也因此获得长沙市绩效考核一等奖、湖南省教育科研工作者协会“先进会员单位”、省教育学会初中校长研究分会会长单位、省教育学会创客中心牵头学校、长沙市新课程改革样板学校等荣誉和称号。何新华、胡杰、张曲等德育名师在各种德育研讨会上传播麓山经验，刘青峨等学科名师参编各种新教材和教辅资料，夏天等骨干教师和青年教师在各种赛课中脱颖而出，摘金夺银，向雄海、刘仕龙的专著也相继出版。

（七）构建促进学生全面发展的评价体系

1. 逐步完善迈孚课堂评价标准

MIFE高效课堂的评价体系主要包括以下七个方面：第一，教学理念是否体现 MIFE 课堂的基本思想——运用信息技术，先学后教；第二，教学目标是否明确具体、是否重视学生核心素养培育；第三，教师素养是否实现气质、表达、板书、激情、教育机智的有机统一；第四，备课方式是否围绕教学目标创造性地处理教材、开发课程资源；第五，教学方式是否体现学生和教师双主体作用，是否为学生搭建深度学习平台，是否在动静转换中进行知能建构；第六，学习方式是否实现学生听、看、讲、想、做等感知方法的综合运用，是否实现学生单元组学习和团队学习的综合运用，是否约定有效，是否呈现多样的表达；第七，教学是否流畅，是否突出重点，是否突破难点，是否生动有效等。①

表 1-10 长沙麓山国际实验学校 MIFE 高效课堂评价标准

项目	指标	指标说明	权重
微课微视频制作	作品规范	时长 3 分钟左右，视频图像清晰稳定，声音洪亮，普通话标准，构图合理，关键内容配有字幕（文字、符号、单位和公式符合国家标准）	50
	技术实现	制作软件具有普适性，编辑制作准确，播放器兼容性好；便于操作，适合学习者在各种技术环境下观看（兼容电脑、手机和平板电脑等）	50
课堂教学	教学理念	整合慕课、翻转课堂、EEPO 基本思想，具有高效、智慧课堂意识	10
	教学目标	三维目标明确、具体；体现中学生核心素养和学科核心素养培育；聚焦认知、合作、创新、职业四种关键能力	10
	教师素养	语言表达、板书设计、教师气场、教育机智、现代教育技术运用等教师基本素养好	10

① 王德复．学校高效课堂的探索与实践：以 MIFE 高效课堂为例［J］．创新人才教育，2018（9）．

续表

项目	指标	指标说明	权重
课堂教学	教学手段	信息技术与学科教学深度融合，熟练运用微课、微视频以及其他教学软件辅助教学，注重运用技术平台进行师生交互，提高课堂效率；以学定教，课内流程性检测及时有效	20
	教学流程	体现学生、教师双主体作用；学生学习成长共同体形成；能动体现 MIFE 核心环节：自主学习、合作交流、展示呈现、点拨释疑、巩固提升	20
	学习方式	学生运用听、看、讲、想、做等感知方法完成学习过程；学生单元组学习、团队学习熟练，约定有效、表达呈现方式多样（口头表达、投影表达、平板呈现等）	20
	教学效果	实现“三好”：学生参与好、课堂氛围好、学习效果好；充分体现课堂的生态性、生活性、生长性、生成性	10
粉笔字书写	笔　画	清晰流畅，结构合理，笔顺准确	40
	字　体	工整清晰，匀称有力，美观大方	40
	板　面	文字规范，板面清洁，布局合理	20
总分＝微视频得分×10％＋课堂教学得分×80％＋粉笔字书写得分×10％			

2. 系统完善学生综合素质评价体系

麓山国际努力建构了“班级＋团队＋个人”学生综合评价体系，促进班级文化建设和学生发展。我校全面推进德育创新，构建学生学业成绩评价和综合素质评价相结合的评价模式，遵循目标多元、方式多样、注重过程的评价原则，通过学生综合素质评价制度促进学生发展和改进教学实践。

我们始终遵循学校的顶层设计，围绕校训提出的新内涵“自信、自主、自理，爱心、责任、合作”设定为“学习态度、强身健体、遵规守纪、安全环保、其他专项评价”五个维度。我们把“行为养成”具体化为两操文体、到校考勤、文明秩序、就寝、卫生整理、水电节约、财产保护、安全防范、就餐等，细化评价指标，让学生明白应该怎么做，做到什么程度。“随时记录、每日检查公示”“每周汇总通报反馈”“每期累计总结评比”三大路径为学生营建充满正能量的成长平台。

表 1-11　团队、个人综合素质评价操作表

一级	二级	分值	学校执行部门	班级对接部门	三级	分值	总执行人
学习态度	基础课程	5	教务处	学习部	课前准备	5	课代表
					课堂表现	10	任课老师
					作业测试	10	课代表
	拓展课程	5	教科室		常规	5	任课老师
					周末	5	
	活动课程	5	学生处	团支部	参与	5	团支书
					荣誉	5	
强身健体	两操文体	5	学生处	体育部	跑操	5	体育委员
					文体活动	5	
	眼保健操	5			眼保健操	5	
遵规守纪	到校考勤	5	学生处	纪检部	早中晚	5	班长
					每节课	5	
	文明秩序	5			服饰礼仪	5	纪律委员
					课间文明	5	
					就餐秩序	5	
					文明饮食	5	
	就寝	10		生活部	卫生	10	寝室长
					内务	5	
					纪律	10	
安全环保	卫生整理	10	学生处	卫生部	检查	10	卫生委员
					抽查	5	
	水电节约	5	总务处	综合部	水电节约	5	财产主管
	财产爱护	5	中心		财产爱护	5	
	安全防范	5	保卫处		安全防范	5	

续表

一级	二级	分值	学校 执行部门	班级 对接部门	三级	分值	总执行人
其他	专项评价	5	学生处	班长			
班级综合素质总评			学生处	班长	个人综合总评		班长
流动红旗获得班级					团队综合评价		

（八）打造创新型学习型研究型管理团队和教师队伍

1. 加强干部队伍建设

为全面实施和构建迈孚学习的教育思想体系，我们努力打造一支办学思想端正、依法治校、深入实际、作风民主、管理有力、团结进取、务实创新、公正廉洁、无违法违纪行为、凝聚力强的领导班子。

第一，学校强调领导班子树立五种意识、养成五种作风、提高五种能力，并将其作为干部考核的重要内容。(1) 树立五种意识：品质意识、责任意识、实效意识、创新意识、发展意识。(2) 倡导五种作风：科学规划的作风、严谨执行的作风、克艰克难的作风、创新发展的作风、总结提升的作风。(3) 提高五种能力：学习能力、决策能力、组织能力、创新能力、引导能力。

干部作风扎实，执行力强，教职工和学生家长对领导班子满意度达到98%以上。校级领导和中层干部深入课堂，2/3 以上领导兼课，校级领导坚持听课。我校还严格实施行政干部下到教研组的联系制度。校长和主管教学的副校长每学期开展主题教师培训、研讨会和专家讲座，指导教师的公开课、研讨课、创新课和优质课。

第二，学校落实长沙市干部人事制度改革方案，推进校务公开和领导干部队伍建设。校长对学校的教育教学和行政管理工作全面负责，党委（支部）发挥政治核心作用，教代会参与学校的民主管理和民主监督，工作程序规范。学校领导班子有关理论学习、工作例会、民主生活会、干部述职、考核等管理制度健全，并将其落实到位。

第三，学校出台了《麓山国际实验学校章程》。学校通过民主、公开、竞争、择优的民主考察和选举，从学部和年级组班组等一线推选出各个层面的优秀教育工作者，加入领导干部队伍，注重青年领导干部的培养，发挥中层干部作用，干部分工职责明确，并制定相应的培训计划和实施方案，注重在实践中锻炼和考察青年干部。

2. 加强教师队伍建设

学校组建 MIFE 课改实验教师团队，实施“走出去”“请进来”相结合的策略，提高教师团队整体水平。

首先，学校组织教师先后到北京、上海、江苏、浙江等地考察、学习，与外地同行交流教育教学经验，了解教育信息化、创客教育、新高考等改革趋势。

其次，学校积极创新教师研修形式，不断完善年级组集体备课平台、教研组主题研讨平台、校际教师业务交流平台、教师专业技能培训平台、教育专家引领支撑平台、系列主题读书研讨平台等，实现教学、教研和评价的有机统一。

此外，学校还加强对教师教育阅读与写作的引领，布置相应的寒暑假作业。而每学期一次的“麓共体青年教师 MIFE 高效课堂片段教学比赛”则把教师研训推向高潮。

最后，教师最核心的还是教育价值的建构和思想方法的养成。应用马克思主义的立场、观点和方法分析当下教育改革与发展的现状和问题，具有重要意义。① 因此，学校开展“教师发展论坛”和教师培训活动，促使教师不断学习、提升。例如，2016 年 7 月 11 日，学校开展“翻转课堂与 EEPO 整合培训”活动，笔者围绕“慕课与翻转课堂的实践与思考”做了专题讲座。

---

① 石中英. 重申教师家访的教育意义［J］. 人民教育，2018（12）.

第二章

三维课程
——迈乎学习的内核系统

中学生核心素养培育的起点是以课程建构为核心的顶层设计和管理创新。当前课程建设中存在一些不足之处，学校须正视这些问题和困境，以建设性的思维和变革的勇气，开拓学校课程建设的新局面。学校立足学生核心素养培育，全面推进“生命成长”型三维课程建构，不断提升办学质量和品位。

第一节　生态建构，搭建知能意信行孵化平台

迈孚学习追求高质量的课程建构。所谓课程，简单地说就是课业方案及其进程。横向上，关系到学生的知识广度；纵向上，关系到学生的知识深度。课程要素的组合，最能显示出学校领导（校长）的课程领导力，最能显示学校的育人理念和价值倾向。

一、核心价值取向：基于学生核心素养培育

1. 迈孚学习注重课程建构的育人定位

迈孚学习把核心素养培育落实到教育教学中，就是把以人为本、以生为本、以学为本的思想体现在教育教学中，真正体现迈孚学习的育人功能。学校认真落实国家课程计划，充分挖掘校内校外课程资源，建立起全面而富有特色的课程体系。根据学校育人目标，我校将国家课程校本化，形成了学科基础型课程、拓展丰富型课程、活动实践型课程的三维课程结构。

2. 迈孚学习注重课程建构的多元化育人路径

三类课程的实施坚持课程目标、内容、实施、评价一体化和实施形态多样化。学科基础型课程坚持教学目标和育人目标的有机统一，坚持模块、单元与课时教学目标的一体化，促进师生的全面发展。活动实践型课程，使教师与学生在实践中运用知识和发展能力，实现知识与能力的一体化，促进师生能力发展。拓展丰富型课程实现师生个性共同发展。按照课程选课方式基

本分为两大类别课程：课程选学生类和学生选课程类。课程选学生类包括学科奥赛培训、艺体专业训练课程和中高考培优三大类。学生选课程类按课程开设的培养目标与内容又分为品德心理类、战略军事类、经济理财类、人文风俗类、运动竞技类、艺术修养类、法制素养类、语言工具类、科学技术类、学科能力拓展类十大类别。拓展丰富型课程以尊重人的个性为根本出发点，使不同层次学生的学习需求得到尊重和满足，使教师的专长与能力得以提升，实现了教师个性与学生个性的一体化。

3. 迈孚学习注重课程育人的内涵与品质

我们还在提升课程“三力”上做好文章。一是提高学校课程的领导力，深入课堂、加强研究，真正实现素质教育。二是提高教师课程的开发力和教学资源的整合力，让教师真正成为课程的开发者，发挥集体智慧，不断学习、不断思考、不断研讨。因而建立学习交流平台非常必要，如读书沙龙、外出考察、课改沙龙等。三是提高学生课程的学习力。课程与研究性学习、社会实践活动及学生综合素质评价相结合，改变学生单一的被动学习方式，全面落实自主、合作、探究式学习，在培养学生创新能力和实践能力上迈出重大步伐。

二、建构基本思路：知能意信行的融合统一

课程制定融入核心素养的指导思想和整体思路。经过多年的探索、实践与发展，麓山国际实验学校初步建立具有本校特色的三元课程体系，即建立了融学科基础型课程、拓展丰富型课程与活动实践型课程于一体的三元课程体系。

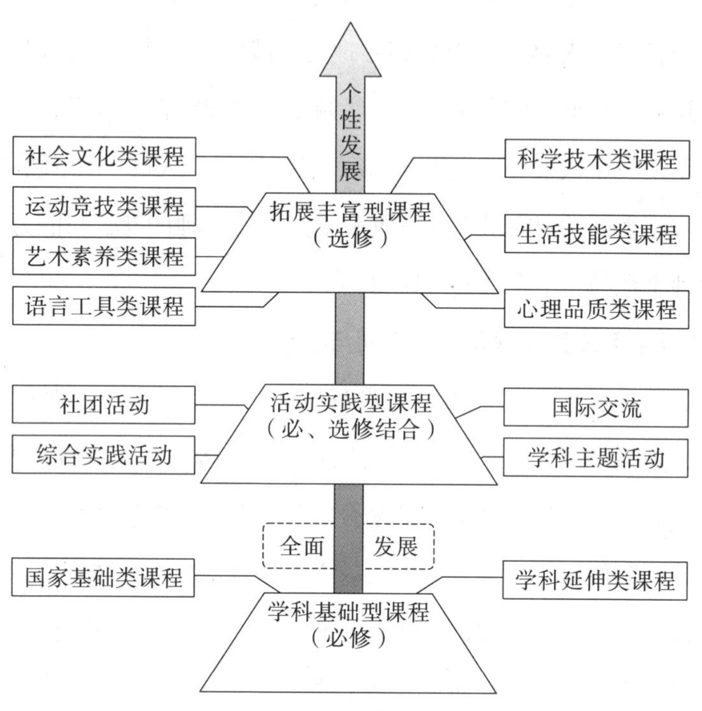

图 2-1　我校课程体系树状图

学校尝试符合核心素养培育的三维特色课程体系校本化建构。其核心是：学科基础型课程，促进学生全面和谐发展；拓展丰富型课程，促进学生个性生动发展；活动实践型课程，促进创新实践能力提升。[①] 课程结构在培养目标、教学方式、学习类型和课程领域门类的划分方面，实现了学生知识、能力、情感、态度、价值观、意志力和信念等素养的综合达成。

---

① 向雄海．中学生潜能开发与创新人才早期培养机制的建构［J］．创新人才教育，2018（9）．

第二节　强化实施，搭建师生的互动发展平台

学校把课程建构作为顶层设计，不断优化组织实施和管理，在课程中拓展师生互动交流的空间与逻辑。

一、规范执行学科基础型课程

迈乎学习学科基础型课程的实施体现新时代课改的基本理念："以人为本""以学生的发展为本"，对学生主体的确认是出发点；"知识与技能、过程与方法以及情感、态度与价值观"的整合是教学目标；促进学生全面发展的评价体系是内驱动力；民主化的新型师生关系是牢固基石；回归生活、开放型的现代化资源优化是路径选择；辩证批判与创新精神是思想灵魂。

（一）规范课程设置，必修与选修相结合

我校的课程实施形态多样化，显性课程与隐性课程相结合、长课时与短课时相结合；除了课标规定时长的课程外，我们有短时间拓展课程，如早读和午间听力课等，还有较长时间的人文知识拓展、班级管理拓展和研究性学习以及其他活动课程。从课程实施来看，实现了过程与结果、预设与生成相结合。①

学校按照国家规定的相应模块与学科要求，开设了必修和选修课程，比如高中思想政治学科中经济生活、政治生活、文化生活、生活与哲学为必修，科学社会主义常识、经济学常识、国家和国际组织常识、科学思维常识、生活中的法律常识、公民道德与伦理常识等为选修课。学校还开设校本必修课，要求全体学生都参加，比如口语、英语听力、英语报刊阅读、书法等。

① 向雄海. 中学生潜能开发与创新人才早期培养机制的建构［J］. 创新人才教育，2018（9）.

初中学段的学科基础型课程设置如下：

表 2－1　七年级学科基础型课程设置表

课程类别	语文		数学		外语						艺术				综合实践活动			
课程名称	语文	阅读	数学	数学与生活	英语	口语	政治	历史	地理	生物	音乐	美术	书法	体育与健康	信息技术	研究性学习		地方与校本
课程类型	国家必修	校本必修	国家必修	校本必修	国家必修	校本必修	国家必修	国家必修	国家必修	国家必修	国家必修			国家必修	国家必修			国家必修
学校周课时(33 节)	5	0.5	5	2	5	1	2	2	2	2	1	1	0.5	2	1	0.5	0.5	
国家周课时(34 节)	5		5		5		2	2	2	2	2			2	1	1	1	4

表 2-2 八年级学科基础型课程设置表

课程类别	语文	数学		外语		物理		政治	历史	地理		生物		艺术		体育与健康	综合实践活动			地方与校本
课程名称		数学	数学与生活	英语	口语	物理	物理与生活			地理	人文地理	生物	生物与生活	音乐	美术		信息技术	研究性学习	社区服务	
国家 课程类型 必修	国家必修	国家必修	校本必修	国家必修	校本必修	国家必修	校本必修	国家必修	国家必修	国家必修	校本必修	国家必修	校本必修	国家必修		国家必修	国家必修			国家必修
学校周课时(35 节)	5	5	1	5	1	2	1	2	2	2	0.5	2	0.5	1	1	2	1	0.5	0.5	
国家周课时(36 节)	5	5		5		2		2	2	2		2		2		2	1	1	1	4

表 2-3　九年级学科基础型课程设置表

课程类别	语文		数学		外语		物理		化学		政治		历史		艺术		体育与健康	综合实践活动			地方与校本
课程名称	语文	语文阅读	数学	数学与生活	英语	英语文化	物理	物理与生活	化学	化学与生活	政治	政治与时事	历史	历史与社会	美术	音乐		信息技术	研究性学习	社区服务	
课程类型	国家必修	校本必修	国家必修	校本必修	国家必修	校本必修	国家必修	校本必修	国家必修	校本必修	国家必修	校本必修	国家必修	校本必修	国家必修		国家必修	国家必修			国家必修
学校周课时(37节)	5	2	5	2	5	1	3	1	3	1	2	1	2	1	0	0	2	0	0.5	0.5	
国家周课时(34节)	5		4		5		3		3		2		2		2		2	1	1	1	3

根据不同年级和地域实际情况，适当开设地方课程。如我校初中部开设了湖湘文化常识课程，从七年级到九年级，每周一节课。我校的课程实施形态多样化，从课程的课时长短、人员安排、资源场地利用、主要学习方式、教育教学内容的呈现方式等综合来看，都注意契合师生实际，统筹安排。

高中学段的学科基础性课程设置和安排如下：

表 2－4　2016—2017 高三学科基础型课程安排表

教务处兼学生处主任：宁凯　教务处副主任：叶修刚　学生处副主任：肖伟　教务干事：李明星、林敏　学生干事：黄伟峰（兼）　刘海阔　童少波																	
联点行政：宁凯　年级组长：叶修刚　教务专干：唐雄　学生专干：袁浩																	
班级	班主任	语文	数学	英语	物理	化学	生物	政治	历史	地理	班会	体育	音乐	美术	自习	研究	文体活动
理科		6.5	7	6.5	5	5	4				1	2			3		1
文科		6	7	6				5	5	5	1	2			3		1
教师人数		7	7	6	4	4	5	2	2	3	40						

表 2－5　2016—2017 高二学科基础型课程安排表

联点行政：胡云　年级组长：吕佑祥　专干：张雅、孙国强																		
班级	班主任	语文	数学	英语	物理	化学	生物	政治	历史	地理	班会	体育	音乐	美术	信息	研究	通技	校本
奥赛班		5	5	5	4	3	3	1	1	1		2						2
理科		5	6	6	4	4	3	2	2	2	1	2	1	1			1	
文科		6	6	6	2	2	2	3	4	3	1	2	1	1			1	
教师人数		7	9	7	6	5	5	3	3	3	48							

表 2-6　2016—2017 高一年级学科基础型课程安排表

联点行政：肖伟　年级组长：练柳青　专干：高晓青、高逸湘																		
班级	班主任	语文	数学	英语	物理	化学	生物	政治	历史	地理	班会	体育	音乐	美术	信息	研究	通技	校本
理实		5	6	5	4	3	2	2	2	2	1	2		1	1	1	0.5	0.5
文科		5	6	5	3	3	2	2	2	3	1	2		1	1	1	0.5	0.5
教师人数		9	10	9	5+1	6	3+1	3	3	2+2	54							

高中学段，我校在开好国家必修课程的基础上，也增设了几门校本必修课：数学与生活（1 节/周）、社团课程（1 节/周）、学业生涯规划（高一 1 节/2 周）。我校的体育课试行选课走班，发挥体育组教师的集体智慧，学生可以在不同年级选修不同学分，其中校园足球和武术为学生必修科目，这是我校作为校园足球和传统武术特色学校在学科基础型课程校本化实施方面的微改革。

（二）规范课程管理，自治与督查结合

学校对课程管理的规范体现在文化制度中，体现在管理机制中，体现在管理人员与师生的行动中。

1. 规范常规管理，加强过程自治

学校不断制定和完善各种常规管理制度。认真学习落实长沙市教育局出台的《长沙市教学常规管理规定》，结合学校实际制定了一系列教育教学教研制度，如《麓山国际实验学校教学常规细则及检查规程》等；巧借各学部开展的“五项常规”检查东风，推进常规工作再上新台阶；实施了“每日学情监测”制度，对教师的课堂教学行为和作业布置与批改进行严格的检查和控制，加强了教学管理的力度；加大了教师备、教、辅、改、研等检查力度，重点抓实教师听评课活动。此外，加强各年级各学科的阶段性单元测试管理，严格把关。

2. 打造自主高效课堂，通过有效教育课改实验提升课堂教学效能

课堂创新是课程创新的最主要、最基本的形式。我校开展了以“MIFE 高效课堂”为核心的课堂教学改革，深入践行新课程改革“以学定教、以学促

教”的理念，以学生学习任务和学习内容为载体，以落实知识、提高能力为目的，充分有效地运用迈乎学习的课型、学习、检测等操作方式，使师生互动、生生互动活动流程更加清晰，活动目标更加明确，活动操作更加可行。

3. 加大课程教学督查力度

学校加大督导力度，不断提高制度的执行力。为此，学校制定了《制度执行奖励实施办法》和《督导检查问责实施办法》。学校实行周报表制度，明确常规检查内容，例如：教学检查坚持抽查与普查相结合。学校对各种检查结果实行内网公示。

二、系统推进拓展丰富型课程

拓展丰富型课程着眼于满足学生的兴趣爱好，在“拓展”和“丰富”上做足文章，为中学生核心素养培育落地搭建另一个重要平台。

（一）实践回眸：麓山国际拓展丰富型课程建设的探索历程

我校的拓展丰富型课程建设经历了探索期、调整期、整合期三个发展阶段。

1. 探索期——教学改革之初，我校的拓展丰富型课程建设立足师生能力培养与和谐发展，努力实现育人目标与教学目标的一体化。① 2003 年，明确提出了培养学生“会一种乐器、两门语言、七种能力”的具体课程目标。2010 年起，连续举行多次系列化的专题研讨使我校的校训内涵落地，形成了自理、自主、自信的“学会生存”目标板块和爱心、责任、合作的“学会关心”目标板块。后来，又不断完善“做豪迈的中国人”的精神内涵。

2. 拓展期——近年来，我校课程建设从课内延伸到课外，拓展实践体验和情操陶冶的时间和空间，大力开发校本课程。按照选课方式基本分为课程选学生类（数、理、化、生、信息学等学科竞赛类课程）和学生选课程类（书法、模型制作、国际象棋、羽毛球、钢琴等）课程。

---

① 李素洁．课堂教学的“道”与“术”[J]．学术论文联合比对库，2017（6）．

3. 整合期——自 2016 年以来，我校加大拓展丰富型课程系统建设力度。

（1）优化课程实施，强化过程管理。课程的实施坚持课程目标、内容、实施、评价一体化，实施形态多样化。课程选课、管理、评价是一个系统工程，我校借助于云校园平台，初步解决了操作上的困难，效果良好。

（2）加强拓展丰富型课程的专题研究，开发校本教材。近 3 年共精选和编印了政治组《生活中的法律常识》《“向”你说说心里话》、历史组《古迹中的长沙》《中学生硬笔书法》、物理组《生活中的物理》、化学组《高中化学实验呈现与创新》、地理组《生活中的地理》、生物组《指尖上的生物》、高中语文组《书香才女李清照》、高中数学组《美丽的数学岛》、高中英语组 *Appreciation of Classical English Songs*、美术组《水墨潇湘》、体育组《羽毛球》《武术》等 30 多本校本教材。

这些校本教材在编写上有以下几个共同特性：

主题性：教材主题鲜明，成体系、分板块。

科学性：内容科学合理，无知识性错误，语言文字规范，编排合理。

教育性：内容简洁、明快、活泼，既有现实的教育意义，又能让学生易懂易记会运用，受益终身。

趣味性：教材内容生动有趣，图文并茂，根据不同年段学生的心理特点和知识结构特点进行编排，让学生喜闻乐见。

操作性：教材有可操作性，切实可行，且能够行之有效。

还有很多学科组开展了拓展丰富型课程和校本教材的课题与专题项目研究，如高中语文的《青春悦读》专题项目组和高中英语的省级课题“高中英语报刊阅读优化研究”。

其中特别值得一提的是中学生物组的“中学生物校本课程开发与评价体系的构建研究”。课题研究立足学校生态、师生个性和学科拓展，研究过程扎实。该课题进一步探讨中学生物校本课程开发的基本原则、时代特色和区域特质，形成了《中学生物校本课程开发及其评价体系构建的探索与实践》研究报告，发表了多篇论文，形成了教学设计案例集，打造了《指尖上的生物》《舌尖上的生物》《有趣的生物实验》等系列校本教材，并在市规划课题结题评优中获得一等奖。

校本教材示例封面和目录如下。

目　录

（二）反思升华：麓山国际拓展丰富型课程建设的基本经验

学校拓展丰富型课程建设的基本经验，是这些年来麓山全体师生还包括一些专家和家长的心血结晶。概括起来，有以下几个方面值得回味。

1. 不断调整和完善拓展丰富型课程的结构内容

学校进一步推进学科基础课程的校本化实施，不断加大拓展丰富型课程的选择空间和个性化程度。拓展丰富型课程从功能和目标上看，有以下几类：创新素养类、学科拓展类、兴趣特色类、综合实践类等。近两年来，作为湖南省教育学会创客中心的牵头学校，我们引进了智能编程和无人机等创新创造课程。

从结构上看，拓展丰富型课程有几个基本层次：

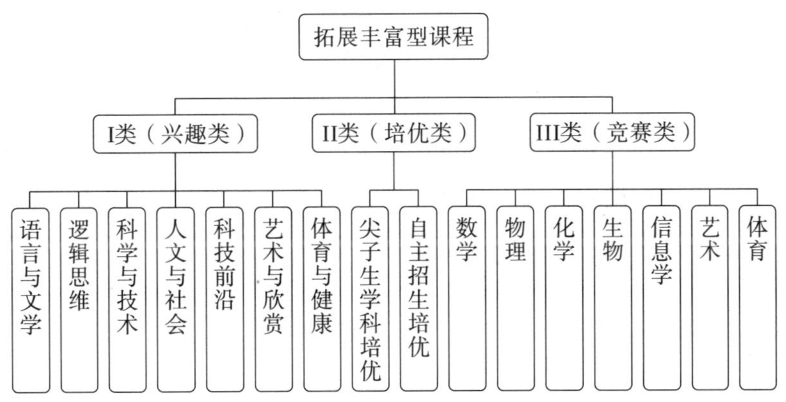

图 2－2　拓展丰富型课程层级图

2. 不断夯实拓展丰富型课程的研发

拓展丰富型课程的研发，是一个极具内涵的系统工程。学校立足现代学校制度的人本性、科学性和生态性，保证拓展丰富型课程研发的高起点和高效能。

（1）研发目标的人本之道

①总目标凸显人的发展。以拓展丰富型课程建设推进学校课程体系建设，拓展师生发展的空间，凸显学校办学特色。

②学生发展目标：促进全面发展。在知识、品质、能力、个性等方面得到全面、可持续的发展，使学生的发展有更广阔的空间。健全学生人格，提

高学生的综合素质。热爱学习，兴趣爱好广泛，至少学一门符合自己兴趣或特长的课程。学会观察和思考，学会质疑和探究，形成良好的学习品质。实践体验，增强劳动实践意识，培养动手能力和创新能力。

③教师发展目标：促进专业发展。学会学习、学会反思、学会创新，成为实践的研究者，促进教师专业化成长。

（2）研发原则的科学之道

拓展丰富型课程的开发，应坚持新课程改革的科学性要求，具体体现在以下几个方面：

①贴近学生。课程开设以学生需求为出发点，根据不同层次学生的学习需求，建立科学、合理的课程体系，满足不同层次的学生需求。

②关联学科。根据学校教师力量及教学设施情况，拓展丰富型课程的开设与各学科相联系，一方面充分整合学校教学资源，另一方面关注学校的教育教学质量的提升服务。

③突出能力。拓展丰富型课程是推动学生知识与能力的融合与内化过程，是在体验、实践探究和应用中提升的过程。拓展丰富型课程有一定的知识拓展，但拓展丰富型课程的灵魂是激发学生的主兴趣、启发学生的主思考、培养学生的主意识和强化学生的主能力。

④彰显特色。发掘学校特色项目资源，打造符合学校条件的特色化拓展丰富型课程。

拓展丰富型课程的科学性体现在：深入系统地学习与课程改革相关的理论，借鉴外来的有益经验，结合本校实际，实事求是，以科学的精神和严谨的态度，解决遇到的实际问题和困难，调查研究，科学决策，边实验边总结，创造性地开展工作。拓展丰富型课程的开发要从整体上把握课程的目标与结构。根据学生不同年龄特点，建立初中—高中一体化的拓展课程体系。使各层次的学生能找到适合自身发展的平台。

（3）研发路径的生态之道

拓展丰富型课程研发是以学校为基地、学校自主决定、教师广泛参与、家长和行政管理人员指导下合作探索、共享开发成果的一种应用性课程研究综合实践活动。

我校拓展丰富型课程研发的基本策略是：制定拓展丰富型课程开发和管

理制度，以规范拓展丰富型课程的开发和管理工作；充分发挥校本研训的作用，以教研组为单位确定学科组拓展丰富型课程开发的方向；组织全体教师学习，动员全体教师参与拓展丰富型课程开发；整合各科组教师的特长和优势共同开发拓展丰富型课程；评估学生对拓展丰富型课程的需求，确定课程开发的重点；动员全体教师根据自己的爱好和特长开设拓展丰富型课程。

具体路径方法如下：以选用和改编为基本方式，以新编和重组为重要方式。

拓展丰富型课程开发的主体是一线教师，还可以与教研人员和专家合作。必要时，学生、家长及社区有关人员都可参与拓展丰富型课程开发。

拓展丰富型课程的研发，集中落实到开设计划上。拓展丰富型课程的申报者及其团队，根据课程定位和目标，认真拟定课程实施的基本内容、进度和要求。

3. 优化拓展丰富型课程的管理机制

（1）优化申报流程

每学期初，教科室组织以教研组为单位每人申报一门拓展课程，填写申报表，并报教科室。

教科室根据申报内容、学科特色，确定开设科目名单及相关年级。由各学部教务处组织学生选课。

（2）优化选课流程

学生选课流程：

广泛宣传，激发学生参与拓展丰富型课程学习的积极性。

年级组向学生公布拓展丰富型课程开设科目、指导教师及课程说明等，让学生自由、自主选择课程。

先按正常教学班统计学生选课情况，再根据学生第一、第二志愿进行适当调整，原则上组班不超过 60 人，低于 20 人不开班。

视学生选课情况及场地限制，按拓展丰富型课程课时计划表，有目的有计划地实施拓展丰富型课程。

课程选学生流程：竞赛教练命制试题或进行技能测试，年级组统一组织考试选拔，教练筛选出符合要求的学生进行培养。

表 2－7　教师开设校本课程申报表

<table>
<tr><td>教师</td><td></td><td>学科</td><td></td><td colspan="3">开设课程类别</td><td colspan="2"></td></tr>
<tr><td>课程名称</td><td colspan="4"></td><td colspan="3">学生限选人数</td><td></td></tr>
<tr><td>学时数</td><td colspan="3"></td><td colspan="2">学分</td><td colspan="3"></td></tr>
<tr><td>需要学生具备的相关学习能力</td><td colspan="8"></td></tr>
<tr><td>需要学校提供的相关资源（场地、设备、教学材料等）</td><td colspan="8"></td></tr>
<tr><td colspan="9">课程内容概述（课程目标、课程内容、课程特点等）

（另附页）</td></tr>
<tr><td colspan="9">考核方式</td></tr>
<tr><td colspan="2">教研组意见（签名）
年　月　日</td><td colspan="7">学校课程委员会意见：

年　月　日</td></tr>
</table>

表 2-8　2017—2018 高一年级校本课程选课卡

注意事项：
1. 选择作答必须用 2B 铅笔，修改时用塑料橡皮擦干净。笔答作答必须用黑色签字笔填写，答题不得超出答框。
2. 保持卡面清洁，不要折叠，不要弄破。

选择题填涂说明：
正确填涂：▬　　错误填涂：[illegible]

说明：1. A 为第一选择，B 为第二选择。每个学生选择一个 A 一个 B

序号	姓名	学科	课程名称	选项
1	李操	数学	数学竞赛培训	
2	吕佑祥	物理	物理奥赛培训	
3	刘润泽	化学	化学奥赛竞赛	
4	陈显胜	生物	生物奥赛培训	
5	李善勇	信息	计算机奥赛培训	
6	徐康	体育	篮球队培训	
7	黄又青	体育	足球队培训	
8	张小伟	体育	定向越野队培训	
9	张和辉	体育	武术队培训	
10	刘青峨	美术	风景画	
11	牛金伟	音乐	中学声乐拓展班	
注：以上 9 项仅适用于竞赛培训及专业培训队学生。				
12	钟武伟	语文	对联初探	
13	陈记铭	数学	转化与化归思想、数形结合思想、特殊与一般思想、或然与必然的思想	
14	罗佳	英语	新概念 3 册经典课文赏析	
15	李行等 3 人	物理	物理知识应用	
16	赵紫梨	化学	生活中的实验化学	
17	李焕发 唐永红	生物	岳麓山植被调查与研究	
18	金磊 尹忠平	政治	时政热点大观察	
19	袁浩等	历史	历史常识讲座（一）　古迹中的长沙	
20	贺明岳等	地理	地理纪录片赏析	
21	唐雄	通用技术	3D 打印、机器人设计	

表 2-9　拓展课程教学及学习情况问卷调查表（初一）

同学们，一学期的拓展课程即将结束，为了了解同学们拓展课程的学习及老师的授课情况，请认真阅读填写。谢谢配合！

本学期你选修课程为

课程代码	

序号	课程名称	授课教师	选修课程
1	竞赛数学	唐磊	01
2	竞赛数学	张铁、杨坤	02
3	竞赛数学	吴志辉、荣婷	03
4	培优数学	彭怀慧、唐富春	04
5	趣味数学	胡光华，钱继海	05
6	培优数学	全建新	06
7	英语演讲堂 Speech Corner	李海燕，符立元	07
8	英语知音 Music Family	梁佩佩，邓斌	08
9	英语故事会 Talk Show	刘华，黄思宏	09
10	英语课本剧 Action Now!	丁秀红，李静	10
11	《世说新语》选讲—小故事的大智慧	赵筱梅，黄颖	11
12	美食制作课堂	樊珊	12
13	指尖上的生物	欧庭良	13
14	英语动漫配音 Cartoon Is Everywhere	潘静，阙如	14
15	汉字的魅力——语林趣话	马慧萍，赵添丽	15
16	生物趣味知识	陈亮	16
17	玩转地球——旅游地理	戴望舒	17
18	历史名人故事	王尹依	18
19	心理拓展活动课	向志圆，刘克新	19

续表

序号	课程名称	授课教师	选修课程
20	世界大战中的那些事	谢铁军	20
21	名画欣赏与临摹——初中	李曙光	21
22	书法（自带笔墨纸）——初中	杨名	22
23	动漫——初中	周品	23
24	美术创作——初中	陈刚	24
25	美术创作中的材料与技法应用——初中	刘清峨	25
26	网页制作	钱莺	26
27	程序设计《信息学奥林匹克》	崔玲	27
28	篮球——初中	熊俊	28
29	排球——初中	鲁勇	29
30	乒乓球（自带球拍）	曾雯雯	30
31	羽毛球（自带球拍）	钟琴	31
32	跆拳道	刘璐	32
33	武术——初中	张和辉	33
34	足球——初中	李非	34
35	街舞	许烨	35
36	街舞与爵士舞	陈洁	36
37	乐队与指挥（仅限民乐）	谭莉	37
38	我是主持人—口才和舞台风训练	牛金伟	38
39	好声音歌唱表演班	夏天	39
40	音乐与舞台戏剧表演	周伟、罗琼	40
41	红楼梦的青春大观园	魏仁珍，李国生	41

表 2-10　拓展课程教学及学习情况问卷调查表Ⅲ

同学们，一学期的拓展课程即将结束，为了了解同学们拓展课程的学习及老师的授课情况，请认真阅读填写。谢谢配合！

本学期你选修课程为：＿＿＿＿＿＿＿＿＿指导老师：＿＿＿＿＿

序号	课程名称	授课时间	授课教师	选修课程
1	数学竞赛 A	周二 7、8 节课	李操	01
2	数学竞赛 B	周二 7、8 节课	韩安静	02
3	物理竞赛 A	周二 7、8 节课	谢志刚	03
4	物理竞赛 B	周二 7、8 节课	田丽	04
5	化学竞赛 A	周二 7、8 节课	陈玉飞	05
6	化学竞赛 B	周二 7、8 节课	王幸欢	06
7	生物竞赛 A	周二 7、8 节课	陈显胜	07
8	生物竞赛 B	周二 7、8 节课	谢海峰	08
9	信息学竞赛	周二 7、8 节课	王麒华	09
10	英语词汇拓展技巧	周二 7、8 节课	章春平，张树凯，李梅芳	10
11	实用生存英语	周二 7、8 节课	吴莹，眭浅语	11
12	雅思培训	周二 7、8 节课	宋昕璇，李燕	12
13	大国崛起（英、美、日等九国）之思考	周二 7、8 节课	阳桃，覃年丰	13
14	抓住函数本质，破解函数难题	周二 7、8 节课	乐雍喜，陈记铭	14
15	思维推理故事视听说	周二 7、8 节课	张博文	15
16	生活中的化学	周二 7、8 节课	郭秀萍	16
17	食品 DIY	周二 7、8 节课	贺文	17
18	数学与经济学	周二 7、8 节课	杨志为	18
19	硬笔书法训练与鉴赏	周二 7、8 节课	李明星	19
20	人物专题研究	周二 7、8 节课	吴玲颖，曾淑娟，陈旭佳，杨帅，练柳青	20
21	羽毛球	周二 7、8 节课	綦思豪	21
22	篮球	周二 7、8 节课	熊俊	22
23	街舞、爵士舞训练班	周二 7、8 节课	陈洁	23
24	好声音歌唱训练班	周二 7、8 节课	夏天	24
25	我是主持人培训班	周二 7、8 节课	牛金伟	25
26	乐器演奏班	周二 7、8 节课	谭莉	26
27	动漫	周二 7、8 节课	周品	27
28	电视编导及音响技术	周二 7、8 节课	廖章作，陈贡献	28

（3）优化课务管理

拓展丰富型课程，实现学校统筹规划、教师自主实施、年级监督检查、学部总结反馈的有机统一。

学校通过问卷调查，了解各门课程的选课人数等，对已开发课程，统一制定课时计划，对任课教师、教学场地等统一规划设计。任课教师认真备好每一节课，按步实施。教务处随机听课，随时测评。教师应按学校整体教学计划的要求，达到规定的课时与教学目标。教务处根据课时计划，统一组织学生，安排场地、相关设备和器材等。由相关教师具体实施课程。结合课程过程管理检查情况和课堂教学评价反馈情况，对开设的拓展丰富型课程，进行综合评估。

（4）优化课程评价

①优化拓展丰富型课程的教师评价机制。

对教师的评价分为部门评价和学生评价两个部分。部门评价指标如下表。

表 2－11　拓展丰富型课程部门评价表

<table>
<tr><th>评价维度</th><th>评价项目及分值</th><th>责任部门</th><th>分值</th><th>得分</th></tr>
<tr><td rowspan="3">教学设计
30 分</td><td>1. 校本课程授课申报表</td><td rowspan="3">教科室</td><td>5</td><td></td></tr>
<tr><td>2. 教学计划</td><td>5</td><td></td></tr>
<tr><td>3. 自编教材、教案或学案</td><td>20</td><td></td></tr>
<tr><td>周课时量 5 分</td><td>每周 2 课时以上，5 分。每周 2 课时 3 分</td><td>教务处</td><td>5</td><td></td></tr>
<tr><td rowspan="4">教学组织
40 分</td><td>1. 学生成长记录本或档案袋。内含学生考勤、作品鉴定、竞赛评比、汇报演出等评价记录</td><td rowspan="4">年级组</td><td>5</td><td></td></tr>
<tr><td>2. 教师教学反思与评价</td><td>5</td><td></td></tr>
<tr><td>3. 教导处、年级组教学常规检查与考核记录</td><td>20</td><td></td></tr>
<tr><td>4. 优秀课堂实录或展示课录像</td><td>10</td><td></td></tr>
<tr><td rowspan="2">教学成果
25 分</td><td>1. 学生成绩、学生的作品及教学和活动竞赛中的相关获奖材料</td><td rowspan="2">教务处</td><td>15</td><td></td></tr>
<tr><td>2. 与校本课程开发实施有关的教师主题论文或学术获奖资料</td><td>10</td><td></td></tr>
</table>

表 2－12　2018—2019 拓展课程教学及学习情况问卷调查表

同学们，一学期的拓展课程即将结束，为了了解同学们拓展课程的学习及老师的授课情况，请认真阅读填写。谢谢配合！

本学期你选修课程为________________________________。

问题	选 项	评价等级
1. 你对所选课程整体评价	A 满意；B 一般；C 不满意	
2. 你认为老师的教学态度是	A 认真负责；B 一般；C 敷衍了事	
3. 老师是否按时上下课	A 按时；B 基本按时； C 迟到次数多，经常延堂	
4. 老师讲课时	A 表达清晰，风趣幽默；B 照本宣科，没有趣味 C 啰嗦乏味，令人生厌	
5. 你认为老师创设的课堂情景是	A 融洽，活跃而有序；B 秩序好，但比较死板 C 课堂秩序差	
6. 你对老师的教学内容和方法是否满意	A 满意；B 一般；C 不满意	
7. 你认为哪种选课方式更加适合自己	A 像现在这样，直接看课程介绍然后选课； B 允许试听一周，然后重新选课； C 选课后，如果不喜欢可以和别的班级有意愿互换课程的同学进行互调	
8. 你对自己选修该课程学习目标达成情况	A 完成目标；B 基本完成；C 浪费时间	
9. 你觉得学习拓展课程最大益处	A 提高科学素养，拓展思维，激发求知欲； B 提高人文素养，陶冶情操； C 强化能力训练，提高考试成绩	
10. 你认为现在开设的拓展课数量	A 多了，无从选择；B 适合； C 少了，感兴趣的课程人数受限无法选	
11. 你希望学校下学期增开哪些方面的拓展课程，依照自己的兴趣顺序填写 3 个		
12. 写出你学习该拓展课程后最大的感受		
13. 请你写出对开设拓展课程的建议		

②优化拓展丰富型课程的学生评价机制。

拓展丰富型课程进入学生综合素质评价。拓展丰富型课程实行学分制管理。学生选课节次、表现及考核结果达到要求者给予相应学分。

拓展丰富型课程与研究性学习相结合。学校一直致力于将拓展丰富型课程与研究性学习进行融合，用研究性学习的方法拓展丰富型课程教学。拓展丰富型课程学习过程中要思考探究相关性问题。拓展丰富型课程学段结束时学生以小组为单位交研究性学习报告，从而培养研究学习能力、思维和习惯。

③优化对课程和校本教材的评价。

学校还对课程进行整体评价，并开展相应的校本教材评优活动。

2017 年长沙麓山国际实验学校

校本教材评审方案

为进一步推动我校校本课程的研发工作，不断提高校本课程的研发水平和质量，鼓励更多的教师参与校本课程的建设，加快学校课程文化向多元化、特色化、优质化、系统化、校本化方向发展的步伐，大幅提高教育教学质量，依据学校有关文件精神，特制定本方案。

一、参评对象

各教研组推选的 1～2 本 2015—2016 学年编写使用的校本教材（已参评的校本教材本次不能参评）。

二、评审工作流程

1. 将各教研组推出的本组开发的优秀校本教材电子稿于 4 月 30 日前发至指定邮箱 lsjksh@126. com。

2. 评审专家根据评审标准独立评审（100 分制打分）。再将独立评审分累加，确定优秀名单。

3. 优秀校本教材成果汇报（15 分钟）。汇报内容如下：

①教材基本情况（名称、编委分工、字数、印量等情况）

②教材开发的意义与目标

③教材编写和使用说明（板块内容设计与意图）

④教材实施情况和效果汇报

⑤教材创新点、不足以及反思

三、评审专家组成

校领导＋教研组长＋各组骨干教师

四、奖励方案

1. 设立特等奖10%，一等奖30%，二等奖60%。

特等奖：（1）字数8万以上：6000元；（2）字数8万以下大于6万：5500元。

一等奖：5000元　二等奖：4500元

（注：字数低于6万，原则上不进入评奖范畴）

2. 年度考核分值奖励

特等奖：主编加4分，副主编及编委成员加（含审核）3分；校对和通稿人员（不属于编委系列）加2分。

一等奖：主编（含审核）加3分，副主编及编委成员加2分，校对人员（不属于编委系列）加1分；

二等奖：主编（含审核）加2分，副主编及编委成员加1分，校对人员（不属于编委系列）加0. 5分；

注：①每人每学期、每学年参与多本教材编写的以最高的一项得分为主，不重复累计。

②先按以上计分标准计分，然后按年度考核方案规定的该项目的权重积分或加分。

五、评审流程及时间安排简表

时间	阶段	责任对象	内容要求
5～8周	准备阶段	教研组长	1. 确定本组推荐校本教材； 2. 确定主编、编委，进一步完善校本教材内容； 3. 4月30日前上交校本教材电子稿
9～10周	评审阶段	评审专家	组织专家评审，确定优秀校本教材名单并公示
11周	汇报阶段	主编	汇报校本教材开发意义、目标、实施情况及创新点

表 2 - 13　校本教材评审表

评审项目	评级要求	分值	得分
开发价值与目标 10%	体现人文与科学的校本课程开发基本理念	1	
	选题有创意，适应学校学科建设与学生发展需要	3	
	对学生技能培养、创新意识、人文素质培养有积极意义	3	
	目标具体、清晰，有明确的价值取向和行动思路	3	
适用性 10%	提供课程教学说明（包括各章节教学的计划）。	4	
	课程结构，在统一教材理念的下凸现各个选修模块的特征，为适应不同兴趣、知识需要的同学设计不同的内容和学习水平	3	
	方便学生课外自主阅读、资料查阅等	4	
教材内容 50%	教材编写体例格式规范有特色	10	
	内容组织层次分明，框架清晰，把握学科发展的基本线索，将学科知识体系和研究方法相融合，实现知识与方法的有机统一	10	
	涵盖新观点、新思路、思维含量高	10	
	符合学生层次特点，利于激发其参与、体验、学习的热情	10	
	内容充实、丰富，能充分体现课程目标宗旨；注重与社会、生活的关系，强调知识的应用，力求体现学科知识的社会需求价值；在内容深广度上注意与该层次学生衔接，给予核心知识以不同的侧重点、不同的切入点、不同的生长点	10	
创造性 30%	站在读者的角度换位思考，根据读者的阅读习惯、阅读兴奋点和求知心理写作，追求生动、多样的学习方式，设计丰富的学习活动	10	
	整合资料，自创体系，吐故纳新，内容设计有特色，精心设计全书和章节	10	
	选编经典试题、作品和学科名人故事，善用表格、插图、图形、图像、程序源代码等素材	10	
总评分			
专家意见			

（三）拓展丰富型课程的初步成效

目前学校共开设了近90门拓展选修课，编写校本教材40余本。其中美术组刘青峨老师的《水墨潇湘》获湖南省优秀校本教材。学校还采用选课走班的形式，在初一、高一起始年级开设拓展课程。受到湖南经视台、人民网等权威媒体的广泛关注。

学校的探索与实践为拓展丰富型课程师资队伍建设与课程开发、管理、评价、教学资源开发等方面的进一步研究，提供了良好的教育素材和实践启发。坚持现代教育理念的科学之道、人本之道和生态之道，拓展丰富性课程建设的创新和发展，定会水到渠成。

三、亮化提升活动实践型课程

活动实践型课程的研发与实施立足校本实际，尊重师生个性，按照学生全面发展的客观需要，有序有效有层次地展开。

从课程组织和评价机构来看，我校负责对活动实践型课程进行统筹组织和评价的部门是学生处与校团委。

从学习类型来讲，既包含必修课程，又包含选修课程。从学生的兴趣与生活经验出发，通过学生的亲身体验与实践，运用自主性、合作性、探究性等学习方式，培养学生的责任心、自信心、交往和表达能力、组织能力以及创新实践的意识与能力。

（一）思想引领，心理疏导——不断完善学习规划和心理疏导活动课程

1. 优化非智力因素对学习的积极影响

在教学过程中，从培养学生的情商、发挥学生的主观能动性、纠错及鼓励学生参与劳动实践活动等方面发展学生在非智力因素方面的潜力，从而真正促进学生的全面健康和谐的成长。

对于学生非智力因素的引导和思想心理教育，我们从以下几个方面入手，进行文化引领：和谐共处，培养学生的交往能力；抛开功利，尊重学生的主体意识；严慈相济，做好学生的纠错工作；磨练意志，培养学生抗挫折能力；激发潜能，树立竞争和拼搏意识；稳定情绪，做好学生的心理调适；积极劳动，培养学生的生活技能①。

2. 志趣、学习、生活三管齐下激发学生潜能

人的潜质是可以被激活的。学校应该是一个师生能找到自己兴趣和个性的精神家园。教师能找到自己的兴趣，并且教师还要搭建平台配合组织相关活动，引导学生找到自己的兴趣爱好，问道自己的内心。从而激发学生学习的动机和欲望，提升学习的准动力系统。教师最重要的是知道面对一群学生，该如何点燃每一台发动机。在这样一个过程中，说不定还能发现某些有特殊天赋的孩子。教师要引领学生发现生活的美好，同时也要培养大家的国家民族情怀。

3. 加强学生生涯规划教育

学校不断加强学生生涯规划教育，尤其是起始年级的始业教育。

（1）指导思想

贯彻党的教育方针，遵循教育发展规律和人才成长规律，以为每个学生终身发展奠基、有效激发学生潜能为宗旨。

（2）实验目标

提升学生认识自我、认识学科、认识职业的意识与能力，并尝试新高考选科组合与选课走班。引领学生通过树立信心、开阔视野、正确认识自我（包括了解自己的价值观念、性格特点、气质类型）、科学规划生涯过程和成长方向。

---

① 胡云. 基于现代学校制度下的特色学校创建研究［D］. 长沙：湖南大学，2017.

（3）实验措施

第一，发挥课堂作用，加强学科渗透。在学科教学中渗透学科思想精髓，加深学生对学科的深度理解，掌握学科学习的基本规律，找到适合自己的学习方法。

第二，开展实践活动，储备综合素养。

社会实践：通过集体组织或自发组织学生选择自己感兴趣的职业场所，开展社会实践活动，感受职业体验，为自己正确判断和选择规划之路打下基础。

研究性学习，通过设定学生生涯规划教育课，让学生在研究性学习中设计自己的人生规划。组织学生开展社会调研、了解社会的需求，感受求职的艰辛和不易；引导学生感受责任、生命的意义与价值，激发学生的内在动力。

参观：发挥校外教育基地、实习基地的作用，组织学生走进工厂、车间、企事业单位，直观了解社会发展与工作现状，为自己做好生涯规划提供借鉴。

社会调查：接触、了解社会现实，缩小理想与现实的距离，调整自己不切实际的想法，推动自己向着更加理性的目标不断迈进。

第三，开设校本课程，加强规划指导

开发和建设适合不同年龄特点的学生生涯规划校本课程，编写校本教材.

第四，整合企业社区资源，加强知行合一教育

充分挖掘社区和企业的资源优势，组织学生到企业和附近职业学校参观、开展学工、学农实践活动，让学生了解社会和不同行业、不同职业特点，引导学生结合自身特长和爱好，逐渐形成人生方向、职业爱好等。

第五，开发家长资源，引导规划方向

充分利用家长学校课程，发挥家庭教育潜移默化的作用，为学生树立榜样，引导学生树立劳动光荣、职业平等价值观念，引发学生对人生的积极向往。

充分发挥家长委员会的作用，挖掘优秀家长在指导子女生涯规划指导方

面的经验，邀请部分优秀家长做个人或团队报告，塑造成功典型案例，激发家长教育培养学生、帮助学生规划的信心，正确规划学生成长之路。

第六，开发学生生涯指导网络系统，完善就业信息服务系统

加强职业指导工作，帮助学生认清就业形势。把教育引导与关心服务结合起来，把社会需求与尊重个性结合起来。

（4）保障措施

①机制建设

成立生涯规划指导实验领导小组，完善管理机制，明确管理制度和职责。

实施“全员育人工程”，全体教师作为导师与全部学生结对，对学生人生规划做出具体指导。

推行“家长教育素质提升工程”，提升家长指导学生进行生涯规划的能力，与学校形成教育合力。

②资源支撑

专家支持：邀请高校院所、行业和企事业单位专家，选拔在全市指导学生生涯规划方面有专长的骨干教师组成“学生生涯规划指导实验专家资源库”，主要在相关课程建设、课题研究、生涯规划具体指导方面开展实验研究。

课题支持：开发学生生涯规划指导实验课和若干个子课题，让全体教师参与到课题中，为学生生涯规划提供指导和支持。

网络平台建设：建立学生生涯规划指导网络资源库，搜集和汇总相关成果；开发学生生涯规划指导网络系统。

建立培训体系：加强培训，提高教师在指导学生进行生涯规划的专业能力，帮助学生及时明确自身发展优势并开展相应的锻炼，使自身发展优势更加突出。

建立实践基地，发挥职教资源、各种社会资源作用。充分发挥职业教育等各种社会资源为学生生涯规划实验提供支持。

③评价导向

对学生生涯规划中职业发展需要的思维品质、意志品质等做出评价，用以引导学生在发展优势智能的基础上，培养综合素质和终身发展素质。

④经费保障

设立“学生生涯规划指导实验”专项经费，主要用于教师培训（特聘专家、课程建设、外出研修、参观考察、组织活动、课题研究、表彰等）、家长培训和学生体验等。

（二）自我唤醒，深度参悟——不断提升主体教育与实践探究活动课程

我校全面启动德育主题教育系列活动。班级管理每周有一个主题班会，学校有德育主题月活动，而且我校利用课余时间开设了丰富的德育校本课程。

1. 安全法制教育，快乐活动中形成自觉的主体意识

安全法制主题教育通过拓展课程的培训，强化法制体验与安全实践探究，激发对法制的兴趣与思考，培养安全防范意识和自救互救的意识，形成安全应急反应、自救与解决问题的能力，形成正确的法制价值观与判断能力，培养法律意识与初步运用法律分析问题和解决问题的能力。

2. 爱心感恩教育，人性反思中挖掘积极的人性态度

爱心感恩主题教育以弘扬和培养民族精神为宗旨，通过开展“感恩教育”和“爱心教育”系列主题教育活动，让学生认识自我，追求进步，感恩超越自我的喜悦；让学生感叹生命，感恩父母，明白“血浓于水”的家庭责任与生命传承；让学生热爱生活，孝悌忠信，团结同学，感恩生命中的每一次成长；让学生敬畏自然，热爱劳动，感恩人与自然和谐相处的美妙。

3. 健康卫生教育，学习行动中培养科学的生活品位

开展食品安全、职业卫生、放射卫生、环境卫生、饮水卫生、计划生育、学校卫生等公共卫生问题健康教育。开展包括高血压、糖尿病、冠心病、脑卒中、哮喘和宫颈癌等慢性病及艾滋病、结核病、肝炎、流感、霍乱、手足

口病、狂犬病、布病等重点传染病的健康教育指导和防病知识宣传教育。通过学生的主体参与，全面提升学生的卫生健康水平和思想意识。

4. 行为规范教育，团队合作中养成良好的个人习性

行为规范主教育充分利用周会时间，注重人人参与，讲究活动秩序，联系实际。行为规范主教育以学生学习行为规范为中心，通过生活实例窥探、行规讨论交流、反面案例启示等形式的主题活动对本班学生进行行为规范教育，使全班同学进一步了解、理解新的《中学生日常行为规范》要求，增强班级凝聚力，使学生能把规范的要求内化为自己自觉的行动，让《小学生日常行为规范》和《中学生日常行为规范》能够在现实生活中得到更好的贯彻落实，真正用规范来指导平时的言行。

5. 心理品德教育，自我悦纳中释放心灵的无穷能量

心理品德主题教育将外化的品德心理目标与相关内容通过生动活泼与学生喜闻乐见的形式，让学生在震撼的体验和实践探究活动中逐步提升认识并自觉内化为自身的思想意识和行为习惯，促进学生知情意信行全方位的道德修炼与心理素质的提升。

6. 人文风俗教育，美妙体验中提炼优秀的人文精神

通过人文风俗教育，促进学生们找到自己思想文化的根，提升学生个体的社会化导向与深度。人文风俗教育让学生了解人们在不同时间、不同空间和不同逻辑角度下对“天人合一”的参悟与对应性活动以及行为风俗，让学生领会到劳动者们隐藏在衣食住行中的道与智慧。

7. 科技劳动教育，探究实践中树立崇高的劳动观念

通过各种科技劳动主体性活动，开展科技劳动教育，培养学生热爱生活的态度，树立劳动光荣的思想理念，掌握一些基本的生活技能，掌握一定的科学思考的方法、分析问题和解决问题的能力，培养学生热爱科学、勇于探索、敢于创新、善于劳动的科学精神与劳动品质。

学校还多次举办科技节暨麓山国际创客节活动。

长沙麓山国际实验学校
第八届科技节暨第二届创客节活动方案

一、活动目的

传播科学方法，宣传科学思想，弘扬科学精神，培养学生良好的科技素养，完善学生独立的思辨能力、正确的价值判断、积极的行为改进，与时俱进的创新意识和实践能力。

二、活动主题

创意学习·创客体验·创新实践

三、活动组织

1. 领导小组：邓智刚　杨革非　向雄海　杨德成　彭云

2. 工作小组：

① 策划执行组：向雄海　王德复　胡云　肖伟　吴岚　余理　张博文　何文娟　谢振国　李汉兵　赵紫梨　李焕发　崔玲　唐雄　高逸湘　吴朝晖　李曙光等相关备课组长和任课教师

②活动协作组：朱建国　钟武伟　黄伟峰　李梅芳　宁凯　叶修刚　余伟民　刘飞　李钦皋　各年级组长　各班主任

③活动宣传组：钟武伟＋各子项目一人

四、活动时间

2019 年 4 月 21 日—27 日（即第 10 周为集中活动周）

2019 年 4 月 28 日—5 月 4 日（即第 11 周为第二届创客节展示周）

五、活动流程

1. 启动仪式

时间：2019 年 4 月 22 日

形式：国旗下讲话（赵紫梨）　　　　负责人：余理

2. 学生实践体验（全年）

3. 作品收集（全年）

4. 评奖评优（评出项目单项奖和优秀班级组织奖）2019 年 5 月 5 日—11 日

六、集中活动项目内容（学生选定，每个学生最多可报两个项目）

学科	活动项目（“*”为现场展示项目）	参与学生	负责部门	负责人	时间	地点
数学	24 点、多米诺骨牌	高一	高中数学组	何文娟	周五下午第 8 节	体育馆
	趣味数学竞猜（室外现场）	初一	初中数学组	谢振国 谢韩英	周三下午第 8 节	主校道
	趣味数学知识竞赛（室内笔试）	初二		谢振国 谭放军	周五班会	教室
化学	化学实验操作比赛	高一	化学组	赵紫梨	周四下午第 8 节	化学实验室
生物	生物模型制作比赛	初一	生物组	李焕发 曾红武	第 10 周展示	主校道
	生物标本制作与展示					
	生物绘画比赛					
信息	电脑趣味编程	初一	信息组	崔玲	周五下午提交作品	
	VB 程序制作比赛			崔玲		
通用技术	“鸡蛋撞地球”比赛	高一	物理组	李汉兵 高逸湘	周四第 8 节	图书馆前坪
音乐	音乐创作	初中 高中	音乐组	吴朝晖	平时教学	
美术	科技漫画	初中 高中	美术组	李曙光	平时教学	
团委	湘江水质监测	高一高二志愿者	团委	佘理	5 月 12 日	
教务处	《博导的成长经历》——湖南大学邓露教授	高一	教务处	宁凯	5 月 8 日下午 8～9 节	小剧场

续表

学科	活动项目（“*”为现场展示项目）	参与学生	负责部门	负责人	时间	地点
教科室	《观察、思考、实践》——清华大学高云峰教授	信息拓展班＋通用技术拓展班＋高一部分班级学生	教科室高中学生处	王德复 肖伟 吕佑祥	4月2日晚	中学会议厅
	麓山国际实验学校优秀创客作品展	全体同学	教科室 学生处	王德复 张博文	4月—5月	待定
	参加长沙市第三届创客节	初一—高三各年级	教科室 学生处	张博文 肖伟 吴岚 年级组长	5月	长郡梅溪湖中学

七、活动须知

1. 教科室督促各教研组策划展示周项目活动，提前做出总方案和相应的子活动方案。

2. 全年动员大会由学生处总负责，各年级组配合落实。

3. 团委指定各班级专人负责科技节活动衔接工作。春学期开学后，将各个年级各班的学生创客作品收齐，并打包交给教科室张博文老师。教科室作品汇总后，组织创客教育指导老师进行展示评比。

4. 各教研组负责对本组负责的项目进行组织评比。

5. 外请讲座由校长室统筹，教科室和教务处组织。

6. 办公室、信息中心、总务处作好宣传、场地保障、物质保障等工作。

7. 未尽事宜由第八届科技节暨第二届创客节组委会负责协调。

麓山国际第二届创客节圆满落幕

截至5月11日，麓山国际第二届创客节学生作品评审及展览活动结束，标志着麓山国际第八届科技节暨第二届创客节圆满落幕。

第二届创客节作品评审及展览分为三个阶段：预选入围、学科组评委评审及成果展览。收集的作品项目包括六大类：A. 科幻绘画类；B. 音乐创作类；C. 科技制作类；D. 学具教具制作类；E. 创新论文类；F. 团学创客作品。

其中，初中数学组的趣味数学现场竞猜和立方魔幻体活动、物理组的航模海模制作比赛和鸡蛋撞地球活动、化学组的化学实验操作比赛、生物组的生物模型制作展和生物创新诗歌设计大赛、信息组的电脑绘画活动、研究性学习学科的科技小论文、通用技术学科的3D创意设计与制作比赛、音乐组的词曲创新大赛、美术组的科技漫画比赛、体育组的定向越野选拔赛、团委的蓝天保卫战—岳麓山护绿行动以及湘江水质监测与保护活动与团学产品创意设计活动，给学生们留下了深刻的印象，点亮了科学创新前行的灯。

来自清华大学等高校的教授们和家长专家们做的AI智能专题报告和科普讲座使得麓山的创新创客实践教育更加精彩。

附：2019校园科技节“VB程序制作比赛”获奖名单（部分）

一等奖

G180418	蒙奥	G180735	易柯静	G180832	彭楚媛	G181141	王鑫哲
G180437	黄清烨	G180736	廖诗嘉	G180841	毛敏芝	G181148	王若怡
G180447	陈晓辉	G180741	陈佳歆	G180842	龚源	G181226	龙悦颐
G180522	徐寅轩	G180742	袁萌	G180901	雷凯	G181234	喻明希
G180542	贺心悦	G180745	谢竹湘	G180933	曾雨谦	G181238	王天爱
G180627	胡栋	G180814	刘峥	G180939	周婧华	G181443	李柏萱
G180620	刘旸	G180805	曹俊	G181009	李羿希	G181444	易伽桐
G180602	彭斯哲	G180807	张翱宇	G181134	钟好	G181527	廖芝妮
G180734	段玥佳						

二等奖

G180330	谢文超	G180650	邓子京	G180931	陈晓晶	G181133	曾雪黎
G180335	陶钟毓	G180651	范依琳	G180932	周梦伊	G181135	刘雨念
G180340	李思瑶	G180722	张先同	G180934	盛智敏	G181149	易可欣
G180341	潘非凡	G180713	付一未	G180940	梁人方	G181150	周梓怡
G180345	童心	G180701	王凯嘉	G180946	张芷鑫	G181237	彭彤
G180347	秦晓瑜	G180739	柴晟熙	G181019	刘涵博	G181249	肖溪
G180401	李云浩	G180740	潘斯婧	G181002	刘洪宇	G181250	覃茜嘉
G180403	蔡震	G180743	孙丹婷	G181010	何文皓	G181304	万子琪
G180452	周晓洲	G180744	杨曼	G181036	吴敏之	G181340	谢苗苗
G180525	邹钰冰	G180827	卢家奇	G181044	黄舒涵	G181350	涂新柔
G180551	陈芷妍	G180806	邹睿桐	G181046	李馨瑞	G181410	李子洋
G180623	李杰	G180837	周雨涵	G181105	欧阳泫丞	G181426	颜诗洁
G180625	彭芃	G180850	陈思嘉	G181106	邓涛	G181432	何颖
G180609	林洋	G180852	汤涵	G181107	付一峰	G181442	兰水兵
G180601	黄一鸣	G180853	王新迪	G181109	夏梓涵	G181516	汤子逸
G180635	周思诗	G180854	李熙	G181112	肖哲	G181555	胡之韵
G180639	刘沐菡	G180922	周思远	G181127	李扬帆	G181536	卢嘉薇
G180646	罗羽彤	G180911	刘熙程	G181129	葛扬	G181538	肖润儿
G180647	张雅炫	G180916	刘思呈	G181130	解雅宁	G181546	谢思齐
G180649	李晨婕	G180930	陈吉昱	G181132	冯婧琼		

8. 艺术修养教育，美的陶冶中提升灵动的生命气质

艺体工作是我校突显学校个性化办学特色和打造学校品牌的重要途径，是全面贯彻党和国家教育方针，实施素质教育的具体体现。学生通过艺术修养主题教育，提升精气神，弘扬正能量，形成优雅自信的气质，培养积极的人生态度。

值得一提的是我校一直坚持的艺体双效专题项目，取得了预期的成效，受到了广泛的社会赞誉。艺体双效发展是培养和造就全面发展、和谐发展、特长发展的新型人才的必要手段，是凝聚人心、鼓舞士气和提升学校知名度的重要措施。

（1）新的尝试

长期以来我校艺术教育工作围绕“致力于为学生的终身发展奠基”的教育思想，为突显学校艺术教育特色，促进学校艺术教育的创新发展，2017 年 4 月，学校决定，由彭云副校长专项督导，教研组长吴朝晖作为项目主持人，开始艺体双效发展项目的研究。

（2）新的要求

两年来，艺体双效项目的研究得到学校的大力支持。作为校长，我本人对项目也多次过问，并提出了建议和要求，对艺体双效项目的落实起了积极的推动作用。艺体双效发展项目本着用“最合适的教育，培养最受欢迎的学生”的教育思路，通过艺体结合、艺教结合方式，整体地提升学生的综合素质和专业水平，促进了学校艺术教育的发展。

（3）新的收获

艺体双效项目工作取得了明显的成效。艺体双效教育的普及成果如下。

2017 年 10 月我校初二年级通过口风琴教学，全体初二学生参加长沙市班级器乐比赛，获得了一等奖，随后在体育大课间操的武术比赛也获得一等奖的优异成绩，这是我校学生在艺体方面素质的充分展现，也是我校重视艺体双效发展教育的成果。

高二年级开设合唱教学，2017 年参加长沙市班级合唱比赛，选送 G1602 班参赛，演唱的《贝加尔湖畔》，通过合唱与拉丁舞的完美结合形成较强的艺术感染力和表现力，获得了长沙市成建制高中班级合唱比赛一等奖第一名。2018 年和 2019 年连续获一等奖，勇夺三连冠。

开设艺体拓展选修课程

音乐类开设了现代舞、主持人班、戏曲表演班、民乐演奏班、好声音演唱班等。体育类开设有羽毛球、篮球、排球等选修课程。艺体拓展课程是根据学生爱好自主选择的个性化课程，拓展课程的开设为非专业学生提供了学习艺体的机会，也为我们高水平艺术团、体训队提供了后备资源。

每年，很多拓展班的学生都积极参加了长沙市的三独比赛，获奖无数。

（4）新的突破

艺体双效项目不仅促进了我校学生艺术修养的整体提升，还有力地促进了高水平艺术团的发展。

高水平艺术团常规管理做到有效的规范化管理。学生做到每天一小练，每周两大练训练模式。指导老师布置的训练任务，每周通过当面回课或视频回课方式来检测学生的训练情况。因此学生的专业水平大幅度提高。

一专多能，艺体交融的培养模式。一专多能是指艺术团中学生可以选择多个项目的训练，如，合唱队声乐学生有舞蹈基础的可以参加到舞蹈团队中，民乐团中的学生也有到合唱团中参与表演的。这就弥补了艺术团人员的不足情况，也给多特长的学生提供学习和发展的机会。

艺体融合的亮点就是让体育专长生参与到艺术表演队伍中，艺术团的学生参与到体育活动项目中，形成一专多能、一专多用的训练效果。如武术队员的基本功扎实，动作协调，让他们参与到舞蹈队的排练中，给他们提供舞台表演的机会；篮球队、足球队的学生在好声音的舞台上也充分展示自己的演唱天赋；舞蹈队、民乐团的学生也参与到运动会开幕式的表演中。

艺体团队之间的学生艺体交流互补，让学生的各方面素质得到全面发展，有效地改进了学校以前单一的培养模式，形成了艺术教育特色。

艺教结合，科学管理，激励学生重视文化学习。每期开学我们要召开高水平艺术团和体训队的开学准备会，给团员们提出相应的要求。希望他们搞好专业，做好人，读好书，做有文化、高素质的“新三好”艺体特长生。在期末召开总结表彰大会，评出学习标兵、优秀团员、优秀团队等模范标兵。科学的管理和激励机制，促使学校艺体特长生有了学习的目标和动力。因此，艺体生在中考、高考、学考中均取得了显著的成绩。如 2017 年艺术团 6A 数达到了8人次，5A1B有12人次。2016年高考艺术生一本的录取率也达到了100%，学考过关率也达到100%。学习成绩优异的特长生逐渐增多，初中肄业班特长生考到年级前50名的有2人、年级前200名的有10人。

高水平艺术团比赛成果斐然。我们的民乐团、合唱团、舞蹈队、朗诵队在2016—2017年长沙市中小学生艺术展演比赛中获得一等奖。在2017长沙市中小学优秀节目展演中，我校是参赛项目最多的学校，获得了优秀组织奖，项目组7位指导老师均获得优秀指导老师奖。民乐团获得了特等奖。

成功的背后是汗水的味道。让我们看看项目组的阶段性计划。

艺体双效项目组2018学年工作计划

一、2018年9月—12月

1. 进一步规范高水平艺术团的常规管理，每个团队的指导老师加强特长生的文化和专业跟踪调查，时刻关注学生的专业和文化素养的学习状态，让每位艺术团的学生在专业素养和文化成绩上都有相应的提高。

2. 专业课程的开设更加侧重技能技巧的达标练，学生选修和辅修项目更加丰富，以提升学生的体能和愉悦身心为主。

体育特长生选修专业：歌唱训练、形体训练、乐曲欣赏等

音乐特长生选修专业：体能训练、体操训练、游泳、趣味团队、武术运动等

3. 科学合理制定各课程的年度教学计划，安排好专业老师进行教学。

4. 认真组织各团队和教师参加各类比赛和演出活动。

8月的黄龙洞杯合唱比赛

9月的长沙市班级合唱比赛

10月的全国音乐课课堂教学竞赛月，校民乐团参加的湖南省中学生艺术展演比赛

11月23日校庆25周年长沙音乐厅举办的音乐会

12月的第十六届校园文化艺术节

二、2019年1月—5月

1. 制定艺术团寒假培训计划，组织学生进行科学规范的艺体双效发展训练。

①每天上午9：00—10：00音乐生到体育馆进行一个小时的体育训练；10：20—12：20为各音乐专业团队训练时间。

②上午9：00—10：00体育特长生到音乐活动教室进行一个小时的艺术培训课程，10：20—12：20为各体育专业队训练时间。

③假期培训结束前夕进行一次主修专业和辅修专业展示汇报活动，以团队的形式进行展示交流，邀请家长和相关年级的学生观摩参与。

④组织一次艺术团学生的校外拓展训练，丰富学生的艺体活动，扩大视野。

2. 4月组织艺术团老师参加全国艺术展演观摩活动和民乐团的比赛活动。

三、2019年6月—8月

1. 做好暑假的训练计划，为下期的长沙市艺术展演比赛做准备。

2. 积极参加全国或国际组织的艺术比赛活动，争创全国一流，世界知名的艺术团队。

2. 争取出国交流活动或学习的机会，把我们的艺体专业团队带出校门、国门进行交流访问，扩大学生视野，展示我校学生的艺体综合素质和风采。

9. 经济理财教育，勤劳节俭中培养经济的生活理性

经济理财主题教育旨在培养学生正确的消费观、理财观、劳动观、市场观、勤劳节俭意识和诚信意识，学会科学理财，理性生活。

10. 战略国防教育，激情碰撞中形成国际的战略意识

战略国防主题教育是让学生了解国际关系的基本形态及其影响因素，增强维护国家利益与形象的自觉性和荣誉感，培养国际视野、军事养素与国防观念。

11. 运动竞技教育，身体锻炼中激发潜在的青春活力

注重通过运动竞技主题教育活动，促进学生身体素质和心理素质的提高。学校为此成立了“中学体育与健康课程重构”专题项目组，由体育教研组谭俊组长担纲主持人。项目组宗旨：人人享受体育，让运动成为一种生活方式。

已经形成教学计划并已在实施和实验的有：初三体育中考项目教学实施计划、高一校本基础模块教学实施方案。已经形成的高水平训练系列计划有：篮球（徐康）、足球（黄又青）、武术（张和辉）、定向越野（张小伟、黎青）。已经形成的实验教材有：篮球（模块二与模块三,）、羽毛球（模块二、三）。

学生兴趣得到很好的培养，上课的积极性明显提高，人人有项目，学考技能明显改观。学生体质明显加强，体质检测合格率提高。

作为全国首批校园足球特色学校，我校校园足球的发展为迈孚教育书写了浓墨重彩的一笔。学校自 1993 年建校以来就重视校园足球的普及与推广。经过多年的探索和实践，学校在足球人才培养方面形成自己的特色和思路：一是倡导全员参与，在课程中广泛普及；二是以赛促训，在赛事中提高技能；三是关注学业，在读书中提升素养；四是优化资源，在发展中打造品牌；五是文化引领，在熏陶中成全生命。①

（三）快乐交流，互动成长——六大文化艺术节打造和谐校园氛围

我校现有六大学科主题活动，即自然科技节、外语文化节、心理健康节、体育文化节、人文社会节、艺术文化节。每个主题节日学校都制定相关活动方案，通过活动促发展、通过活动促评价，在活动中提高素养，在活动中培养学生。六大文化艺术节活动强力地推动了学生身心的全面和谐发展。

校园传真

① 邓智刚．校园足球普及与推广的“麓山”模式［J］．创新人才教育，2018（6）．

2018年我校开展的第八届外语文化节活动以“学习外语文化，我与世界对话”为主，通过多种形式的活动，培养和提高学生对外国语言文化的浓厚兴趣，拓展学生的视野，促进学生全面和谐发展。在活动方案里按照层级确立了责任分工。

第八届外语文化节活动责任分工表

层级	责任人	工作职责
学校	邓智刚校长 肖伟（协调）	1. 制定各学部活动方案，并对各年级段活动进行评价和反馈； 2. 布置、指导、监督学部英语文化节各项活动有序实施； 3. 指导活动中的学生评价
学部	教务处主任 学生处主任 英语教研组长	1. 制定各学部活动方案，并对各年级段活动进行评价和反馈； 2. 布置、指导、监督学部英语文化节各项活动有序实施； 3. 指导活动中的学生评价
年级	年级组长 英语备课组长	1. 制定年级活动方案，明确活动内容，活动形式、时间和地点等； 2. 具体组织各项活动开展； 3. 对班级参加活动情况进行评价，制定学生评价办法（与学生综合素质评价对接）

小学、初中、高中各自开展了特色活动。

小学安排有英语口语秀，以班为单位，以小团队的形式进行课本剧表演或故事演讲。给每位学生提供口语展示平台；鼓励大胆说英语；英语电影赏析，提供经典儿童英语电影，让学生感受真实的生活语言；对比文化差异；通过精彩的情节、精美的画面来拓宽学生的视野，培养学生想象力和创新能力。

初中安排了“英语美文大赛”，给每一位学生提供展示的平台；鼓励学生英语写作。“我秀我精彩”英语口语大赛，提供展示口语的平台，促进学生学习英语的兴趣。“梦响中国”英语歌曲大赛，为学生提供展示的平台；鼓励学生大胆用英语歌曲的方式来学习和展示英语。

高中安排了“英语演讲比赛”“语配音大赛”“英语写作比赛”“英语之夜”文艺会演等活动。

（四）人文关怀，生活体验——志愿者服务活动铸就最美麓山少年

我校借助“寄宿生自我教育”德育项目管理和研究，逐步形成一套以“价值引领”为导向，以“培养习惯”为抓手的学生主体性德育模式和志愿者服务系列德育精品课程。

志愿者服务在班级自治的每一个细节中。从自定班规中培养自理，从班级文化中培养自信，从周末自习中培养自主；从班级值日中培养爱心，从义务劳动中培养责任，从团队建设中培养合作。从而培养出具有普世价值的新一代豪迈的中国人和具有全球意识的受欢迎的世界公民，为学生的人生积蓄力量。

志愿者服务在返校学子的每一次讲座中。优秀毕业生（含保送学生）的爱心助学活动充分发挥榜样的力量。优秀毕业生进入小学部的各个班级，与小学生们零距离接触，以亲身的学习经历给麓山学子们传授经验，答疑解惑。学生们面对这些优秀的哥哥姐姐们，崇拜之情油然而生，大家问题多多，笑声多多，眼中透射着对知识、对理想的无限憧憬。交流完后小学生们还拉着哥哥姐姐们纷纷要签名，写上励志话语，让榜样的力量时刻鞭策自己！

志愿者服务在爱心助学的每一个心愿中。爱心助残活动成为爱心工程的传统德育项目。由学生具体策划，在党总支、团委的带领下，在年级组的具体组织下，每年定期深入社区开展“创先争优爱心助残”活动。由学生代表组成的爱心小队来到学校常驻的爱心扶贫助残站——岳龙社区等，与社区工作人员一起带着学校捐赠的大米、植物油、慰问品和慰问金等走访每个帮扶家庭，给社区的残疾人朋友送去温馨和祝福。活动对学生们进行了一次又一

次关爱他人、关爱社会的道德教育，延续了麓山学校关心弱势群体、乐于奉献爱心的优良传统，对同学们的成长与进步具有深远意义。

爱心工程另一个亮点是义卖报纸为贫困山区孩子募集善款系列活动。除了自身的主动捐款捐物，学生还发动广大亲友捐款捐物，定向资助贫困山区孩子的学习与生活。而走上街头义卖报纸为贫困山区的孩子募捐活动则使整个活动达到高潮，触动了人性最感人的部分。

志愿者服务在值周服务的每一张笑脸中。中学部把班级值周服务活动校本德育课程化，学生参与班级值周服务活动列入实践活动记学分。每位学生都能参与学校管理，角色的换位使学生在管理岗位得到体验、受到教育。

志愿者服务在社区服务和社会体验的每一个脚印中。社会是培养人的最广阔的学校，为了进一步开阔育人视野，促进师生成长，学校把育人成长的半径进一步放大，放大到社区，放大到广袤的农村，放大到更广阔的国际交流平台。

我们把岳龙社区、湖东社区和溁湾镇社区等作为我校师生奉献爱心、亲近社会的教育实践基地。为贯彻落实党的十九大精神，坚持党建工作走群众路线，将我校优势教育资源惠及社区，并发挥我校"麓枫"党员志愿服务队的先锋作用，学校教师以支部为单位成立了"麓枫"志愿服务队。"麓枫"党员志愿服务队，以"帮扶助困、扶残助残、教育名师、敬老爱老、关爱儿童、两型爱卫"六个项目开展"在职党员进社区"活动，通过以党带团、全团带队的形式开展丰富多彩的爱心服务。学生志愿者的"社区暖冬"等爱心教育实践活动，也为社会实践活动和爱心教育注入了强大的正能量。

志愿者服务在农村扶贫的每一次拉手中。农村也是我校进行社会综合实践教育活动的主战场。我们和多所农村学校开展了教育"城乡手拉手""助学炎陵同圆梦"等系列教育实践活动。我校与炎陵鹿原镇六所学校结成"城乡手拉手"扶助对口学校，爱心教育实践活动已经打下了良好基础，2018 年以来助学活动得到延展，内容更加丰富。

志愿者服务在海外研学的每一次交流中。我校充分利用资源，打造“国际实验学校”这一品牌，将国际交流作为我校社会实践活动课程的重要内容。我校常年聘请有专职来自美国、加拿大、英国的外籍教师3～4名，担任学生的英语教学以及“英语角”活动的指导。同时我校是湖南省一所著名的由长沙市政府确定的“外商子女就读学校”。我校与美国、英国、加拿大、澳大利亚、新西兰、法国等国家的20多所大学和中学建立起友好合作关系，每年接收美国、法国等国中小学生来校学习与交流。

（五）放飞青春，秀出真我——“五彩社团”活动实践课程精彩纷呈

社团活动作为我校活动实践型课程的重要组成部分，由校团委负责指导与实施。我校社团种类之多，活动开展之丰富在校内外广获赞誉。现有动漫社、象棋社、京剧社、民乐社、篮球社、模拟联合国、麓山枫文学社、街舞社、时事评论社、羽毛球社、乒乓球社、舞蹈社、麓山传媒等数十个社团。每个社团定期开展活动，极大地丰富了校园文化生活。其中麓山雅服社获全国优秀社团。麓山模拟联合国社团在哈佛模联等多次国际性中学生模联大会上获奖，并代表湖南省参加由团中央举办的第一届中学生模拟联合国大会，获杰出代表和优秀指导奖。

麓山国际商业协会，则活跃在各种商业比赛舞台，为未来培养CEO。社团获全国铁未来中学生商业联赛团体一等奖，湖南省第一届和第三届优秀参赛团队，第三届中学生商业联赛最佳CEO、最佳生产商和最佳供应商，我校的学生在商业舞台上大放异彩。

（六）五彩麓山枫寒暑假综合实践活动课程——一张亮丽的学校特色名片

长沙麓山国际实验学校“五彩麓山枫——奋斗的青春最美丽”系列寒暑假社会实践活动课程，已经坚持近十年，对学生实践创新的意识和能力有了初步的提升作用，促进学生把学习融入社会生活和生产劳动中去，促进学生

全面个性可持续发展。①

“五彩麓山枫”系列社会实践活动是一个浩大的系统工程。

红色麓枫篇——爱国主义教育我感怀。先烈故居研学让学生体会在不同环境下成长的共同特质：家国情怀＋思想上进＋行动务实＋意志坚定。纪念馆的每一次驻足徘徊，都让学生回到过往的岁月，让青春的学子萌发对当下的珍惜情怀。毅行在红色名胜（如橘子洲头），学生们激情满怀，指点江山。博物馆里的凝神目视，让学生们万分感叹祖国文化的源远流长和博大精深。

绿色麓枫篇——志愿者服务我践行。蓝天保卫战、环保宣传或实践、绿色社会调查等活动，让绿色的种子在学生的心田发芽生根；交通文明劝导、“图书馆整理行动”“关爱弱势群体”“长沙地铁志愿服务”等活动，让学生明白绿色文明在生活的点点滴滴之中；“护绿岳麓山”“下农村、进社区”、绿色创新等活动，让学生体悟行胜于言的伟大力量。

蓝色麓枫篇——课外阅读我陶醉。一本书，一次交流，一篇心得，打开了学生与世界对话的通道。一本有思想有情怀有哲理的书，让学生与智者对话，反省人生的起起落落和跌宕沉浮之后的深刻哲思。一本有故事有渲染力的书，让学生与主人公同命运共呼吸，叹人生之多艰、生活之美妙、情感之复杂。一本格物的书，让学生与自然、社会甚至前沿科技对话，领悟人与自然、人与社会、人与自身的和谐之道。

橙色麓枫篇——勤工助学我行动。上山挖土特产、下海捉鱼鳖，学生们为了心中那个坚定的爱的信念，不辞辛劳；给更幼小的小朋友上课，为残疾人募捐开展马拉松竞赛，担当银行小职员，为企业老板做翻译，学生们孜孜不倦。捐助的每一本书里，都有学生发自肺腑的祝福，每一枚勤工俭学的硬币里，都写满了比童话还深刻的精彩故事。

粉色麓枫篇——青春麓山我描绘。学生们在“我的美丽湖湘”活动中探

① 余理，张博文．“五彩麓山枫”系列社会实践活动理性回眸［J］．科普童话，2016（8）．

访湖湘文化，开展研究性学习，感受大美湖湘盛景，寻根厚重湖湘文化；在“最美四季”校园摄影大赛活动中，整理旅行的脚步，把四季收进《麓山影集》。

从2010年开始至今，我校组织和开展了“五彩中国梦，青春勇担当”系列教育实践活动，取得了良好的教育效果和社会效应。“五彩麓山枫”系列社会实践活动奏响了假期社会实践的美妙旋律，全面提升了麓山学子的综合素质。[①] 他们用奋斗的汗水彰显出青春的美丽，在实现中国梦、践行社会主义核心价值观的道路上，他们前进得铿锵有力！

“五彩麓山枫”已成为麓山国际实验学校志愿者活动的鲜明特色，也是培育和践行社会主义核心价值观的有效方式。

① 佘理，张博文．“五彩麓山枫”系列社会实践活动理性回眸［J］．科普童话，2016（8）．

第三节　优化评价，搭建系统的资源整合平台

为了学校课程的有效实施，遵循课程评价的科学性、人本性和生态性，建立课程实施的评价体系是当务之急，引领之举。

一、优化迈孚课程评价的整体思想

课程管理评价的指导思想是三个对接：管理考评机构与课程结构对接；师生评价与课程结构对接；分配机制与课程结构对接①。

表 2－14　管理评价与课程结构对接表

对接项目	内容描述
管理考评机构与课程结构对接	相关管理考评部门与课程结构对接，功能对等，责任到位。学科基础型课程归口到教务处统一管理，拓展丰富型课程归口到教科室统一管理，活动实践类课程归口到学生处统一管理
师生评价与课程结构对接	教师整体评价与课程结构对接。教师在三大课程领域所完成的工作及其业绩在绩效评价、评优评先都得到充分考虑 学生评价与课程结构对接。学生在学科基础型课程中的表现和学习质量由教务处牵头组织考评；学生在拓展丰富型课程中的表现和学习质量由教科室牵头组织考评；学生在活动实践型课程中的表现和学习质量由学生处牵头组织考评，团委和其他部门配合
分配机制与课程结构对接	绩效工资按照三大课程体系，建立分配机制。绩效工资与绩效奖励与课程结构密切挂钩

① 邓智刚．基于中学生核心素养培育的课程教学改革探索［J］．创新人才教育，2018（9）．

课程管理评价是一个神奇的魔法棒。课程教学管理评价与教师管理和学生管理等一样，是学校管理评价的重要方面。① 我校课程管理评价始终遵循学校办学的规律及学生成长和教师发展的规律，通过以上三个对接，突破课程管理评价中的重点、难点和疑问点，实现课程资源的有机整合。

二、形成迈孚课程评价的校本化特色

科学、完善的课程评价，是学校课程得以健康、可持续发展的根本保障。在课程教学管理创新的探索与实践中，我们形成了一些关于构建迈孚课程评价机制的校本化特色。

我们清楚地认识到研究并重新制定迈孚课程评价标准的意义，课程和教学评价标准有明显的导向性。新课程实施多年来，我们经过实践、反思，再实践、再反思，初步形成了以下课程评价体系：评价内容方面，充分考虑教学目标的达成度以及教学计划对发展学生个性的合理性、教学内容的科学性、层次性、综合性和延续性等。评价方式方面，实现教师自我评价、学校评价、学生与家长评价等形式的有机结合。课堂教学评价标准方面，学校从“考什么教什么”和“以教论教”向“以学评教”和“教”、“学”分评的方向转化，体现学科课程标准的要求和学校“自主”“合作”“探究”的培养目标。

学校努力实现学生评价一体化，推动课程评价多元化。一是教学成绩评价三项指标：期评平均分（班级平均分与同层次班级平均分第一名的差值）、期评平均分提高（班级平均分与年级同层次总平均分的差值与上一学期同一指数相比的差值）、期评成绩 A 等差值（所任教班级期评成绩 A 等数与年级期评成绩 A 等第一名相比的差值）。二是建立教学质量反馈机制：质量分析会、过程性评价、家校互联、教学智能化管理。三是学分认定规范。学分认定工作认真开展，坚持过程性评价和模块测试相结合，对一次不能获得学分

① 袁贵仁. 中小学校管理评价［M］. 北京：人民教育出版社，2014.

的学生组织补考。四是素质评定电子化，建立常态评价机制，以家校互联为平台，以团队小组为主体，注重过程性评价。

三、优化激励机制，把评价结果转化为主体发展需求

一切活动皆课程。每项课程学校都细化为课程评价、教师评价和学生评价三大板块。学校根据各工作岗位的不同，制订了旨在鼓励每位教师在不同岗位认真工作努力奉献的激励机制；根据学情校情，制定学生激励机制。

（一）确定可行性强的教师绩效奖励机制

绩效奖励机制奖励项目及对象包括论文著作奖（奖励发表或获奖论文、著作的作者）、课题成果奖（奖励获奖教育科研课成果的主持人和主要研究人员）、校本课程开发、教学竞赛奖（奖励参加各级各类教学比赛获奖的老师和指导老师）、竞赛辅导奖（奖励辅导学生参加各级各类比赛取得优异成绩的指导老师）。

学校绩效奖励机制授奖程序为：1. 个人申报。教师按要求填写好学校教科室提供的上年度7月1日至本年度6月30日的教师业绩奖情况登记表，并按时将填写的登记表电子稿交教科室，同时提交相应佐证材料（赛事光荣榜和教师、学生获奖证书复印件等），供教科室审核。2. 教科室审核。3. 校务会评定。4. 校长审批。5. 公示奖励结果。6. 按年度于每年“教师节”前后表彰、颁奖，教学奖于每期期末颁发一次。

（二）教师分配机制与课程结构对接

绩效工资按照三大课程体系，建立分配机制。绩效工资与绩效奖励与课程结构密切挂钩。

学校管理重心下移。现代学校教学管理的重心是管理在年级、质量在学科、动力在班。学校发展到一定规模时，随着班级以及学生数量的增加，教师工作和绩效管理半径就会自然延长，如何提高教师绩效管理效率，学校也

会面临多元的选择，而这个发展阶段往往会伴随着学校内部组织形态的调整。年级部制是与多元化相适应的组织方式之一。我校的组织形式采用了立体化的年级部制，这适合于学校规模大、班级以及学生数量多的特点。各年级部实行分权原则，有利于明确责任，提高效率。

学校中层实行三维结构，即学部、年级与各处室共同管理。学部、年级负责学部和年级的教师绩效管理，各处室负责全校教师绩效和业务督导、指导与协调。立体的年级部制组织形式符合现代教育和管理规律，实行充分授权，各部门职责明确，提高了执行力。校长室成员由学校党政工领导组成，强调了集体领导，体现了民主性，使学校决策更具有科学性和权威性。实行年级部负责制，向学部、年级充分授权，包括一定的财权、人事权和考核权，还做到责、权、利的一致。不但突出了学部、年级在管理中的主体地位，还提高了学部、年级在学校组织结构中的层位。学部主任享受中层干部待遇，并实行任期制和轮换制。学部、年级负责制的管理模式是对“只管生产”，“不管采购”“不管销售”的“车间主任式”的传统模式的突破，学部、年级既要分别对学部、全年级的教育、教学负责，又要对全体教师的管理和学生全面素质的培养负责，还要对教师和学生未来的发展负责。各处室配合学校和学部、年级更好地发挥业务督导、指导与协调作用，使学校有序、高效运行，实现教育资源优化配置。

（三）选拔优秀教师进入管理团队

学校落实长沙市干部人事制度改革方案，推进校务公开和领导干部队伍建设。学校建立以级部制为基础、以德能勤绩为标准的干部队伍选拔和培养机制。学校出台了《麓山国际实验学校章程》。通过民主、公开、竞争、择优的民主考察和选举，从学部和年级组班组等一线推选出各个层面的优秀教育工作者，加入到领导干部队伍，注重青年领导干部的培养，发挥中层干部作用，干部分工职责明确。制定培训计划和实施方案，注重在实践中锻炼和考察青年干部。

（四）课程评价结果运用到学生学分认定、素质评价和评优评先中

1. 学分认定分值与权重充分依托学生课程评价的表现和质量

其中，学习过程性表现占比30%。

（1）学时要求：学生应自觉参加各个模块的学习，不能无故缺席。因病假、事假不能参加学时学习的每次扣1分。修习时间低于课程标准要求4/5的不予认定学分。

（2）课堂表现：修习过程中学生的学习态度、对课堂的参与度、提出问题和解答问题的数量和质量、作业完成的次数和质量由各科任课教师把关。学习态度不端正：扣5分/人次，上课有睡觉、做与上课无关的事情如看课外书、听随身听等情况：扣2分/人次，不按时交作业：扣1分/人次，作业完成没有达到应有的质量：扣0．5分/人次。

（3）听说能力和试验操作测试根据不同模块的要求进行设置。

（4）综合实践活动的过程性评价包括以下内容：第一，修习时间。研究性学习参加活动的时间每一学分不少于12学时；社区服务三年内不少于10个工作日；社会实践，学生要按要求每年深入工厂、农村、部队、企业或其他社区进行调查研究、训练等各种形式的社会实践活动，每学年参与实践的时间不少于1周。第二，学生的学习态度，即学生在参与过程中的具体表现。

学业水平测试占比70%。

（1）按期评成绩计算。

（2）综合实践活动水平测试包括以下内容：研究性学习要有开题报告或活动方案；有过程记录；有学生所获得的成果；有学生自评、互评和教师评价记录。社区服务要有参与社区服务的活动计划、总结。

学习过程性表现分数×30%＋学业水平测试分数×70%＝总分，总分达60分以上（包括60分），给予标准学分。

2. 综合素质评价中应用学生课程评价结果

加强学生在课程课堂中的过程性评价。对学习态度、意识和能力、学习

效果等，进行实时评价和及时反馈，发挥同学、教师、班主任、家长、年级组长、学生会和团委干部等多元主体的评价积极性和实效性，促进综合素质评价的过程性管理，避免人情分和印象分等模糊操作。

3. 学生评优评先中充分尊重学生课程评价的表现和质量

在省市各级教育行政部门组织的“三好学生”“优秀干部”等学生评优评先中，把学生课程评价的表现和质量作为重要参考依据（当然不是唯一依据）。以此树立良好的导向，把学生的注意力和精力引导到课程和课堂学习中来。

同时要注重三类课程评价的共融和差异性处理，以尊重学生的个性化发展。教务处、教科室、学生处要形成学生生涯规划指导中心，对学科基础型课程、拓展丰富型课程和活动实践型课程中的学生表现，进行综合评价和多方会诊。

此外，我校为调动学生的学习积极性，鼓励学生全面发展，学校特对品学兼优的学生给予奖学金奖励。办法如下：

奖励条件：（1）期评成绩优秀（期中考试总成绩占30%，期末考试总成绩占70%），总成绩在年级中名列前茅的学生。（2）考查科目达到A等，体育成绩良好。（3）表现良好，无处分记录。

奖励比例：奖励人数不超过年级组学生的10%。具体人数和经费：一等奖2%，2000元；二等奖3%，1000元；三等奖5%，500元。

其他说明：（1）获奖学金的学生由教导处提供学业成绩依据，校长室审查资格，校长审批后上网公布。（2）奖励金以学费形式奖励，如学生已转学，作自动放弃，不替补。（3）奖学金每学期评定一次，初三只奖第一学期，初一新生根据招生考试成绩奖励（奖励金数量另行安排）。

四、以评价促引领，逐步实现课程相关资源有机整合

学校以课程改革样板校创建为契机，以评价促引领，通过课程评价，落实并加强打造“两型示范学校”的相关举措，着力整合教育教学资源。

1. 加强学科教学资源建设，完善教学智慧评价

我们的做法主要有：

(1) 搭建网络教研平台系统，促进实时评价：开展网上在线教研活动，探索网络教学研讨活动。一是利用录播教室的设备与网络教研平台的直播栏目，实现实时课例转播和实时同步评课；二是将建设视频点播系统，使我们的学生、教师在宽带网络上浏览制作好的课件、优秀课例；三是将运用录播教室的设备把课堂教学或辅导的内容录制下来上传到校园网站，让教师可以随时随地的学习。

(2) 建设教师成长记录系统，促进评价痕迹管理：一是建立教学成果统计管理平台，以人工操作无法比拟的速度为学校领导提供应有尽有的各类数据；二是建立教师个人成长电子档案，随时呈现每一位教师的成长轨迹和跟踪评价。

(3) 强化团队智慧研讨，缩小教学评价差距。学科备课也都使用电子教案组内集体备课，个人只根据具体情况调整适合自己的方法策略。课件与流程性检测单等配置资源通过网络协同制作，互相交互，减少重复劳动，提高效率。

2. 加强功能室建设，完善过程评价的要素平台

①改造完善基础设施。我校积极取得市教育局的支持，加大了基础设施和校园环境建设。2015 年以来对校舍进行全面整修，新建多功能智能机、食堂、厕所和篮球场。学校有标准的 400 米跑道运动场地。学校绿化面积达到省标准。②优化配置教育设施。学校多方筹措资金，仅现代化技术装备投资就达 1000 多万元。目前，学校建有微机室 4 个，多媒体报告厅两个；科学实验室、电子钢琴室、美术书法教室、音乐教室、图书室、阅览室、多功能报告厅、武术舞蹈训练馆、形体训练室、体育器材室、音美器材室、卫生室、心理咨询室、围棋室等 42 个专用教室。学校拥有优质图书 50000 余册，电子图书 12000 余册，杂志近百种。

3. 拓展课程开发的主客体资源，完善课程评价的主体资源

一方面，学校在纵向上打通了学校、家长、上级教育主管部门、教育科研部门的课程资源开发渠道，充分把一些专家型家长请进校园，开发拓展课程，让学生走出去，直接进入社区、进入军队、进入农村、进入企业、进入银行等，充分利用现场的课程资源进行深度探究学习；学校充分挖掘和共享集团学校、教科院、电教馆等各种业已成熟且体系化更强的课程资源进行二度开发，大大提升了我校课程建设的效能和品位。这一过程中，加大对教师表现和能力突破的多元评价。

另一方面，学校在横向上加强协调与合作，促进深度交流与互动评价。充分挖掘市培、省培、国培提供的课程教学资源，与一些兄弟学校进行深度交流与合作，挖掘一些社会力量提供的课程资源。比如学校作为湖南省教育学会初中校长研究分会和湖南省教育学会创客教育中心的牵头学校，在各种教育发展联盟里广泛学习和交流，有着很多的意外收获。比如通过初中慕课联盟的网络平台，为学校学科教学积累了大量的微课建设初期资源，再加上学校组建的慕课教师团队深度学习研讨、外出交流考察和青年教师教学技能比武，大大提升了我校教师在教学信息化上的整体水平，使我校信息技术与学科教学的整合步伐大幅度加快。

第三章

MIFE课堂
——迈孚学习的主要阵地

MIFE课堂是迈孚学习的关键抓手。MIFE是“MOOC Integrated with flipped classroom and EEPO”的简称，是指慕课与翻转课堂、EEPO(有效教育)的整合。MIFE（迈孚）高效课堂是一种务实的教育理念建构，更是迈孚学习的主要阵地。

第一节 明确基本思想，找准迈乎学习科学之道

MIFE 高效课堂既是认识论，又是方法论和实践论。中文“迈乎”意为理念超前，多元互动，智慧高效。其核心理念是：教学是教师与学生双主体协同交流的过程①。（教学即交流，以学定教，学教合一。）

其核心目标是：一切致力于促进学生主动发展，构建以学生发展为本的新型教学关系。

MIFE 高效课堂的知识观强调接受知识与建构知识的统一以及知识内化与知识外化的统一。MIFE 高效课堂的教学观注重课内与课外的统一、预设与生成的统一、课标要求与课程资源二次开发的统一。MIFE 高效课堂的教师观立足新型师生关系，强调教师从知识传授者变成学习促进者。MIFE 高效课堂的学生观主张学生真正成为课堂的主角，课堂落脚点在于促进学生可持续学习和发展能力的培养。

一、MIFE 高效课堂的知识观

MIFE 高效课堂强调接受知识与建构知识的统一。教师以知识为媒，与学生结缘。教师对知识和课堂的把握，决定了能把学生带到什么方向与何种深度。学生在和谐的师生关系中，在舒适的课堂氛围中，首先要乐于接受教师的精心准备和知识演示。其次，这种接受是有选择性的。因为，学生有自己

① 王德复. 学校高效课堂的探索与实践：以 MIFE 高效课堂为例 [J]. 创新人才教育，2018 (9).

的学科理解。最重要的是，学生有自己的个性偏好与知识积淀。课堂，也是学生自我建构和主体成长的舞台。学生要对知识进行重构。迈乎学习强调师生的间互主体性。

MIFE 高效课堂强调知识内化与知识外化的统一。一方面，MIFE 高效课堂强调学生学习的适应能力，鼓励学生主动了解知识的架构与体系，熟练掌握知识的常见载体以及引申途径，培养正确的学科思维能力，形成有意义的学科概念、判断与推理，从而将知识内化于心。另一方面，又强调知识在实践中的综合运用，培养学生搜集和处理知识信息的能力，培养学生利用知识发现、分析和解决问题的能力，培养创新实践的意识与能力，使知识能外化于行。通过知识的内化与外化，培养学生的辩证思维能力，促进知情意信行的有机统一，促进知识、能力、核心素养与情感态度价值观等有机统一，培养内在与外在和谐的个体。

二、MIFE 高效课堂的教学观

MIFE 高效课堂的教学观注重课内与课外的统一、预设与生成的统一、课标要求与课程资源二次开发的统一。总体来说，MIFE 高效课堂的教学观注重从以下几个方面取得突破：

1. 教学组织有效化。建立平等民主的师生关系，营造和谐融洽的课堂气氛；改善和优化教学情境的创设；夯实基础，侧重能力，因势利导地优化学生自主学习机制；立足发展、面向未来，不断优化学生学习习惯和学科能力的培养机制。

2. 课堂评价课型化。新的课堂教学评价树立了以“学”评“教”，“教”“学”分评的评价思想。即以学生学习效果为评价的落脚点；以教师的“教”和学生的“学”为评价的两条线；以教学目标（三维）、教学过程（操作环节和操作点）、教学方法效果（教法与学法）为评价的三个面（三个平台）。

3. 因材施教层次化。学校采取布置学习任务、分层辅导、分层布置作业等措施，力促每位学生学习效益最大化。

4. 作业检测流程化。各学部根据学校教学改革的整体部署，对学生的作业检测的时效性进行大胆改革，把作业大部分放在课堂上同步完成，减少辅导资料的多次重复征订，减少学生课后作业量。

5. 质量检测精细化。精心设计试卷、调查问卷、量表和其他教学质量反馈资料，每学期段考和期考之后，学校均要求教研组和年级备课组组织段考和期考分析总结活动，每组均派一位学校领导督导。

6. 资源整合现代化。学校引领广大教师充分利用现代教育多媒体技术，要求教师在教学中要根据学生的层次和接受程度，重组教材结构和知识呈现的方式，充分利用网络媒体、视频、图片、实践活动等方式，整合微视频、云课堂等课程资源，实现教学效能的最大化。

三、MIFE 高效课堂的学生观

MIFE（迈乎）高效课堂主张学生真正成为课堂的主角。MIFE 高效课堂实现了 EEPO 强调的学生有机参与和翻转课堂强调的学生高效参与的辩证统一，真正做到了“以学生为中心”。

MIFE 高效课堂主张学生差异化个性发展。教育的最大个性就是教育对象的差异性。因此，教学要因材施教。MIFE 高效课堂根据学生的个别问题不断推进。真的高效课堂需要根据学生的不同身心发展阶段、不同个性、多元智能发展的不同状态和水平、学生的特质和差异，有选择性地因材施教，做好最适合的教育，摆脱教育工业化的困局。①

MIFE 高效课堂主张学生可持续学习。教育的最大特点就是过程周期长。因此，学生的发展要加强价值引领和习惯养成。教育不能一刀切，更不能操之过急或功利化，教学要细工出慢活。真的高效课堂和教育需要由表及里的渗透。在这育人事业的长周期过程中，要抓住根本：价值引领和行为习惯的培养。只有实现了知情意信行的内化与外化的完美融合，培养了学生阳光般

① 张博文. 培养现代教育视域下的卓越教师［J］. 亚太教育，2015（11）.

的思想心态，文明雅致的行为作风，自主探究的学习生活能力，我们的基础教育才能真正实现“为孩子终身学习与幸福人生奠基”的教育理想。

MIFE 高效课堂主张学生的内在发展是一切教育教学工作的出发点与落脚点。因此，教师的根本方法在于导引，在于启发。

四、MIFE 高效课堂的教师观

师生关系发生深刻的变化。MIFE 高效课堂主张师生主体间性的发挥。教师的主动性和学生的主动性，构成了 MIFE 高效课堂的不竭源泉。教师的角色也随之发生深刻的变化。

MIFE（迈乎）高效课堂的关键是对教师可持续发展的内在诉求。

教师底蕴深厚，对学生就有自然吸引力。未来教育面临的最大挑战不是技术，不是资源，而是教师的素质。① 总体而言，教师的发展应坚持以下几个共性的方面：包括职业理想与责任感、职业能力、成就感、独立性与自主性、意志力、适应能力在内的教师自我意识与自我发展系统；包括本体性知识、条件性知识、实践性知识、文化性知识在内的专业知识与能力发展系统；包括备课技能、教学设计技能、课堂组织技能、教学媒体选用技能、学法指导技能、教学评价技能在内的教育技术系统；包括专业态度、专业伦理和专业智慧在内的专业精神系统等。

老师要靠教师魅力带领学生走向学习的彼岸。彼岸不仅是一个努力的方向，不仅是一个具体的去处，更是一种精神的境界。这里的教师魅力主要包括专业热情、学科魅力、教育艺术和教学方法等。教育最大的成功不是让学生敬佩自己的教师有多伟大，而是培养了让教师敬佩的伟大的学生。

MIFE（迈乎）高效课堂改革的落脚点还是在促进教育教学工作。学校教育的使命是：通过教师的主体性发挥，唤醒、点燃和激发学生的主体性。

---

① 张博文. 培养现代教育视域下的卓越教师［J］. 亚太教育，2015（11）.

第二节　强化五项常规，打开迈乎学习基本理路

学校规范教学常规管理，实现了备教批辅的有机统一。学校巧借课改样板学校建设和现代教育实验学校建设东风，推进常规工作再上新台阶。学校出台了《强化教学教研常规管理的五项要求》。

一、严格考勤制度

行政干部、年级组长、班主任、奥赛教练、初高中毕业班教师、专干及近三年新进教师要求坐班，其余教师鼓励坐班。教师按要求参加学校组织的各项活动和会议，按要求参加早晚自习。学校出台了《教师请假制度》。

长沙麓山国际实验学校

教师请假制度

（一）总则

第一条　为建立健全学校规章制度，依法保障教师在请假期间的合法权益，根据国家有关政策和《长沙市学校教职工请假暂行规定》，特制定《长沙麓山国际实验学校教师请假制度》。

请假类别及休假时限如下

事假：教师因事必须请假时，可请事假。

婚假：根据学校工作的特殊性，教师婚假一般安排在寒暑假及长假期间，学期工作日内婚假原则上 3 天。超期按事假对待。

丧假：教师亲属（指父母、岳父母、公婆、配偶和子女）死亡，可请丧

假，时间为 3 天。外地奔丧的，视情况给予路程假。超期按事假对待。

产假：女教师分娩、人工流产（含小产），可向学校请产假，产假假期按国家相关制度执行。人工流产（含小产）为 7 天，限享受一次。超期或超次按病假对待。

病假：教师因病不能坚持正常工作，可请病假。

公假：教师根据上级有关部门通知或学校指派外出参加有关会议、学习、培训、比赛等公务活动，可请公假。超期按事假对待。

以上所有假期除病假外，寒暑假、公休假日和法定假日均计算在所休假时间之内。

其他类别假期期限按照上级有关文件执行。

批假权限及请假手续如下：

校级干部请假按长沙市教育局干部管理权限报批；

其他人员请假审批权限及流程如下（含公假）：

表 3－1 其他人员请假审批权限及流程

类别	请假时间	审批权限及程序
教师	半天以内（含半天）	部门负责人
	一天以内	部门负责人→办公室（备案）
	五天以内	部门负责人→主管校领导→办公室（备案）
	五天以上	部门负责人→主管校领导→校长→办公室（备案）
中层干部	一天以内	主管校领导→办公室（备案）
	一天以上	主管校领导→校长→办公室（备案）
副校级领导	一天以内	报办公室（备案）
	一天以上	报校务会→办公室（备案）

二、夯实课务管理

严格按学校课表进班上课，严禁私自调课。因学校工作安排或教研安排等需要调课时先到教务处履行调课手续，经教务处确认后方能调课（必须有调课单和登记）。学校通过巡堂、随堂听课、监控检查等加强课务管理。

为此，进一步完善了《教学常规细则及检查规程》。

表 3-2 《教学常规细则及检查规程》操作简表

<table>
<tr><th>检查项目</th><th>基本要求</th><th>检查人（部门）</th><th colspan="2">检查要求</th></tr>
<tr><td rowspan="4">教案</td><td rowspan="4">①所有老师都要有纸写教案（高三一轮复习必须有教案，二轮复习和综合复习可以资料为主）；②30 岁以下老师必须写详案，30 岁以上老师可写简案；③备课要以学生为中心，鼓励教案书写形式改革</td><td>备课组长</td><td>每周认真组织集体备课、并填写周教学计划表；每两周对本组教师教案检查一次</td><td rowspan="4">检查后要签字（盖章）要评定等级（优、良、中、差）要登记</td></tr>
<tr><td>教研组长</td><td>每个月普查一次</td></tr>
<tr><td>教务处</td><td>每周抽查 5～10 位老师的教案</td></tr>
<tr><td>校长室</td><td>不定时抽查</td></tr>
<tr><td rowspan="3">课堂教学</td><td rowspan="3">①优化课堂教学，提高效率；②授课老师打预铃就要进教室，不得迟到、旷课、早退；③不得私自调课</td><td>年级组长</td><td>不定时巡查本年级课堂教学秩序</td><td rowspan="3">①听课后应与授课老师交换意见；②其他情况要查明原因，做好登记</td></tr>
<tr><td>教务处</td><td>①随堂听课；②每天值班人员至少巡查整个教学楼一次，检查课堂教学秩序</td></tr>
<tr><td>校长室</td><td>随堂听课、不定时巡查</td></tr>
</table>

续表

检查项目	基本要求	检查人（部门）	检查要求	
作业	①作业要适量；②作业要全批全改；③批改作业要求：有评价(分数或等级)、有次数、有日期；④允许对学生作业分层，有必做和选做	备课组长	对本备课组老师作业批改情况每两周检查一次	检查次数是否够量，批改是否规范，学生是否交齐，检查后要签字(盖章)，并做好登记
		教研组长	每个月普查一次	
		班主任	对本班学生作业完成情况负责，及时与任课老师交流情况	
		年级组长	组织学生干部抽查各班作业交送情况	
		教务处	每周抽查5～10位老师的作业	
		校长室	不定时抽查	
早晚辅导	①下班老师按时到岗，鼓励提前到岗；②早自习要求学生大声朗读，晚自习要保持安静；③早、晚自习不允许老师讲课；④最后一节下班老师负责将学生全部清离教室	年级组长	对本年级早、晚辅导老师到岗情况负责，不定时巡查本年级早晚辅导	对下班老师下班情况及履行职责情况及各班自习课纪律进行检查登记
		教务处	每天值班人员至少巡查整个教学楼一次，检查早晚自习情况	
		校长室	不定时抽查	

续表

检查项目	基本要求	检查人（部门）	检查要求	
到岗情况	学校实行坐班制，全体教职工要按时上下班，有事履行请假手续。升旗仪式、各种会议要按时参加	年级组长	对本年级老师到岗情况负责，严格管理	对检查情况进行检查登记
		教务处	不定时抽查	
		校长室	不定时抽查	

学校以教育教学质量作为生命线，将其视为学校品质提升的根本保障，不断加强精细化管理。具体参考操作要领表。

表 3-3　质量监控精细化管理操作要领表

操作项目	质量监控精细化管理操作要领	检查备注
分层教学，提升能力	推行能力培养型课堂，提高课堂教学效益。课堂教学注重基础、突出能力，强化典型训练	教案设计 课时训练 辅导谈话记录
教学反馈，对症下药	定期进行教学“会诊”。针对问题对症下药，给每个学生指明“最近发展区”	学生调查问卷 学科质量检测报告
研究课标精选资料	认真研究课标、考纲、教材、试卷，筛选典型习题，因人而异推荐补充资料	考纲研读报告 典型习册
学法指导，引导自学	注重学生学法指导，培养学生自学能力，帮助学生建立知识体系，使之系统化	学生练习本 学生笔记本 学生成长手册
答疑解惑，心理疏导	答疑解惑，解决疑难问题 心理辅导，促进学生非智力因素对学习的正面影响	备课组问答记录 教师工作手册
固强补弱，查缺补漏	固强补弱，查缺补漏，在精细上做文章 专题辅导和训练	专题训练资料 学生纠错本
面批面改，针对辅导	面批面改，进行针对辅导	作业登记记录 学生成长手册

续表

操作项目	质量监控精细化管理操作要领	检查备注
考情速递，把握动态	及时提供有关中高考信息资料，有效把握中高考动向	考情分析报告
导师引领，团队指导	建立导师制，集中辅导与自学辅导相结合。周末和寒暑假期间，倡导自学，导师答疑解难	导师工作记录
控制节奏，个性辅导	把握好学习节奏。适时强化专项辅导，突出个性化辅导	专项辅导计划 个性辅导记录
活动展示，竞赛激励	积极参加各种学习竞赛活动，开展丰富多彩的校内学习活动，搭建各种学习展示平台，确保学生满怀信心、良好心态投入紧张的学习。及时激励，适时奖励，充分调动学习积极性	学习活动方案 竞赛获奖名单
综合实践拔尖创新，	进行校内培优的同时，组织学生参加高校教师组织的竞赛和自主招生培训，为将来的考试加分奠定基础。开展各种形式的社会实践活动，培养创新实践能力	高校教师辅导报告新闻 学生社会实践活动记录
挖掘潜能，提升素养	掌握学科素养培养的技术路线。学生学科素养培养的有效途径有熟读教材、提炼知识；贴近生活，培养兴趣；归纳总结，挖掘规律；开展讨论，取长补短；联系实际，大胆创新；突出核心的概念、基本的原理和规律；注重知识的系统性和网络性；确立不同目标，挖掘学生潜能等	学生抽样调查 学生质量检测报告
多元评价，全面提升	加强对学生学习的过程性评价，开展个人评价、学习小组评价、其他同学评价、班级评价、任课老师评价、年级组学部评价和家长评价等学生学习的多元化评价	阶段性检测报告 各层级评价表

三、强化研课交流

研课的主要流程：确定目标与内容—上课听课—评课—确定下次研课目标和内容。周三、周四的教研组活动由教研组长负责组织，除组织学校统一的教研活动外，尽量安排研课活动，可以全教研组或学部或备课组为单位组织。

教研活动时间若是以备课组为单位开展研课活动，教研组长必须至少提前三天通知备课组长做好安排。教研组长、备课组长带头上研讨课，全期每位老师至少上一次研讨课（进入教研组或备课组计划）。提倡相互听课、推门听课，鼓励老师多听课。

全期每位老师听课不得少于 14 节。加强计划性，实行公示制度。教研组填写学期研课安排总表，并于每周四下午 5 点前上报下周研课安排到教科室，教科室汇总后于下周一上午在校园网及相关微信群发布。

此外，以高三和初三为试点，鼓励年级备课组进行各种课型的研课。

四、优化集体备课

每周五集体备课时间由备课组长负责组织。可以研课，也可直接按集体备课要求集中研讨。若周三、周四是以备课组为单位已经组织完成了研课与集体备课活动，周五可以不再组织。实行痕迹管理。做好集体备课会议记录，并填写集体备课纪要并按时上传。每次集体备课确定中心发言人作中心发言，备课组成员适当补充。集体备课纪要每周检查上传情况由教务处检查通报，会议记录由教务处定期组织检查（联点行政干部参加），学期末由学校统一组织检查。

严格遵守“减负”有关规定，不组织学生补课，保证学生作息时间。学校作息时间及寒暑假和其他节假日安排符合规定。节假日按学生需求提供自习，学生自愿选择自习地点。学生作业量符合规定，学生用书管理规范，不强迫组织学生订购违反规定的学生用书。学生教辅资料一教一辅，学生自愿征订。

各教研组还加强了备课方式的创新。其中比较典型的是高三各备课组推行的《高考考点双向细目表》。以英语、数学、生物三科为例：

表 3－4 2019 年高考英语考点双向细目表

型	考查内容	2018年高考	2017年高考	2016年高考	2015年高考	第1次月考	第2次月考	第3次月考	第4次月考	第5次月考	长沙市联考	第一次联考	第二次联考	第一次模考	第二次模考
听力	听力（关于地点、时间、原因、谁的、颜色、看法、主旨以及做什么等的系列问题）	√	√	√		√	√	√	√	√	√				
阅读	推理判断	√	√	√	√		√	√		√	√				
	细节理解	√	√	√	√	√	√	√	√	√	√				
	文章的总结	√	√	√		√	√	√		√	√				
	主旨要义	√	√			√	√	√	√	√	√				
	作者的观点、态度		√	√	√	√	√	√	√	√	√				
	猜词	√	√			√	√	√	√	√	√				
七选五	主句	√	√			√	√	√	√	√	√				
	上下文语境理解	√		√		√		√	√	√	√				
完形填空	名词词义辨析	√	√	√	√		√	√	√	√	√				
	动词词义辨析	√	√	√	√		√	√	√	√	√				
	动词短语辨析	√	√	√			√	√	√		√				
	形容词词义辨析	√		√	√		√	√							
	副词的比较级		√												
	副词词义辨析	√		√	√		√			√	√				
	插入语：介词短语						√		√	√					
	上下文语境理解	√	√				√	√	√	√	√				
语法填空	谓语动词	√	√	√	√	√	√	√	√	√	√				
	非谓语动词	√	√	√			√	√	√	√	√				
	代词		√	√	√		√								
	名词	√	√	√	√	√	√	√	√	√	√				

续表

型	考查内容	2018年高考	2017年高考	2016年高考	2015年高考	第1次月考	第2次月考	第3次月考	第4次月考	第5次月考	长沙市联考	第一次联考	第二次联考	第一次模考	第二次模考
语法填空	形容词、副词的比较等级；形容词同等比较句型	√	√	√	√			√	√	√	√				
	从句的连接词	√	√	√		√	√	√	√	√	√				
	介词	√	√	√	√	√		√	√	√	√				
	冠词		√				√								
短文改错	非谓语动词	√	√			√	√	√	√						
	副词的用法	√				√	√		√	√	√				
	动词短语搭配		√				√								
	介词搭配	√	√		√						√				
	代词：指代一致						√	√							
	反身代词				√										
	介词错用		√	√		√	√	√	√	√					
	主谓一致					√					√				
	形容词	√													
	名词单复数	√					√	√	√	√	√				
	从句的连接词	√		√			√	√	√	√	√				
	所有格衔接词	√	√												
	动词语态			√	√		√		√	√	√				
	动词时态	√	√	√	√	√		√	√		√				
	冠词	√	√	√	√	√	√	√			√				
书面表达	求助信			√						√					
	约稿信														
	建议信								√						

续表

型	考查内容	2018年高考	2017年高考	2016年高考	2015年高考	第1次月考	第2次月考	第3次月考	第4次月考	第5次月考	长沙市联考	第一次联考	第二次联考	第一次模考	第二次模考
书面表达	投诉信														
	感谢信					√									
	申请信														
	倡议信														
	咨询信														
	推荐信														
	邀请信				√		√				√				
	道歉信														
	电子邮件	√	√					√							

表 3-5　2019 年高考理科数学考点双向细目表

（注：数字号 1—12 为选择，13—16 为填空，17—21 为解答，22、23 为选做）

模块	考查的主要内容	2018年高考	2017年高考	2016年高考	2015年高考	2014年高考	2013年高考	长沙市联考	第一次联考	第二次联考	第一次模考	第二次模考
集合与常用逻辑用语	集合及其运算	2	1	1		1	1	1				
	命题及其关系、充分条件与必要条件											
	简单的逻辑联结词、全称量词与存在量词				3	9						

续表

模块	考查的主要内容	2018年高考	2017年高考	2016年高考	2015年高考	2014年高考	2013年高考	长沙市联考	第一次联考	第二次联考	第一次模考	第二次模考
函数、导数及其应用	函数及其表示											
	函数的单调性与最值		5					4				
	函数的奇偶性、周期性、对称性		5		13	3	16					
	函数的图象			7								
	二次函数与幂函数						16					
	指数与指数函数		11	8								
	对数与对数函数		11	8								
	函数与方程	9						10				
	函数模型及其应用											
	变化率与导数、导数的几何意义、导数的运算	5	21	21	21	21	21					
	导数与函数的极值、最值、零点	16、21	16、21	21	12、21	11、21	11、21	21				
	定积分与微积分基本定理											
三角函数、解三角形	任意角和弧度制及任意角的三角函数											
	同角三角函数的基本关系与诱导公式											
	三角函数的图象与性质				8	6						
	函数的图象与性质		9	12				9				
	两角和与差的正弦、余弦和正切公式		17		2		17	15				
	简单的三角恒等变换			17		8	15					
	正弦定理和余弦定理	17	17	17	16	16	17	17				

续表

模块	考查的主要内容	2018年高考	2017年高考	2016年高考	2015年高考	2014年高考	2013年高考	长沙市联考	第一次联考	第二次联考	第一次模考	第二次模考
平面向量、复数	平面向量的概念及其线性运算				7							
	平面向量的基本定理及坐标表示	6		13								
	平面向量的数量积与平面向量应用举例		13	13	5	15	13	7				
	复数	1	3	2	1	2	2	2				
数列	数列的概念及简单表示法				17	17	12、14					
	等差数列及其前 n 项和	4	4	3	17	17	7	13				
	等比数列及其前 n 项和			15				3				
	数列求和	14	12		17		12					
不等式、推理与证明	不等关系与不等式											
	一元二次不等式及其解法											
	二元一次不等式（组）及简单的线性规划	13	14	16	15	9		16				
	基本不等式			20		16、20、23						
	合情推理与演绎推理					14						
	直接证明与间接证明											
	数学归纳法											

续表

模块	考查的主要内容	2018年高考	2017年高考	2016年高考	2015年高考	2014年高考	2013年高考	长沙市联考	第一次联考	第二次联考	第一次模考	第二次模考
立体几何	空间几何体的结构特征及三视图与直观图	7	7		11	12	8					
	空间几何体的表面积与体积	12	7、16	6	6、11		6、8	8				
	空间点、线、面之间的位置关系							12				
	直线、平面平行的判定及其性质			11								
	直线、平面垂直的判定及其性质		18	18	18	19	18					
	空间向量的运算及应用											
	求两条异面直线所成角			11	18							
	求直线与平面所成角						18					
	求二面角的平面角	18	18	18		19		18				
计数原理、概率与统计	分类加法计数原理与分步乘法计数原理											
	排列与组合	15				5	19	14				
	二项式定理		6	14	10	13	9					
	随机事件的概率			19	4		19	5				
	古典概型					5						
	几何概型	10	2	4								
	离散型随机变量的分布列、期望与方差			19			19					
	n次独立重复试验与二项分布		19		4							
	正态分布		19			18						
	算法初步与程序框图		8	9	9	7	5					
	随机抽样						3					
	用样本估计总体	3				18						
	变量间的相关关系、统计案例	20			19			20				

续表

模块	考查的主要内容	2018年高考	2017年高考	2016年高考	2015年高考	2014年高考	2013年高考	长沙市联考	第一次联考	第二次联考	第一次模考	第二次模考
解析几何	直线的倾斜角与斜率、直线的方程		10			20						
	两直线的位置关系与对称题											
	圆的方程				14							
	直线与圆、圆与圆的位置关系											
	椭圆		20	20	14	20	10 20	19				
	双曲线	11	15	5	5	4	4	6				
	抛物线	8	10	10	20	10		11				
	曲线与方程						20					
	直线与圆锥曲线		10			10	20					
	圆锥曲线中的范围、最值题			20		20						
	定点、定值和探索性问题	19	20		20			19				
坐标系与参数方程	坐标系	22		22	22		22					
	参数方程		22	22		22	22	22				
不等式选讲	绝对值不等式	23	23	23	23		23	23				
	不等式证明的基本方法					23	23					

表 3-6　2019 年高考生物考点双向细目表

（注：* 为重点考查）

模块	考查的主要内容	2018 年高考	2017 年高考	2016 年高考	2015 年高考	2014 年高考	2013 年高考	第一次联考	第二次联考
1-1　细胞的分子组成	(1) 蛋白质、核酸的结构和功能	* 选 1、2			* 选 1、5				
	(2) 糖类、脂质的种类和作用				* 39		* 29		
	(3) 水和无机盐的作用								
1-2　细胞的结构	(1) 细胞学说的建立过程								
	(2) 原核细胞和真核细胞的异同								
	(3) 细胞膜系统的结构和功能		* 选 1			* 选 1			
	(4) 主要细胞器的结构和功能	* 选 1		* 选 1					
	(5) 细胞核的结构和功能	* 选 1				* 29			
1-3　细胞的代谢	(1) 物质出入细胞的方式	* 选 3		* 选 2 * 31			* 选 3		
	(2) 酶在代谢中的作用								
	(3) ATP 在能量代谢中的作用			* 29					
	(4) 光合作用的基本过程		* 选 1	* 30	* 29	* 选 2			
	(5) 影响光合作用速率的环境因素	* 30	* 30				* 29		
	(6) 细胞呼吸		* 30	* 选 4					

续表

模块	考查的主要内容	2018年高考	2017年高考	2016年高考	2015年高考	2014年高考	2013年高考	第一次联考	第二次联考
1-4　细胞的增殖	(1) 细胞的生长和增殖的周期性								
	(2) 细胞的无丝分裂								
	(3) 细胞的有丝分裂						*选 2		
1-5　细胞分化、衰老和凋亡	(1) 细胞的分化								
	(2) 细胞的全能性								
	(3) 细胞的衰老和凋亡以及与人体健康的关系								
	(4) 癌细胞的主要特征及防治								
2-1　遗传的细胞基础	(1) 细胞的减数分裂						*选 2		
	(2) 动物配子的形成过程								
	(3) 动物的受精过程								
2-2　遗传的分子基础	(1) 人类对遗传物质的探索过程		*29	*29					
	(2) DNA 分子结构的主要特点								
	(3) 基因的概念		*40						
	(4) DNA 分子的复制			*29					
	(5) 遗传信息的转录和翻译		*40		*选 5		*选 1		
2-3　遗传的基本规律	(1) 孟德尔遗传实验的科学方法						*选 6		
	(2) 基因的分离定律和自由组合定律	*32	*选 6 *32	*32		*32	*31		
	(3) 基因与性状的关系	*32			*40				
	(4) 伴性遗传	*32	*选 6 *32		*选 6				

续表

模块	考查的主要内容	2018年高考	2017年高考	2016年高考	2015年高考	2014年高考	2013年高考	第一次联考	第二次联考
2-4 生物的变异	(1) 基因重组及其意义								
	(2) 基因突变的特征和原因	*选 6					*31		
	(3) 染色体结构变异和数目变异								
	(4) 生物变异在育种上的应用					*32			
	(5) 转基因食品的安全								
2-5 人类遗传病	(1) 人类遗传病的类型			*选 6		*选 5 系普图			
	(2) 人类遗传病的监测和预防								
	(3) 人类基因组计划及意义								
2-6 生物的进化	(1) 现代生物进化理论的主要内容				*32 基因频率				
	(2) 生物进化与生物多样性的形成								
3-1 植物的激素调节	(1) 植物生长素的发现和作用				*选 2				
	(2) 其他植物激素		*选 3						
	(3) 植物激素的应用								
3-2 动物生命活动的调节	(1) 人体神经调节的结构基础和调节过程								
	(2) 神经冲动的产生、传导和传递			*选 4					
	(3) 人脑的高级功能								
	(4) 脊椎动物激素的调节				*30				
	(5) 脊椎动物激素在生产中的应用								

续表

模块	考查的主要内容	2018年高考	2017年高考	2016年高考	2015年高考	2014年高考	2013年高考	第一次联考	第二次联考
3-3　人体的内环境与稳态	(1) 稳态的生理意义		*31		*选3	*选3 *31			
	(2) 神经、体液调节在维持稳态中的作用		*选4			*31			
	(3) 体温调节、水盐调节和血糖调节	*31					*30		
	(4) 人体免疫系统在维持稳态中的作用		*选4	*31	*40		*选4		
	(5) 艾滋病的流行和预防								
3-4　种群和群落	(1) 种群的特征	*选5			*31		*选5		
	(2) 种群的数量变化		*选5						
	(3) 群落的结构特征				*选4	*选6	*选5		
	(4) 群落的演替					*30	*32		
3-5　生态系统	(1) 生态系统的结构			*选5			*选5		
	(2) 物质循环和能量流动的基本规律及应用				*31				
	(3) 生态系统的信息传递								
	(4) 生态系统的稳定性	*29		*选5			*32		
3-6　生态环境的保护	(1) 人口增长对环境的影响								
	(2) 全球性的环境问题								
	(3) 生物多样性保护的意义和措施								
4-1　分子与细胞	(1) 观察DNA、RNA在细胞中的分布		*选2						
	(2) 检测生物组织中还原糖、脂肪和蛋白质		*选2						

续表

模块	考查的主要内容	2018年高考	2017年高考	2016年高考	2015年高考	2014年高考	2013年高考	第一次联考	第二次联考
4-1 分子与细胞	(3) 用显微镜观察多种多样的细胞								
	(4) 观察线粒体和叶绿体								
	(5) 通过模拟实验探究膜的透性								
	(6) 观察植物细胞的质壁分离和复原					*选4			
	(7) 探究影响酶活性的因素	*选6		*选3					
	(8) 叶绿体色素的提取和分离								
	(9) 探究酵母菌的呼吸方式								
	(10) 观察细胞的有丝分裂	*选4	*选2			*29			
	(11) 模拟探究细胞表面积与体积的关系								
4-2 遗传与进化	(1) 观察细胞的减数分裂								
	(2) 低温诱导染色体加倍								
	(3) 调查常见的人类遗传病								
4-3 稳态与环境	(1) 探究植物生长调节剂对扦插枝条生根的作用								
	(2) 模拟尿糖的检测								
	(3) 探究培养液中酵母菌数量的动态变化								
	(4) 土壤中动物类群丰富度的研究								
	(5) 探究水族箱（或鱼缸）中群落的演替								

续表

模块	考查的主要内容	2018年高考	2017年高考	2016年高考	2015年高考	2014年高考	2013年高考	第一次联考	第二次联考
5-1 微生物的利用与统计观点	(1) 微生物的分离和培养	*37	*37	*37	*37	*37			
	(2) 某种微生物数量的测定	*37		*37	*37	*37			
	(3) 培养基对微生物的选择作用		*37	*37					
	(4) 发酵生产特定的产物以及其他方面的应用						*37		
5-2 生物技术在食品加工及其他方面的应用	(1) 从生物材料中提取某些特定的成分				*37	*37			
	(2) 运用发酵加工食品的基本方法								
	(3) 测定食品加工中可能产生的有害物质								
5-3 酶的研究与应用（新增）	(1) 果胶酶在果汁生产中的作用								
	(2) 探讨加酶洗衣粉的洗涤效果								
	(3) 酵母细胞的固定化								
5-4 DNA和蛋白质技术（新增）	血红蛋白的提取和分享								

从以上细目表可以看出，各学科组分模块把握考查的主要知识点，对2013—2018年高考试卷中的相关考点进行了有效梳理，大考落实到长郡教育集团的第一次联考和第二次联考以及和长沙市组织的第一次模考和第二次模考。可见各学科备课组的大爱与用心。每一次考试，既是对学生的检测与考验，也是对教师的检测与考验。教师全程参与，认真分析，及时沟通与调整，

成了高考备考中最感人的场景。这些，都是教师们自觉践行迈孚学习的生动写照。

对学校的周考和月考的双向细目表整理与分析，则由学生和教师共同完成。这对学生的影响是深远的，学生真正了解了课标，彻底领悟了高考，做到了知己知彼，实现了学习的主动性与创造性的完美融合。这恰恰是迈孚学习的核心价值观在高考学习中的体现。

五、改进学生作业

改进学生作业的落脚点是解放教师和学生，从根本上来说，就是解放学习的生产力，这是实现迈孚学习的基本保障和重要举措。

1. 学校出台相关规定

实施分层布置作业（必做＋选做），要求对学生必做作业进行全批全改。同备课组同层次班级统一作业内容，必做作业教务处要统一检查。

分层作业是学生实施迈孚学习的重要落脚点，也是减轻学生课业负担的重要抓手，为此，学校针对分层作业专门制定了《长沙麓山国际实验学校作业布置的规定（初中）》。

长沙麓山国际实验学校作业布置的规定（初中）

一、指导思想

规范教学常规，促进学科均衡，减轻学生负担，落实高效教学，培养德智体美劳全面发展的社会主义建设者和接班人。

二、作业布置要求：保证初中生每天睡眠时间不少于 9 小时

（一）各学科允许布置的练习总体要求：分层作业。其中，

语文学科：一教一辅、每学期八篇作文，要求全批全改；

周（扎）记本、提倡油印语文知识资料，可抽查。

数学、物理、化学、英语四学科：一教一辅，英语设小作文本，提倡建立听写本，要填写理、化学科实验报告。

思想品德、历史、地理、生物、音乐、美术、体育与健康、综合实践学

科作业课堂内完成，原则上不设课外作业。

（二）平日课外作业要求

1. 语文、数学、英语、物理、化学可适当布置课外作业，其中，

七年级：语文 30 分钟 英语 20 分钟 数学 40 分钟（90 分钟）。无论完成情况怎样，学生 21 点前必须休息。

八年级：语文 20 分钟 英语 20 分钟 物理 20 分钟 数学 40 分钟（100 分钟）。无论完成情况怎样，学生 21 点 30 前必须休息。

九年级：语文 20 分钟 英语 20 分钟 理化 40 分钟 数学 40 分钟（120 分钟），政史一般不留书面作业。无论完成情况怎样，学生 22 点前必须休息。

2. 当天没有课的学科原则上不得布置课外作业。

3. 备课组统一规划、统一布置。

4. 所有书面作业要求 老师“全批全改”，严禁家长“代劳”。

5. 作业布置切实减少简单记忆、机械重复的练习，严禁布置超越学生能力的作业。实施分层布置，可分为基础层和拓展层两类，基础一般的学生可以选择只做基础层的作业，基础较好的学生可以选择只做拓展提高层的作业。

6. 教师自主编制作业，合理改编作业，鼓励教师结合实际，布置重在促进运用与学生自我体验的阅读、探究、实践、合作、体验类作业。不得布置要求每个学生都必须通过网络下载并打印的作业，严禁布置惩罚性作业。

（三）节假日、休息日作业布置要求

1. 七年级语文、数学、英语三门学科允许布置书面作业（书面作业时间每天不超 90 分钟）。

八年级语文、数学、英语、物理、生物、地理六门学科允许布置书面作业（书面作业时间每天不超 100 分钟）。

九年级语文、数学、英语、物理、化学、政历七科允许布置书面作业（书面作业时间每天不超 120 分钟）。

2. 各备课组统一规划、统一布置，不得随意更改或添加。备课组在放假前将作业统一上报年级组，年级组总体把握作业内容、作业时间，严格审核

报学部备案并统一布置。

3. 允许一次性整体发放，但必须按天规划打卡。

4. 鼓励布置一定数量的探究性、实践性的作业题目，鼓励适当布置自学、调查报告、社会实践等形式的开放性作业。

5. 每天必须有1小时以上体育活动时间。

三、保障措施

1. 班主任每天收集作业情况。

2. 各年级组每周对所有学科的作业布置情况抽查一次，学部进行不定期抽查，并记录反馈。

3. 任课教师作业布置情况纳入教学常规积分制管理。

任何制度都要依靠出色的制度执行力来做保证，提高制度执行力是迈乎学习的必然要求。细化制度，明确考核的内容，加强日常检查、定期督查和随机抽查，实行定量评价，强化考核的结果运用，把考核结果与具体的经济利益和评优评先挂钩，才能保障制度执行到位，保障制度效果。

这些围绕教学教研常规推行的一系列的管理举措，使学校对教师的备课情况、课堂教学、作业批改、教研成绩等情况有效掌握，有效评价，榜样引领，后进鞭策，学校教育教学质量稳步提升。

2. 学部年级组优化作业分层设计和实操环节

作业分层设计在实践中不断优化。

以初中数学分层作业设计优化说明为例。

初中数学实施分层作业优化说明

初中教务处余伟民

一、缘起：课业负担过重的主要表象是作业负担过重，这也是教育行政主管部门着力化解的一个难题。

原因大致如下：

1. 没有关注学生个体差异，作业缺乏区分度和层次性。

2. 班级没有统一协调，各科作业缺乏整体设计，作业布置随意。

3. 教师教学观念和训练观念有待转变，老师们不愿打破传统，嫌麻烦。

4. 学校（备课组）对作业设计监管力度不够。

作业负担过重导致的不良后果：

1. 作业超量导致学生不善于独立自主思考，为作业而作业，应付了事。

2. 难以培养学生自主学习的习惯，习惯听从教师的安排，没有自己的计划和安排。

3. 作业超量耽误睡眠，影响第二天的学习，形成恶性循环。还有一小部分学生要么抄袭，要么干脆不做，丧失学习的乐趣且引发厌学情绪。

4. 作业负担重如又多次考试失利，容易导致学生怀疑自己的努力且缺乏信心。

5. 作业负担重导致学生有选择地放弃某些学科，天长日久形成严重的偏科现象。

6. 习惯了题海战术，导致学生到了初三缺乏后劲而难以冲刺。

很多老师也为人父母，心里也明白，孩子们的作业太多了。诸多的作业中究竟有多少是有效作业呢？有多少作业题是能激发思辨、思考的？即使作业是有含金量的，但在作业总量不减的情况下，孩子们也无法从容思考。最终学生会爱上学习吗？练习的效果在哪里？

想想自己的孩子十几年来所受的训练极有可能是没有思考的训练，就令人感到有点不寒而栗。这样的孩子长大后会独立思考吗？有独立判断能力吗？一个失去思考力的孩子，最终结果极有可能是被动成长，毫无创造力。

二、设想

初中学科差异性大、两极分化严重的学科莫过于数学，建议从初一数学开始，积累经验，再逐渐推广。

对学生进行分层，将学生依上、中、下按2∶2∶1的比例分为A、B、C三个层次：C层是学习有困难的学生，即能在教师和A层同学的帮助下掌握课文内容，完成简单必做题（记忆类D合格型）。基础型作业（15道题，50分钟完成）；B层是成绩中等的学生，独立完成练习（记忆运用CD），完成必做题及拓展题；拓展型作业（18道题，50分钟完成）。A层是拔尖的学生，独立完成习题，完成教师布置的复习参考题及补充题，可主动帮助和解答B层、C层的难点，与C层学生结成学习伙伴（记忆运用理解AB），完成必做题、提高题及难题。提高型作业（21道题，50分钟完成）。层次分得好坏与否直接影响到分层次教学的成功与否。为此，对学生进行分层要坚持尊重学生，师生磋商，动态分层的原则。避免把班级学生标签化、意识形态化的倾向，避免歧视或偏见。根据学生的进步状况，允许其在不同层次间流动。

三、监督

1. 当天上课的学科才能布置作业，防止不上课随意布置作业。

2. 作业公示榜，各班每科作业，分科目贴在或挂在后墙上，每科一栏，每天都贴在上面，有利于各科教师之间互相监督，教务处每周派人检查作业量是否符合实际，把分层作业量纳入教学常规检查之中。

3. 对那些作业少时高效但考试成绩突出的教师予以鼓励与表彰，形成低投入高产出、中等投入高产出的布置作业氛围，减少时间高投入而成绩高产出的做法，坚决杜绝时间高投入而成绩低产出的做法。

4. 在学科备课组会、教研组会或者学部会上，做优秀经验介绍和学生优秀作业展示。

5. 期中期末教学工作大检查中，把它作为重点检查对象。

四、作业编写

1. 以章节为单位，一人一章节。署名编写。

2. 分三个层次：基础题15道，以记忆为主，模仿书上例题完成；拓展题3道，以理解为主，类似中考中等题；提高题3道，以运用为主，类似中考难题。

均要求50分钟完成。

有效教学离不开有效作业，有效作业体现了教师的业务水平。铺天盖地的教辅资料，既缺乏针对性，又鱼龙混杂，编辑校本作业根本目的就是把学生从繁杂无绪的作业中解脱出来。

很多年级根据学生学情、学科要求和学段特点，不断推陈出新，进行分层作业改革与优化，使该工作不断推进完善。

表 3-7 2018 级初二年级寒假作业简表

学科	作业安排
语文	1. 超过 A 线 10 分的（含 10 分）：①语文寒假《提升训练》除第三部分作文提升篇两篇小作文两篇大作文外全免；②阅读八下名著《海底两万里》《名人传》，写两篇读后感，读后感也可写读了《作文通讯》《意林》《读者》等的文章；③完成一篇作文，写亲友来访等家庭生活的； 2. 超过 A 线 5 分的（含 5 分）：①语文寒假《提升训练》完成第三部分作文提升篇两篇小作文两篇大作文，其余的减免一半；②阅读八下名著《海底两万里》，写一篇读后感，读后感也可写读了《作文通讯》《意林》《读者》等的文章；③完成一篇作文，写亲友来访等家庭生活的； 3. 达到了 A 线的：①语文寒假《提升训练》完成第三部分作文提升篇两篇小作文两篇大作文，其余的减免三分之一；②阅读八下名著《海底两万里》，写一篇读后感，读后感也可写读了《作文通讯》《意林》《读者》等的文章；③完成一篇作文，写亲友来访等家庭生活的； 4. BCD 等的：①完成语文寒假《提升训练》，包括第三部分作文提升篇两篇小作文两篇大作文；②阅读八下名著《海底两万里》，写一篇读后感，读后感也可写读了《作文通讯》《意林》《读者》等的文章；③完成一篇作文，写亲友来访等家庭生活的； 5. E 等的：①相当认真地完成语文寒假《提升训练》，包括第三部分作文提升篇两篇小作文两篇大作文；②阅读八下名著《海底两万里》并摘抄，也可摘抄《作文通讯》《意林》《读者》等杂志上的文章，摘抄不少于 3000 字
数学	寒假数学作业分为三个层次： Ⅰ级作业：完成《读书活动·数学辅导资料》第 1～10 讲，只要求做“思维训练与赛题精讲”和“竞赛实践训练”两个部分，并核对好答案； Ⅱ级作业：完成《寒假提升训练》第 6～14 讲和八上、八下两套试卷并核对好答案； Ⅲ级作业：完成《寒假提升训练》所有习题，并核对好答案； 期末考试成绩超 A 等线 5 分（含 5 分）的完成Ⅰ级作业；成绩超出 A 等线 5 分以下的可以自主选择Ⅰ级或Ⅱ级作业；成绩为 B 等完成Ⅱ级作业；成绩为 CDE 等的完成Ⅲ级作业

续表

学科	作业安排
英语	1. 期末考试 A 线 10 分以上（含 10 分）：寒假作业自主安排； 2. 期末考试 A 等：完成《寒假提升训练》，并核对好答案； 3. 期末考试未拿 A 等：①寒假提升训练；②阅读组合训练；③听写初一单词及词组 120 个，初二上单词及词组 120 个，家长签字，错 20 个单词要重新听写；④每天坚持听或读英语课文或美文 20 分钟，为初三的口语考试打下基础
物理	1. 期末考试 A 等：完成《读书活动·物理辅导资料》，并核对好答案； 2. 期末考试未得 A 等：完成《寒假提升训练》，并核对好答案
政治	做两个图文说政的课件（每个课件不超过 5 张幻灯片）或者写一篇政治小论文（800 字以上）
历史	在家观看两部爱国题材的电影：《建党伟业》《建国伟业》
生物	1. 达到 A 线的：完成《全程夺冠》前 16 课时（七上七下）的例题（包括变式题及认真阅读理解核心考点解读）； 2. B 等的：完成 A 等的作业及前 16 课时的考点梳理； 3. CDE 等的：完成前 16 课时的例题（包括变式题及认真阅读核心考点解读）及考点梳理，并且需在家长处背记考点梳理； 4. 开学入学考试内容：七上七下； 5. 准备好七上、七下、八上、八下四本教材
地理	1. 达到 A 线的：自主选择完成《全程夺冠》八上、八下已学过内容的同步训练； 2. B 等的：完成 A 等的作业及八上、八下的考点梳理； 3. CDE 等的：完成八上、八下基础梳理、同步训练中的所有练习。在家长处背记《全程夺冠》里面《背记手册》中的考点，家长签字。 4. 开学入学考试内容：八上、八下； 5. 准备好七上、七下、八上、八下四本教材
体育	建议提前锻炼中考体育引体向上（男生）和仰卧起坐（女生）考试项目，只有刻苦练习才会有好的效果

3. 广大教师开展“作业分层优化”课题研究

很多老师自觉开展“作业分层优化”相关研究。下面以我校初中数学教研组谢振国组长的优秀微型课题研究成果为例。

研究选题：“合理”布置作业，践行因材施教

主持人：谢振国

研究成员：初三数学备课组全体老师

一、研究意义

数学教育教学的重要性不言而喻——得数学者得天下（学生家长语）。从“双基”到“三维四领域”再到“四基”乃至今天的“核心素养”，每一个阶段，其实都要求一线教师在具备基本素养的同时又能实施最高境界的教育教学思想——因材施教。

二、背景现状

在现实中，为了追求高效，各级各类教育部门重视教师对课堂教学模式的研究（这当然是必需的），这其实一直是在实现“因材施教”的教育理想。作为一线教师，我们不能忽视取得理想成绩的一个不可或缺的重要环节——作业布置的科学性和合理性的研究。

三、研究目标

“合理”布置作业，分层推进教学，让每一个学生享受数学学习的快乐

四、研究内容

1. 合理布置作业

2. 分层布置作业

3. 师生自创作业

五、研究思路

学生分层，作业分层，辅导分层

六、研究方法

1. 行动研究法

2. 案例研究法

七、研究时间部署

2017 年 9 月开始准备，制定研究方案

2017 年 9 月实施第一阶段（了解学情）

2017 年 10 月实施第二阶段（学生分层）

2017 年 11 月～2018 年 1 月实施第三阶段（分层教学）

八、具体措施

1. 学生分层

层级	人员学号	目标	习惯	效果
A（5人）	略	竞赛	良好	优
B（11人）	略	冲A	较好	良
C（10人）	略	冲B	一般	一般
D（18人）	略	基础	合格	合格
E（6人）	略	保合	差	差

2. 分层备课

(1) 对A、B组的学生必须有适当的提高和补充内容；

(2) 对C、D组的学生至少应达到大纲要求的程度；

(3) 对E组的学生开始时只要求他们能动笔，养成交作业的习惯。

3. 分层授课

总原则是注重复习引入，慢慢过渡到新课，侧重基础知识的讲、练，其实对于同一个班级，如何对A、B、C组的学生授课，实现备课中的目标，这是最难解决的一个问题，我一般在授课时按备课中的要求先达到C组的目标（A、B当然要达到）。然后让C组学生练习巩固，再让B组学生达到B组目标（A组当然达到了）。然后让B组学生练习巩固。最后再对A组学生提出更高的目标。

4. 分层作业

对五个组学生的作业要有所不同，一般分三类：基础练习、能力提高、拓展提升。

第一类，E层生必做，完成教材新课部分的练习。

第二类，C、D层生必做，侧重必需的基础，让他们做熟练。

第三类，A、B层生必做，除了必须完成C层的外，侧重中等难度，有一些综合运用知识的能力，A层生和C层生可少做或不做，侧重中等加几道综合知识运用，注重考察能力。

5. 分层辅导（表格）

学生	A组	B组	C组	D组	E组

九、研究成果展示

项目	A等人数	E等人数	学用杯竞赛
期中考试	15	6	一等奖4人　二等奖1人
期末考试	18	3	

十、反思

本课的初衷包含五个分层：分层学生、分层备课、分层授课、分层作业、分层辅导。而落实较好的是作业分层，其中分层授课与分层辅导的困难最大。原因在于无法改变的客观事实太多，如学习习惯的养成，学习态度的形成，学习能力的提高，都需要长期培养并要有家长的配合。

因材施教的过程是艰辛的，但只要我们努力实践，就一定会有所收获。

第三节　完善评价体系，形成迈孚学习强大合力

课程实施的主要阵地在课堂，课堂教学改革与评价体系建设是其中两大抓手。为了学校课程的有效实施，我校遵循科学之道，建立课堂教学评价体系。

一、教学目标设计与达成的评价

课堂评价首先要对教学目标设计与达成进行考量。新时代，新要求，需要确立新的课堂评价导向。

（一）目标价值取向：从“育分”到“育人”的转变

迈孚学习课堂教学评价要实现从“育分”到“育人”的转变，而核心就是核心素养培育的效果，这是我们基础课程评价的目标指向。

课程和教学评价实现科学性和学科性的有机统一。学校以教研组为单位，运用头脑风暴，自下而上共同思考、研讨，构建了一套源于教师、用于教师、分学科、分课型的、能被教师认可并能有效操作的课堂评价体系。经过几年的实践与修改，我们现已制定了初高中16个学科41个常见课型的课堂教学评价标准。

迈孚学习的课堂教学评价树立了以“学”评“教”，“教”“学”分评的评价思想。即以学生学习效果为评价的落脚点；以教师的“教”和学生的“学”为评价的两条线；以教学目标（三维）、教学过程（操作环节和操作点）、教学方法（教法与学法）为评价的三个面（三个平台）。从而真正落实人文底蕴、科

学精神、学会学习、健康生活、责任担当、实践创新等六大素养的培育。

（二）目标编制要求：规范＋具体＋可检测

课堂教学目标具有导向功能、激励功能和调控功能。因此，课时学习目标的表述要明确具体，具有可检测性，使本节内容的当堂检测能够与之相对应。

课堂教学目标分为教学目标和子目标。教学目标是知识能力目标、过程方法目标、情感态度价值观目标的一体化综述。子目标设计则紧跟教学环节。

目标表述不要用“了解、理解、掌握”等模糊语言，要用“能记住”“能说出”“会运用……”“解决……问题”等可检测的明确用语，并指出重难点。

（三）目标确定方法：学习目标、子目标、实施目标三位一体

分析课标是确定课堂教学目标的逻辑起点。教师对课标的解读和掌握程度，决定了课堂教学目标设计的品质和深度。教师既要把握全局性的知识框架内在联系，又要掌握课堂教学的重点、难点和学生的易混淆易错点，从而提炼出代表学科素养培育正确方向的教学目标。

钻研教材是确定课堂教学目标的基础工作。教师要领会教材与课标的粘连关系，要把握教材的体例、结构框架和基本内容，要注意教材的表述方式与课标以及作业检测标准答案的异同，注意教材的二度开发与综合，从而提炼出通俗易懂指向鲜明的教学目标。

研究学生是确定课堂教学目标的关键一招。教师所有的预设，要遵循学科教学规律，更要遵循学生学习的基本规律和学生的学情实际。课堂教学目标的设计，要符合班级的学科基础，要符合新时代学生学习与核心素养培育的新诉求。

具体方法包括：

学习目标、子目标、实施目标三层目标的设定，能有效落实课程标准的要求；

将学习目标分解成 4～6 个子目标，每个子目标是通过设计多个实施目标来实现的；子目标从学习目标中分解而来；

实施目标从知识与技能的掌握、能力与思维的培养、情感与态度的体验、价值观的形成等方面去设定。

二、教师教学策略与方法的评价

课堂教学的效率源自教师的教学设计和课堂组织，对教师教学策略与方法的评价是教学评价的基石。

教学策略与方法的评价注重目的性。教学策略与方法紧扣教学目标。以每个子目标为一组，设计方法与策略。每组设计由多项教与学的师生活动组成，每项活动将实现一个或多个实施目标。

教学策略与方法的评价注重时效性。方法与策略中的各个教学活动环节都要设计时间控制量。自主式学习与合作式学习建议在 20～25 分钟，接受式学习在 15～20 分钟。可根据学科及内容调整时间分配。

教学策略与方法的评价注重融通性。不要为了目的而目的，不要为了情境而情境，不要为了活动而活动，不要为了朗读而朗读，不要为了做题而做题。要处理好文理兼通的关系，要处理好小组互动与个人探究的关系，要处理好做题与读书的关系。

教学策略与方法的评价注重生成性。充分发挥学生主体的主动性和创造性。实施差异化教学方法的传递、教学策略的选择，应该适应学生的不同的差异。① 注重思维启发，促进学生自主学习意义建构，合作交流思维碰撞，展示呈现普遍联系，点拨释疑提纲挈领，巩固提升拓展升华，课堂氛围民主、平等、和谐。促进学生针对性地进行 5J 训练（单元组、约定、团队、板卡、表达呈现）。

（评价表详见第三章第一节《MIFE 高效课堂的教学观》）

---

① 陈芳．基于高中生个体差异的教学策略与实践研究［J］．课程教育研究，2018（8）．

三、学生学习方式与效果的评价

1. 关注学生阅读方式与效果的评价

阅读方式评价注重探究性。探究性的最集中体现就是以问题线索贯穿阅读过程。问题是读书的起点，由问题引起读书，通过读书解决问题。在这个读书、思考、积累、表达的过程中，提升学生的阅读能力。所以，读书，必须是学生的最主要最经常的活动，尤其是文科教学，不要对读书做狭义的理解。如语文学科，既包括以感知课文内容为目的的通读，也包括针对具体问题的局部阅读；既包括有感情的朗读，也包括静心的默读；既包括专注于某一部分的精读，也包括旨在搜索信息、了解大意的浏览或略读等。

2. 关注学生思维方式与效果的评价

学生思维评价的项目包括系统思维、形象思维/直觉思维、发散思维、辩证思维、逻辑思维、弹性思维和创新思维等。思维评价既看广度又看深度。评价载体主要是学生回答问题的思路课堂检测作业、学生的课堂疑问清单和创新设计等。

3. 关注学生练习方式与效果的评价

迈孚学习继承和升华了我校实行多年的“教学一体化、学科特色化”教改成果，对学生使用教学检测单有配套的评价反馈机制和相关要求。

学生练习方式评价的载体主要包括前测、中测与后测。形式包括试题测试、主题研究性学习探究、活动任务、交互记录等，要求学生在完成方式和完成数量上可选择在课前或课堂完成，也可当成小卡、中卡在课堂交互使用。前测效果评价主要考察是否强化巩固已有知识（技能）或辅助新课引入。中测效果评价主要考察是否掌握、强化、运用新知识（技能），落实学习目标。后测效果评价主要考察是否强化巩固或综合运用新知识（技能），实现学习目标。

对于前测、中测在课堂不能完成的学生，课后可将前测、中测继续作为后测任务，确保基础薄弱的学生能够完成。[①] 对于前测、中测、后测在课堂已

① 王德复. 学校高效课堂的探索与实践：以 MIFE 高效课堂为例［J.］创新人才教育，2018（9）.

基本完成的学生或班级，课后要另配资料，确保优秀学生具有自主提高的平台和空间。备课组或任课教师需帮助学生选择资料或自编资料，并督促和鼓励优秀学生或班级完成。

具体课堂操作体系与学习方式相关术语如下表。

表 3-8　MIFE 课堂操作体系相关术语解析简表

关键术语	解析
发散思维	沿着各种不同的方向去思考，去探索新的远景，去追求多样性的思维
弹性思维	根据事物发展过程中的各种现象、联系、环境、矛盾和问题的转化而调整判断与结论的思维
形象思维/直觉思维	形象思维是指以具体的形象或图像为思维内容的思维形态，是人的一种本能思维
辩证思维	以变化发展视角认识事物的思维方式，其总体特征是联系与发展，核心要求是矛盾分析法与重点两点论
逻辑思维	逻辑思维是指符合某种人为制定的思维规则和思维形式的思维方式
系统思维	系统思维是指以系统论为思维基本模式的思维形态
创新思维	用来创造前所未有的全新事物的表象或是用来发现新事物的本质属性、发现未曾被人认识的事物之间内在联系的规律的思维
5J	单元组、板卡、表达呈现、约定、团队
5S	书写速度、合作速度、讲话速度、阅读速度、记忆速度
5K	控制目标、控制内容，控制时间、控制空间、控制资源（人力物力）
5L	读量/分钟、写量/分钟、看量/分钟、计算量/分钟、讲量/分钟
5P	重要性排序、可行性排序、现实性排序、理想性排序、不同角色排序
5F	防空讲、防泡沫、防花架子、防形式单一、防与学生为敌
5G	关注目标、关注强化次数与作业量、关注思维向度与自由度、关注参与面与边缘人物、关注普通人才与英才

第四节　创新学习方式，提升迈乎学习的内驱力

MIFE（迈乎）高效课堂教学模式提倡优化学生的学习方式，促进学生具备新的学习技能，以保证学习效果的提升。一方面，举全校之力，打造学生学习发展共同体；另一方面，学校和教师加强学生学习技能培训。

一、自主学习方式创新：迈乎学习的核心秘密

自主学习方式创新表现在各个学科，表现在听、说、读、写各个方面，表现在课前、课中、课后等各个阶段。下面择其精要，介绍一二，抛砖引玉。

（一）批注式阅读：书写自身感受，升华阅读能力

批注式阅读是学生自主学习常用的读书方法，能够帮助自己掌握书中的内容。批注的对象包括文章主题、作者境遇、写作背景、作品蕴意、内容思路、结构层次、表达技巧、艺术特色、民俗文化、时代印记等。

批注式阅读方式主要有符号批注和文字批注两种。符号批注是指用直线、曲线、双竖线等，标识重点或疑难词句、疑问处、感叹处、段落或篇章的分层等。文字批注是在阅读材料的空白处写出自己的所感、所悟、所思、所想，内容上或感想，或质疑，或评价，或补充。

批注式阅读需要注意的问题：首先，必须反复读文，熟悉文本，才能找出课文重点句段和精彩之处，才能有所感悟，有所联想。其次，不同类型的文章，应采用不同的批注方法。再次，要写自己真实的想法并且联系生活实际。最后，多交流讨论，相互借鉴学习，批注位置、内容、方式不必拘泥以

上内容。

以我校初中语文教研组的专题研究为例。

“批注式阅读”专题研究报告

初一语文备课组

主持人：何赛男

研究成员：马慧萍、余燕柳等

一、研究背景

1. 课程标准要求提升学生自主阅读能力。

2. 学校开启“书香校园”建设，要求语文组通过阅读节等平台拿出创新方案。

3. 上一届马慧萍组长、余燕柳和李超英等老师已经对“批注式阅读”进行了前期实践，并且中考成绩喜人，语文6A率创历史新高。这些都和“批注式阅读”有紧密联系。

4. 本届学生生源复杂，来自不同学校，学生阅读水平参差不齐。

二、研究收获

1. 批注式阅读使学生更重合作。在调查中发现学生在阅读后更喜欢与其他同学交流分享，甚至一起进行研读。

2. 批注式阅读使学生更自觉。通过观察，发现学生的阅读兴趣不断提升，阅读的积极性空前高涨，批注式阅读习惯基本养成。

3. 批注式阅读让教师的角色进行重组。教师由之前的“讲师”转换到“导师”。教师先确立研读主体和任务，提出相关进度和要求，然后组织学生进行团队合作交流，形成头脑风暴。在这个过程中，要着重组织交流，对学生交流内容进行总结，引导学生对文章进行深入解读，从而提升他们的阅读审美能力。

三、存在问题

1. 整体观念不强

阅读应该是把书读厚和把书读薄的过程，在此过程中要从整体上建立大框架，树立大局观念，从意识层面照应审美，但是从学生的反馈来看，仍然是只见树木不见森林，他们能钻进去，但跳不出来，批注式阅读教学在这方面需要进一步加强研究。

3. 深入度不够

学生的自主批注是一种精读，要求潜心默想，沉入字里行间去涵泳。但在实践中，学生更多的只是对文本进行字词句方面的赏析，或者对某句某段的感悟，缺乏更理性更深层次的思考。

四、改进设想

（1）继续完善教师教学步骤、环节，在培养学生整体上和局部上下功夫。

（2）寻求规范化表达与个性批注的切合点，看是否能探索出一条既能发挥学生个性阅读又符合现在考试要求的道路。

（二）课前五分钟：学科趣味活动，素养展示平台

语文、英语、政治、历史、地理、化学等教研组，根据自身学科特色、课标关键能力要求以及学生核心素养培育要求，开展了丰富多彩的“课前五分钟”学生自主学习活动，取得了良好的效果。

以中学政治组和化学组的探究实践为例。

“思想品德课中课前新闻演讲选材和呈现”研究报告

梁勋、陈洁

一、研究背景

“课前新闻演讲”是初中思想品德课堂的一个特色和亮点，旨在提升学生的人文素养和政治素养；培养学生筛选信息的能力、独立思考的能力、运用多媒体技术的能力以及演讲与表达能力等；也可以开拓学生的视野，激起学生对国内外事务和社会时事的关注，培养学生的社会责任感。为此我们将每一节思想品德课的课前五分钟交给学生进行新闻演讲。然而在实施过程中，学生的演讲存在选材不当、呈现不精彩等问题，使得效果打了折扣。因此，对学生进行选材和呈现方面的专门研究和指导显得尤为重要。

二、理论依据

打造 MIFE 高效课堂需要实现学生在“做中学”“悟中学”。而新闻演讲环节完全交权于学生，正符合 MIFE 高效课堂的要求。教师对学生讲新闻的内容和方式进行适当点拨、指导能帮助学生更好地完成这一任务，提升新闻演讲环节的价值。

三、目标内容

1. 通过观察归纳出学生在新闻演讲选材和呈现方面出现的问题有哪些；

2. 分别针对选材和呈现中出现的问题研究相应的改进措施和方法；

3. 将研究成果反馈给学生，指导学生打造更好的新闻演讲。

四、思路方法

1. 观察法（观察学生演讲中存在的问题，归纳出来）

2. 案例分析法（通过典型案例分析，得出改进措施）

五、时间部署

1. 前期准备：第一年 10 月份，完成课题意义和价值研究，申报课题；

2. 实施阶段：第一年 11 月～第二年 2 月，归纳本学期新闻演讲环节存在的问题；

第二年 3～5 月，研究相应对策，形成课题成果；

3. 总结实践：第二年 6～7 月，将研究成果反馈给学生，总结成效，结题汇报。

六、研究发现

通过细致的观察和归纳，我们总结了学生在新闻演讲时存在的主要问题：

（一）选材时出现的问题

1. 偏离主题

思想品德课课前新闻演讲要求选材贴合思想品德课的教学目标，内容积极健康，充满正能量；具有教育意义，能够在拓宽视野的同时引发同学们对于身边事、社会事、国家事的思考。但是有的学生在选材时只注重选取自己感兴趣的话题，而偏离了这一主题。例如：男生喜欢讲一些游戏开发研究，篮球、足球比赛等方面的话题；而女生喜欢聊娱乐明星的生活状态，甚至一些未经证实的娱乐八卦等。这些新闻不利于学生成长，还会引起课堂骚动，使学生久久不能收心学习，产生负面影响。

2. 选题过大

有些学生一接到新闻演讲任务，习惯于点开主流媒体网站，拿国际时事政治话题，泛泛而谈。比如，美国大选，欧洲难民问题等。尽管是时政热点，但是这些国际时事谈起来比较抽象和空泛，切入口太大，会显得主旨不明，难以讲清。以学生的思维能力也很难将这些问题真正理解透彻，达不到教育的目的。

3. 主旨不明

有的学生在查找资料的时候一味贪多，一次演讲选取的内容多而杂。于是新闻演讲中前后几个主题没有关联性，主旨不明，而且拖延时间，影响了后面的课堂教学。比如，本学期有一位同学演讲中首先介绍了“两会”，然后又讲到我国公民在国外也一样享有公民权利，在发生各种紧急事件时，国家会保障他们的权利。这个演讲虽然与书本知识是关联的，但两个新闻事件没有直接联系，放在一起讲既显得牵强，也因为内容太多超时了。

4. 主题过时

网上查找资料往往面临海量信息，有的学生不擅于筛选信息，有时候将一些过去很久的话题当“新闻”来讲，失去了新闻演讲的时效性。

5. 话题重复

美国大选时，很多同学选材定为特朗普与希拉里的竞选，甚至同一个班讲了几次这个问题，有很多内容重复出现。

（二）呈现时出现的问题

1. 课件制作问题

部分学生课件制作的水平不高，出现以下问题：

(1) 字体不清：课件背景过于花哨，字体太小太多，使课件中的文字难以看清；

(2) 文字信息过多：没有对文字进行精简，按照自己的理解整理成文稿，只是将网页新闻中的文字原样照搬，读起来生涩，难以引起观众的兴趣；

(3) 逻辑混乱：整个课件只是文字和图片的大量堆砌，没有逻辑和层次，显得凌乱。

2. 语言表达问题

在上台呈现时，学生主要有以下问题：

(1) 紧张：有些学生平时上台锻炼得很少，需要单独上台发言时会显得拘谨、局促不安，不自觉地在讲台上乱动肢体，语言磕巴；

(2) 照本宣科：在准备不够充分时，很多学生会习惯于对着自己的PPT念，与底下的观众没有任何眼神的交流，演讲的过程成为宣读新闻的过程，有的对自己的新闻稿不熟练，还会出现不识字、断错句现象，自己念出来都不明所以，更不用说要吸引观众；

(3) 重复啰嗦：有些同学的表达不够精练，重复某些观点，对自己的演讲没有自信。

3. 时间控制问题

课前新闻演讲要求控制在3～5分钟，但有时候会出现超时的情况。有时是学生讲得太久，有时是话题引起了学生的共鸣，引发讨论热潮，不好强行终止。但是超时会影响后面正课的教学，拖慢教学进度，所以还是需要严格控制。

4. 只述不议

我们要求新闻演讲不但要讲述新闻事实，还要对新闻发表自己的看法。但有些不重视新闻演讲的学生只图完成任务，陈述了新闻事实后并不能讲出自己的见解。还有一些学生选取了比较深、比较大的话题，自己都没有认识到这个问题的本质，无法说出令人信服的道理。这样讲新闻虽然也能拓展视野，但是不能培养学生剖析问题、逻辑思维的能力。

（三）其他问题

1. 部分学生参与度不高。虽然绝大部分学生认可新闻演讲环节的价值，也十分愿意参与制作和讨论。但是这个环节仍然有不少边缘学生，尤其是每个班都有部分女生，对时事政治不感兴趣，参与度不高，既不愿意上台讲，其他同学讲的时候也没有认真听。

2. 对正课教学多少有一些影响。我们的课程本就是按部就班，环环相扣，而且教学任务比较紧张。新闻演讲环节占据了每节课的前五分钟甚至更长的时间，多少会有些影响教学进度；另外，有时候讲到学生感兴趣但是又与本堂课教学主题不符合的话题时，会引开学生的兴趣点和注意力，导致学生很久都不能回到课堂中来，干扰了正常教学。当然，这一方面的负面影响不能掩盖新闻演讲环节带来的诸多价值，开展这一活动还是非常有必要的。

部分家长和学生不重视。有极少数学生和家长反映，新闻演讲给学生造成了不必要的负担，认为学生原本的课业负担就很重，回家还要上网查资料、做课件耽误了时间，会影响孩子的成绩。

表 3-9 思想品德课课前五分钟新闻演讲评价

评价项目	基本要求	权重	得分
时长	时间控制在 3～5 分钟（新闻呈现 2 分钟左右，发表见解 2 分钟左右）	10	
演讲主题	贴合思想品德课的教学目标，内容积极健康，富有正能量，能够发人深思，具有教育意义	20	
新闻时效	新近发生的新闻事实	10	
评析感悟	形成自己的观点，表达对新闻的看法和见解，谈新闻给我们的启示	10	
课件制作	层次分明，图文并茂，熟练运用信息技术手段，整体效果精美，演练流畅	10	
表达呈现	（1）语言表达：语言流畅、普通话标准、内容熟练、观点鲜明、传递正能量 （2）台风：轻松自然、落落大方 （3）表现形式：多样化（个人、模拟情景、团队合作等）	20	
学科素养	运用所学知识分析实际问题，体现学科思维，培养学科素养	10	
创新思维	观点新颖，形式新颖	10	

评分细则：

1. 时长：超过 5 分钟酌情扣 1～2 分，太过简短，敷衍了事的扣 1～5 分。

2. 演讲主题：新闻选材要具有典型性，主旨不明的扣 10 分左右；选材要尽量贴合思想品德课的教学目标，内容要积极健康，富有正能量，过于偏离教育主题的，没有教育价值的新闻（如娱乐新闻等）酌情扣 10 分左右；主题过大，超出学生的思维水平和知识能力太多的，演讲者本身也不能驾驭好的，酌情扣 5 分左右；重复讲同一个话题，又没有新的见解酌情扣 5 分。

3. 新闻时效：最好是近 6 个月内的新闻，时间太久远的，酌情扣 1～3

分；如果是旧闻新说，需要有关于事件的新的进展，并发表自己新的见解。

4. 评析感悟：有自己的新闻见解，只阐述新闻事实，没有自己评析和感悟的酌情扣 5 分左右。

5. 课件制作：课件制作要精美，字太小的、看不清的酌情扣 3 分，制作水平不高的扣 1～3 分。

6. 表达呈现：内容不熟练，语言磕巴或照着课件念的扣除 1～3 分，表情、动作不自然的，肢体动作过多、台风不好的扣除 1～3 分，表现形式多样的可以酌情加分。

7. 学科素养：能够结合课内所学知识分析实际问题的可给满分，不能运用的酌情扣 2 分左右。

8. 创新思维：无论是形式、内容还是观点，只要能够有所创新的给满分，不能做到的扣 2 分左右。

初中化学课前五分钟朗读有效性探析

刘丹

1. 阅读能力的探究与界定

阅读是人类最普遍、持续最久的学习行为之一，通过阅读，人得以搜集信息，获取知识，传承文化，更好地认识自我、感受环境、认识世界、适应世界，最后改变世界。在化学科目的应用上，化学阅读能力是一种提升学生化学素养的重要途径。

2. 培养化学阅读能力的最佳练习——朗读

化学阅读大致可以分为朗读和默读两种。朗读是出声地读，利用语音、语调、重音的变化帮助我们更深地体会和表现课本的知识结构、梳理知识脉络。而默读是不出声地读，它可以更好地提高我们的阅读速度，集中注意力进行边读边想。对于阅读的入门者而言，朗读是所有认知行为中最能促进专注力的。

3. 初中化学朗读现状分析

根据笔者的调查：大部分学生朗读的兴趣不大，认为教学中应当通过课前阅读提高化学基础的学生较少。

4. 化学课前五分钟朗读研究

1. 培养朗读兴趣，加强教学效果

本课题按照课题计划正常开展。根据初三化学的教学进度，总结归纳了各单元的知识要点，并整理成知识清单发放给学生。在所任教班级，让学生课前五分钟朗读知识清单，一是能让学生以最快的速度集中精神投入课堂中来，二是能让学生每天利用固定的时间朗读知识点。在教学时围绕知识清单加强学生对于知识以及问题的认识，加深学生的记忆；另外，在课堂上将提问的部分答案适当放在知识清单上，并予以合适的引导，能大大地提升学生对于课前朗读重要性的认识，并梳理知识的系统建构框架。

2. 课前朗读五分钟有效性分析

课前朗读的有效性，主要体现在时间掌控和朗读识记和理解程度。经过与学生的沟通交流，以及几次常规测试发现：1. 学生对于化学课堂学习的积极性提高了，课堂气氛更加活跃；2. 学生当堂掌握化学知识的程度加深，化学测试的及格率提高，尤其是化学基础中下游学生的提升幅度比较明显；3. 学生思路更加清晰，善于提出问题和解决问题；4. 学生逐渐培养出良好的朗读习惯，掌握了一定的阅读方法和技巧。

通过以上研究可推断，化学课前五分钟朗读的教学措施，能在教学中潜移默化地培养和提升初中生化学能力和成绩，但由于时间和个人研究水平有限，对其中有效性分析的界定还不够全面，还有待深度研究。

（三）课堂微写作：增强深度理解，拓展系统思维

读书使人明智，探究使人明理，交往使人练达，研学使人修悟。各种学习方式，都是促进学生全面和谐可持续发展的重要途径和依托。而写作，是一种使人严谨的学习方式。

在迈乎学习的世界里，主张引领学生采取各种因地制宜、多元互动的写作方式。其中，课堂微写作，成为很多学科学生自主学习的重要突破口。

什么是微写作？怎样推进课堂微写作？我们以最先开展课堂微写作实验的初二语文备课组经验为例，管窥其中奥妙。

课堂写作精准训练：跬步至千里，课课有提升
——以部编版语文八年级上册教材为例

初二语文备课组

（主持人：黄颖，参与人员：雷静、万湘初等）

一、研究背景

那日在办公室闲聊，英语老师笑问："现在的孩子们还是三段大法好吗？"我认真回想，"不，已经是五段大法，至少记得正文要分段。"她忍俊不禁，"那司马迁是不是又被宫刑？屈原投了多少次江，个个都为爱迪生贡献了999个灯泡吗？"我们相视大笑。

是的，十几年过去了，孩子们依旧害怕着文言文、周树人、写作文。长沙升学压力下的阅读匮乏、信息时代的碎片化阅读习惯、严格评分与快速阅卷下的夺分模式等，写作依然让他们"闻者流泪，写者伤心"，更遑论新版部编教材中对文体写作的专题强化了。课上写不完，每周的周末作文更是惨不忍睹，感叹作文教学与写作难处之余，在学校的教研号召下，我们三名老师决定从切实训练着手，就抓住课堂时间与每日作业，进行写作的精准化训练，将大作文分解为句段篇的逐步练习，并准确把握单元训练重点，形成具体可行的训练方案。

二、研究目的

尝试总结课堂微写作模式与作用，并以八上教材为例，进行实践探究。

三、研究内容

八上教材微写作教学设计、学生习作讲评与二次创作等

四、研究方法

文献阅读法、实验法、实证研究法等

五、课题研究成果呈现

无独有偶，在我们进行探索的时候，长沙市发动各学校老师一起进行写作序列化的专题探索。他们重视单元选文对写作点训练的支撑作用，这点是共用的，但在体例上，却又有所不同。

表 3-10　写作序列化与课堂写作精准化训练的异同

差异	写作序列化	课堂写作精准化训练
载体与课时	单元为依托，单独成写作专题训练	单元为参考，单篇课文为主例子，与正常授课结合，以精练高效为主
构成	大量主题性群文阅读 题目以点评感悟、仿写、小作文、大作文为主，训练点具体且有细致指导，系统性强，人文审美性强	以课文为依托 以大纲、微型作文为主题，意在分解大作文压力，强化文体意识和训练考场写作技巧 难度小，灵活度高，占用课时少
示例	巧用比喻，写景抒情	新闻拟题训练——八上一单元 象征手法与托物言志——仿写《白杨礼赞》

参与写作序列化为我们提供了研究的新思路和参考：写作，尤其是初中生写作需要大量优秀范本。八年级上册教材共 6 单元，涵盖了写景抒情散文、写人记事记叙文、说明文、新闻等，文体意识得以进一步强化，写作活动为新闻写作、学习描写景物、说明事物抓住主要特征、表达要得体四类，重视写作中学生需要指导的重难点，具体细致。经过讨论整合后，我们在教学实践中总结了以下体系的写作精准化训练。

表 3-11 写作精准化训练操作

课题	课堂写作精准化训练	
内容	1. 文体知识落实训练 2. 审题与写作结构训练 3. 写作技巧手法训练	
类型	1. 文体知识落实训练	此训练针对说明、议论、新闻等初中生初学文体，以拟题、大纲归纳、独立写作大纲为主，目的在于迅速把握文体特征，并能梳理完整、清晰的文章结构。 如八上一单元的 1～2 课体现新闻标题的概括性，《“飞天”凌空》和《一着惊海天》就是新闻文学性很好的参考。结合学生生活，可参考 UC 新闻标题党，在训练中，以短小材料为主，可要求学生现场补充导语或拟题训练
	2. 审题与写作结构训练	此训练是基于中考作文的大变革来说的：材料作文、话题作文成为新潮流，而命题作文也不能掉以轻心。训练模式以材料为依托，或以课文主旨为基础，请学生有次序地进行分析、梳理，并学会挑选立意，安排详略与写作材料。建议教师以单篇课文的主题为依据，联系课内外进行设计。 以八上四单元《白杨礼赞》为例，可进行单段仿写，尝试象征手法写作，并总结归纳常见象征物及意义。又如对 15 课《散文二则》的哲学意义思考，可作为材料进行头脑风暴，探索审题立意
	3. 写作技巧手法训练	此训练主要以词句赏析更换、片段作文为主，以课文经典文段为主，进行某一手法和技巧的训练，对大作文中的点睛佳句和小作文有较大帮助。 以《背影》为例，联系学习过的《从百草园到三味书屋》可设计若干场景，请学生参考父亲买橘子与爬月台段落，进行动词锤炼，或对人物的动作、神态描写进行练习
模式	第一步片段/关键词	以课上 5～10 分钟的即兴创作为主，重视句子、段落写作或对材料进行关键词的概括，从中挑选立意
	第二步大纲	根据文体特点及写作主题，由学生根据课上讨论进行大纲创作，教师应提供明确的参考，并针对性指导
	第三步大作文	前两步耗时不多，但把大作文已经分解，难度降低，且可进行讨论丰富彼此的创意，后续可利用作文课和周末写作完善

可见，课堂微写作的核心秘密在于促进学生理解力、分析力和表达力的升华。

此外，政治、历史和英语组等文科教研组，也积极开展各种形式、具有学科特色的课堂微写作活动。如：新闻评论、史实感言、英语文化赏析等。

（四）典型题例本：钻研学科特点，重点难点突破

在迈孚学习引领下，我校所有年级都重视典型题例、错题与其他类型的好题收集工作，典型题例本成为爱学习会学习的学生最时髦的标配。

各学科组和备课组都对本学科错题好题本的积累进行指导，并进行检查督促和评比。每周班主任与科任老师都会通力配合，检查1～2次，并进行点评和表彰，同时落实到常规学习管理的学分之中，适时向家长通报情况，不定期地向年级组和学部推荐表现优秀的学生。

在目前的探索过程中，我们以评促建，充分调动师生的积极性；我们搭建平台，让师生之间相互学习。错题本的构建看似学生的个体行为，实则于无声处体现了MIFE的开放、互动和高效等积极要素。价值引领、习惯养成和内化于心才是我们教育的终极目标，也是迈孚学习的落脚点。

学生存在的问题或疑惑：（1）错题选择缺少科学性；（2）错题收集过程方式单一，过程烦琐；（3）错题完成后如何使用，新的相似题的出现如何举一反三都是需要讨论的问题；（4）对错题收集的目的和意义需要进一步强化，部分学生仍然没有错题收集习惯，学生对其有效性有所怀疑。

后续工作的思路和方向：

（1）加强对学生方法上的指导，进行科学性的规划和实施；

（2）可以进行错题作用的调研，对成绩的跟踪对照，用数据说话，让观望的学生尽快开始收集和使用错题；

（3）教师方面也要加强教研和错题资料的收集提炼，发挥示范引领作用；

（4）尽量提高学生纠错的能力。

依据上述各种学习形式的描述，自主学习方式的过程模型可以总结如下。

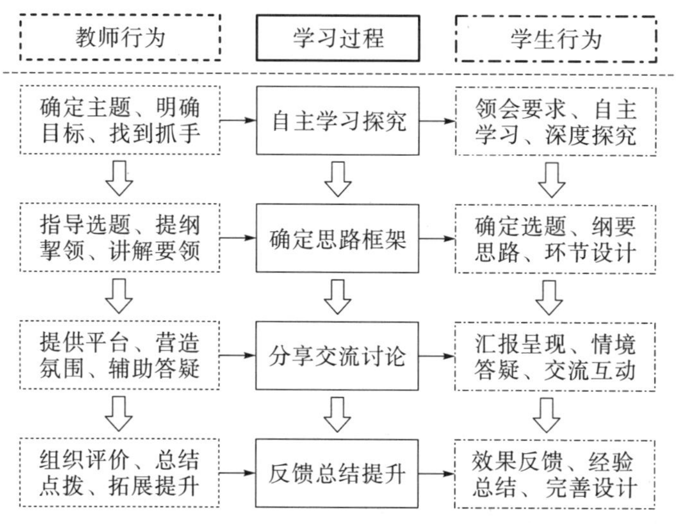

图 3-1 自主学习方式的过程示意

从以上图示可知，自主学习方式大体有四个环节：自主学习探究、确定思路框架、分享交流讨论、反馈总结提升。其实，每一过程中，教师和学生都互动参与，以学生为主体，以目标为导向，以问题为抓手，实现学习过程的有序提升。自主学习的过程实现了教师的智慧经验与学生的探究创新有机的融合。

自主学习的精髓是学生对学习和社会生活的意义建构。这种建构离不开教师的引领，离不开学习方式的创新，更离不开学生主体性的创造性发挥。这种建构既要涉及知识能力的突破，又要涉及情感态度价值观的升华，更要涉及学生思想灵魂的浸润。自主是形，自修是骨，自省是神，自悟是魂。

二、合作学习方式创新：迈乎学习的突破成果

合作学习的基本过程体现了自助和互助的集体智慧。迈乎学习建构合作学习方式过程模型如下。

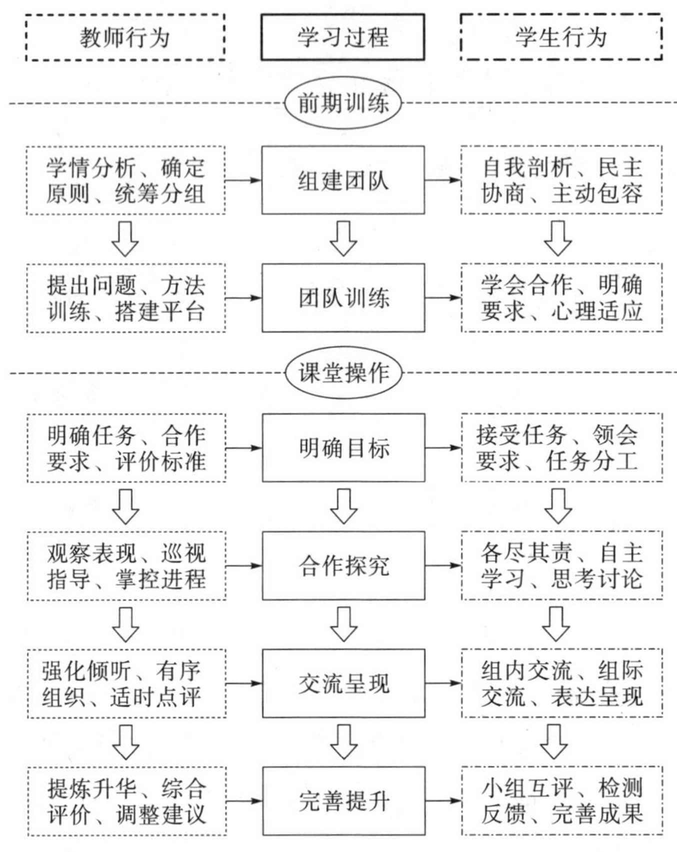

图 3-2　合作学习的学习过程示意

合作学习在新时代呈现出新的表现形式，表现在生生合作、师生合作以及人与资源合作等多种变体形式。

（一）师徒结对行：加强学习互助，增进理解交流

合作学习，首先是人与人的合作。三人行，必有我师。师徒结对行是我校迈孚学习理念下一种新的合作学习模式。

师徒结对行的操作基本过程：每个学生根据自身学习情况，进行自评，提出期望和要求。团队根据学生自评和期望，结合平时表现、作业情况和学业成绩等统计数据以及团队人员综合平衡情况，提出师徒结对名单建议。班

级进行二度调整，最后形成整个班级师徒结对名单。

师徒结对行涵盖课堂学习的各个环节。

首先，推行课前预习师徒结对行。师傅与徒弟，交换预习思路、预习资料和预习方法。徒弟要多请教。师傅对徒弟的预习效果进行抽查。比如通过课前检测，检查笔记本，识记内容抽背，师傅对徒弟课前预习情况进行评分。课前预习也可以采取一些有趣的交流活动。如，利用“一起做作业”等软件，或者利用学校提供的微课等在线学习资源，开展师徒“共听一堂课”等活动。

其次，推行课堂学习师徒结对行。师傅与徒弟，尽量安排在同一个团队或者就近安排座位。课中小组活动和特色活动中，师徒捆绑一体。徒弟准备学习疑问卡，随时向师傅请教。师傅能三言两语讲清楚的，及时点拨。一时半会讲不清楚的，留到下课再进行个别化辅导。师徒之间互相监督、互相交流、互相评价。

再次，作业检测师徒结对行。课堂作业中的困惑疑虑应及时开展合作探究，实时解决。师傅要多注意方法的引领与习惯的养成。因为很多学科都采取了分层作业，这就要求师傅和徒弟之间要有所约定，以便进行顺畅的交流与互动。

（二）互文本阅读：推进人本互动，探幽情景意义

学生与文本的互动是合作学习方式的较高境界。互文本阅读是一种影响力突出的文科悦读学习方式，尤其是语文和历史阅读。

互文本阅读，也称作“互文性阅读教学”，就是指阅读过程中，引入互文本群的概念，引导学生认真阅读目标文本，并深度挖掘同类型文本，与不同的但相似的人物对话，深刻理解人物境遇，深刻领悟文本隐含的思想意义与社会意义。这是一种人文底蕴深厚的基于人本互动又高于人本互动的学习方式。

互文本阅读的基准是选择有代表性的文本作品，关键是选择和安排与文本有某方面同质特征的系列文本，难点在于搭建学生与文本互动的各种平台

和把握层次性线索。互文本阅读对教师的专业素养提出了很高的要求，对学生的学习探究能力也提出了挑战。

互文本阅读主要策略：一是典故、引语。用文本中的典故、引语来构建互文本，实现以文解文。二是背景材料。以时代背景、同时代其他人物作为人物形象分析切入点。三是相似文本。引入与文中人物相契合的互文本，深化理解。四是文艺评论。相关权威文学批评论著，研究作品的接受与批评史，增强阅读体悟。

比如，《花木兰》的学习，学生们阅读并分享了《乐府诗集》中其他女性形象：《孔雀东南飞》刚烈忠贞的刘兰芝、《陌上桑》机警善辩的秦罗敷。学生们还展开了拓展评论，解读了一些众人熟知的女英雄形象，如穆桂英和梁红玉等。甚至有心的学生居然解读出了雌雄同体、双性性格机制等方面的问题。

互文本阅读面临的问题和改进的方向：1. 互文本的引入时机。2. 文本人物解读的逻辑起点和落脚点何在。3. 杜绝教师话语霸权，在课前下功夫。4. 知识储备瓶颈下的模式僵化危机。

（三）“多觉”新课堂：实现人机互动，提升学习效能

“多觉”新课堂，是新时代合作学习中人机互动的高级学习方式，为迈乎学习视域下提升学生学习效能开启了一扇新的大门。多觉包括感觉、知觉、听觉、视觉等各个方面。

1. “多觉”新课堂新在哪里?

泰勒在《课程与教学的基本原理》中阐述道：使用一切有利于学生建构完整思维框架、深入理解知识、提高审美能力的教学材料与手段。

中国自古以来就有乐教思想。古人学习的“五经”就包含“乐”的内容。《礼记》《论语》《老子》等也谈及音乐对人类品德、感情的熏陶作用。

“多觉”新课堂打通了学习者的多觉感官，以喜闻乐见的形式，让学生接触学习内容，增强直观感受和体验，启发深度思考，促进深度理解和应用。

比如，语文教学中引入“多觉”新课堂，会营造一种“二维文字—立体感知、快乐感受—积极背记、意义阅读—审美情趣”的良好氛围。初一年级的黄颖、雷静等老师，就深谙此理，开展了卓有成效的课改实验。

她们在记叙文学习中，组织学生用男女对唱版和赵鹏版《童年》，身临其境地学习《从百草园到三味书屋》；在人物传记学习中，组织学生用《学堂乐歌》、人物纪录片《两弹元勋邓稼先》学习经典作品《邓稼先》；在小说学习中，组织学生用筷子兄弟《父亲》这一音乐作品助学小说《台阶》；在诗歌学习中，组织学生用《黄河船夫调》《黄河大合唱》以及视频《壶口瀑布航拍片》来学习大气磅礴的《黄河颂》；在夹叙夹议类文章学习中，组织学生用闻一多演讲视频和电影遇刺片段来深度学习《说与做》；在回忆性散文学习中，组织学生用同名水墨动画片赏析来理解《阿长与山海经》。

2. “多觉”新课堂的操作要领

“多觉”新课堂的要素有：

（1）背景音乐。多用于诗歌教学、史实朗读以及散文朗诵指导，增加课堂氛围。同时也适用于英语文化赏析学习中。

（2）歌曲视频。多来源于电影、纪录片、影视剧。其目的为帮助学生知人论世，拉近时代距离。

（3）活动拓展。以合唱、观后讨论、综合主题研究等课堂活动、观后感、鉴赏以及研究性学习等课下作业为载体，促进理解学习内涵与复杂主题、人物内心等。

（4）翻转课堂。MIFE 微课、微视频、学生主场展示解读、活动成果等，提高课堂效率。

“多觉”新课堂在英语课堂的应用非常典型。

微课在初二英语课堂教学中的辅助作用观察报告

初二备课组（主笔：聂媛）

微课在初二教学中的辅助作用十分明显，现特汇报如下。

（一）初二英语微课的类别

1. 语法讲解类

初二英语教学中，语法的讲解可以作为课前预习部分和课后答疑部分。这里主要讨论课前讲解部分。

语法讲解类微课既是作为课前预习，那么教学设计上就必须注重启发引导而不是语法条框的罗列。比如，笔者在做定语从句的微课时，注重对初一初二学习过程中所有做定语的语法项目用具体的例子进行比对，学生自行总结，再引导出定语从句的含义和作用。

2. 答疑解惑类

初二学生英语学习过程中，对完型、阅读、回答问题、补全对话等考试题型的训练是十分重要的，而除了单元测试和作业，英语课堂教学中对这些问题的系统讲解还是比较少的。学生在答题中需要解题思路的讲解，需要解题技巧的点拨。那么，在这类微课中，需要仔细分析学生易错题，并将学生错误率较高的题目标记出来，有针对地讲解，讲解时还需做好教学目标，在最后总结部分归纳做题思路，便于学生记忆。

3. 情感感悟类

此类微课主要对课堂教学有很好的辅助作用。很多学生活动或者国内外相关音像资源，都可以通过这类微课进行展示，让课堂教学充满趣味，同时，也让课堂变得更高效。

这类微课在制作过程中，最重要的是要剪切和合并优质视频资源，有时候只能使用照片合成视频，对信息技术的要求较高。比如，笔者在讲解志愿者工作时，专门挑选了几个国内外阐述志愿者工作的意义的视频进行剪辑，使得谈论这个话题时视野可以更广阔一些。

4. 技能训练类

初二教学中，对于技能训练类的微课无非是关于“听说读写”。教师在设计这类微课时，可根据不同文章不同话题开发技能训练。比如，笔者在初二教学中运用微课制作了一个配音的微课“Yu Gong Moves the Mountain”，学生需要看关键词字幕讲英语故事，让课本中的听力变成了可以看到可以玩的配音资源。

（二）微课对教学辅助应用的深度反思

微课在教学辅助的应用，还有很多值得思考的问题。

1. 如何保证所有学生都能下载学习

在谈“智能手机”色变的家长面前，如何消除疑虑，保证周末微课的下载率，是一个非常棘手的问题。笔者在微课试行的最初阶段，发现教学的另一个班级并没有建立 QQ 群，这样使得微课资源不能上传，也无法看到全部家长是否都已下载。因此，首先需要和班主任说明 QQ 群建立的必要，并向家长们说明微课的好处和用法，告知家长下载好微课后，不需要联网也可以观看视频，从而消除家长们对于孩子以观看微课为由上网游戏的疑虑。其次，在家长群宣传学生观看微课后好的变化，使家长对微课有信心。最后，要对学生观看微课后的笔记进行记录，跟踪反馈学生学习热情。

2. 微课设计要兼具科学性和趣味性

很多微课需要学生在课外进行自主学习，但是学生在主动性、自控力等方面存在着较大的差异。为了保证学生能进行学习，教师在设计时必须注意科学性和趣味性的结合。首先，制作微课前教师要有明确的教学目标，并依据教学目标和学生的认知水平选择合适的内容，再围绕内容搜寻素材进行精心的教学设计和幻灯片设计。教学实际应注意设置问题、任务等启发学生动手动脑，激发学生的积极性和学习动机。

3. 微课学习必须与后续反馈和指导相结合

学生在课外进行微课学习并完成相关任务，但这并不意味着微课的学习就结束了，为了保证课外学习的效果，教师必须注重学生学习的反馈并基于反馈进一步指导。对于语法讲解类微课，教师必须设置相关标准让学生在评价组发现并记录问题，以便在课堂上进行研讨指导。对于答疑解惑类微课，教师可让学生建立自己的错题集，并将微课中指导的解题技巧和方法记录下来，形成良好的自主学习习惯，并形成个性化的学习资源。所以，微课只能作为英语教学的一个辅助环节，必须与后续的反馈和指导结合在一起，才能获得理想的教学效果。

三、探究学习方式创新：迈孚学习的质性飞跃

探究式学习是一种主题性很强的深度学习方式，是迈孚学习落实学生核心素养培育的金钥匙。

探究式学习的过程模型如下图。

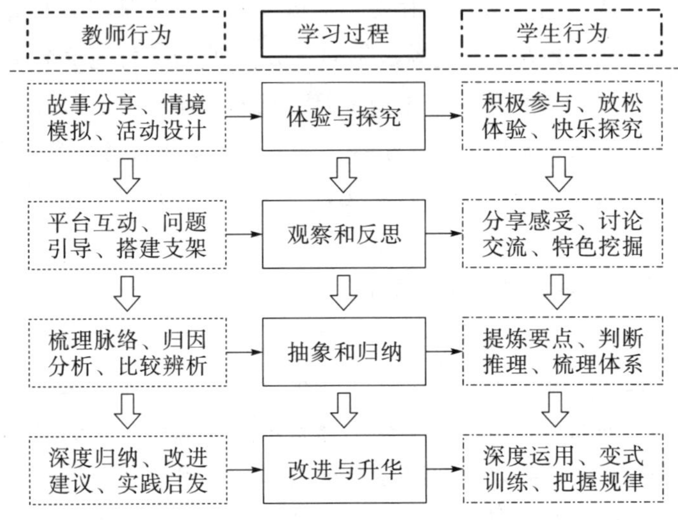

图 3-3　探究式学习的学习过程示意

探究式学习的学习过程主要包括五个环节。在体验与探究环节，教师进行故事分享、情境模拟、活动设计，学生积极参与、放松体验、快乐探究。在观察和反思环节，教师进行平台互动、问题引导、搭建支架，学生分享感受、讨论交流、特色挖掘。在抽象和归纳环节，教师进行梳理脉络、归因分析、比较辨析，学生提炼要点、判断推理、梳理体系。在改进与升华环节，教师进行深度归纳、改进建议、实践启发，学生深度运用、变式训练、把握规律。

在迈孚学习视域下，学校各学科组开展了探究式学习形式创新。不少的教师，都摸索出了基于 MIFE 课堂改革、基于学科特色、基于自身教学风格或者大数据和云校园建设的探究式学习新模式。

（一）学科单元综合探究——新教材资源整合的典型学习方式

这里的综合探究与综合实践课程的综合探究不尽相同。综合实践课程的综合探究是指确定一定主题后，综合运用多学科知识，以研究性学习为主要学习形式，进行实践创新的综合性学习活动。学科单元综合探究也要运用综合实践课程的理念和方法，但最大的不同在于学科性很强，有学科的意蕴味道，采用本学科的语言体系、逻辑体系、分析方法和研究方法。

学科单元综合探究与分享有一个基本的平台支撑，这就是所有学科的新教材里都有的《探究与分享》栏目活动设计。依据其形式不同，可分为思维拓展型、体验反思型、情境讨论型以及行为导向型等。顾名思义，探究与分享是探究活动与分享活动的结合。学科单元综合探究的周期与单元同步。

学科单元综合探究与分享的目标、内容、形式与方法各不相同，每个学科都有自己的特色，在此不展开阐述。其核心要领是八个字：深度探究、多元建构。

“正确对待金钱”综合探究教学设计

张博文

【自主探究设计的意图】

这一安排主要基于以下考虑。

首先，本单元的知识点是介绍货币、价格、消费。商品价格是用钱来表现的，消费不外乎是怎么花钱。所以金钱观问题与这三课的内容都密不可分。探究正确对待金钱、合理使用压岁钱，有助于学生更好地学习本单元的知识。

其次，正确对待金钱的探究有重要的教育意义。正确对待金钱，在高中生的成长过程中十分重要。随着经济不断发展，生活水平不断提高，这一代高中生有更多的机会与金钱打交道。因此，对这一问题进行探究，可以避免他们陷入拜金主义，树立正确的金钱观。

第三，这一问题有争议性，适合自主探究。有争议性的话题便于在班级形成探讨、争辩的气氛，对金钱观和消费观进行争鸣、分析，有助于提高学生的辨析能力。

【教学主题】

《经济生活》第一单元综合探究的内容是关于正确对待金钱的内容。

【教学目标】

1. 知识与技能：主要是让学生了解金钱的本质，如何获得金钱以及如何使用金钱。培养收集相关资料、筛选信息的能力；培养剖析各种观点的思维辨析能力。

2. 过程与方法：展示并分享合作探究成果，探析学生辩证分析现实生活中对压岁钱的态度和使用情况。

3. 情感态度价值观：在分析、比较、感悟的基础上，认同正确的金钱观，对学生进行正确金钱观的教育，培养学生形成正确的金钱观，同时也培养学生的合作与探究能力。

【教学重难点】

1. 重点：如何正确地对待金钱，形成正确的金钱观。

2. 难点：对待金钱为什么要取之有道，用之有度?

【自主探究活动流程】

1. 肖正组长做课题中期主题汇报。

2. 蔡时光副组长介绍课题的初步研究结论与建议，其他组员补充。

2. 嘉宾总体点评。

3. 分小组讨论，提出修改建议。

4. 张博文总评。

5. 现场改进活动或根据现场情况开展适当拓展活动。

【六】板书设计

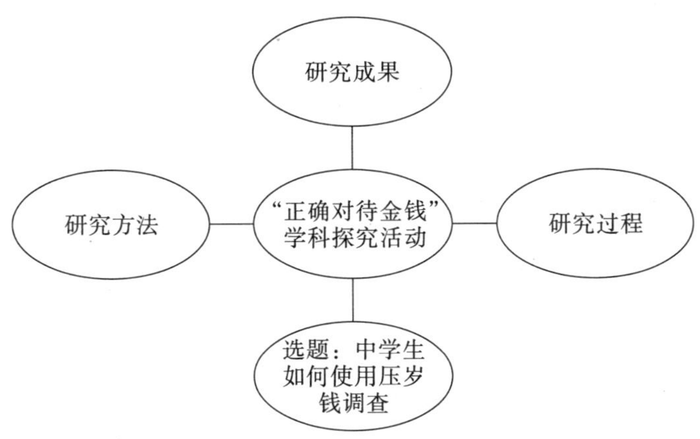

（二）学科个性化板书设计——核心素养培育的特色化学习方式

由教师进行课堂板书设计转变为学生自主学习设计板书，改变学习方式，从而让学生由被动学习变为主动钻研探究性学习。

传统教学中，学生是教育的对象，学生的发展是被动的，教师的“教”与学生的“学”无法拧成一股劲。“自主学习”是通过自学、探索、发现来获得科学知识的新型教学方式。它强调学生是学习的主导者，学生以极大的热情投身到整个学习的过程中，有明确的目的、方向，自主学习能培养学生的创造力和意志力。因此，放手让学生去参加板书设计，可以给学生展示自我、体验成功的机会，在自觉的状态下主动学习，会收到事半功倍的效果。

如何放手让学生参与到板书设计中来呢？最重要的是要给学生的自主学习提供展示的舞台。

1. 鼓励学生上台板书，把黑板交给学生

黑板不仅是教师的权威教学工具，也是学生成长的平台。因此，平时教学中鼓励学生在黑板上板书，板书涉及知识性的内容，更有学生对课文的深度理解和创造性建构。学生在上台板书中，逐步习惯了在黑板上展示、表达和提升自己。

2. 使用实物投影仪，激发学生的板书设计热情

到黑板板书，只是少数学生的学习活动，不一定有代表性，也难以激发

大多数学生的学习热情。有了实物投影仪，每个学生都能为遴选展示而进行积极的思维活动。学生的精妙设计一旦被选中，就有机会上台讲述设计思路，这就大大优化了学生的学习活动，学生钻研课文的热情就会被点燃。

3. 提供卡纸、画图工具等。

4. 开展各种融竞赛性、益智性、趣味性于一体的板书设计大赛。

下面，推荐两个教研组——初中语文组和历史组的经验介绍，他们在学科个性化板书设计方面非常用心而且取得了良好效果。

教与学的颠覆

——学生自主设计板书，改变语文学习方式的新尝试

马慧萍

语文课程标准指出："学生是语文学习的主人，语文教学应激发学生的学习兴趣……教师是学习活动的引导者"，由于师生这一角色的转变，作为语文课堂教学的重要组成部分的板书，如果还由教师设计、教师书写，必将束缚学生自主学习的积极性和创造性。因此，我把课堂板书作为改进课堂教学的突破口，由教师进行课堂板书设计转变为学生自主学习设计板书，在实践中，尝试教与学的颠覆。

具体操作策略如下：

一、遵循由易到难的原则，让学生在成功中获得满足

1. 第一步，注重文章脉络的梳理。比如：七上《春》《雨的四季》《从百草园到三味书屋》《皇帝的新装》等，这类板块分明的文章，学生很容易抓住文脉，用表格法或段意法清晰呈现。

2. 第二步，着力在细节上钻研。梳理清楚文章的脉络，还只是阅读到文章的筋骨，要想深入理解文章，还需在语言的涵泳、细节的品读上下功夫，方能读出文章的血肉和灵魂。如《秋天的怀念》，学生梳理出文章写作思路：写三次看菊花"我"的情绪变化，从"绝望"到"缓解（改变）"再到"振作"，至此，文章脉络梳理已经完成。但仅仅读到这里是远远不够的，于是我引导学生研读细节，在板书的筋骨枝干上添枝加叶，抓住重点语言、神态、

动作细节中的关键词句进行补充完善。师生共同完成母亲第一次提出去看菊花的细节描写的板书，第二次、第三次分组完成板书，学生学习活动自然扎实，且有个性化解读的可能。

3. 第三步，精于文章主旨和写作特色的提炼。《散步》中的“爱”与“使命”以及对文字之美的凝练概括：“对称回环韵味长，举轻若重情意浓，以小见大主旨深”，在精美的板书设计中，不仅仅是对文本的准确解读，更是对学生的语言的苛刻训练。

二、灵活运用自主板书设计，让学习活动充满创意

1. 课内课外，课前课后，都有学生创意的空间。有时板书设计安排在课堂，小组合作完成；有时安排在课外，可以是课前预习，也可以是课后巩固提升。学习科学小品文《动物笑谈》时，我布置的预习就是研读课文，设计板书，当然是杜绝抄袭参考书上的板书。结果学生交上来的板书设计丰富多彩，富有创意。课堂上我大胆起用设计最好的学生在班上授课20分钟，让学生把自己的设计写到我的教案本上，这种肯定和奖赏会让学生幸福一辈子。

2. 师生研究，修改完善，留下美好的学习时光。教学《台阶》的时候，我沿用画九级台阶板书父亲为造高台阶的新屋付出的艰辛，下课后，学生在空白的右下角给我添了三级低矮的台阶，上面坐着一个舒服自在的“父亲”，在九级高台阶上添上一个佝偻失去生机的“父亲”。这种对比简直是神来之笔，学生是何等的聪明！没有深入的研读，怎能有如此精妙的创意！教了二十多年书的我既惊喜又惭愧，真是教学相长啊！

由教师进行课堂板书设计转变为学生自主学习设计板书，改变语文学习方式，从而让学生由被动学习变为主动钻研探究性学习。

学生享受自学、探索、发现的快乐，我享受着新型教学方式带给我的快乐。学生自主设计板书最大的意义，是激发了学生对语文学习的兴趣，让学生自己成为学习的主导者，学生以极大的热情投身到整个学习的过程中，有明确的目的、方向，自主学习能培养学生的创造力和意志力。

放手让学生去参加板书设计，也就放手让学生展示自我和体验成功，也

就放手让学生自觉地主动建构学习和人生的意义。这种放手，是更高贵意义的捧起和引领。

高三历史趣味笔记（节选）

第一单元　古代中国的政治制度

1. 巧解宗法制

近年高考对宗法制的考查。凡是强调血缘关系的，必选宗法制；凡是考查继承权力的，不管排行，只看嫡庶。

2. 巧记分封制和宗法制的关系

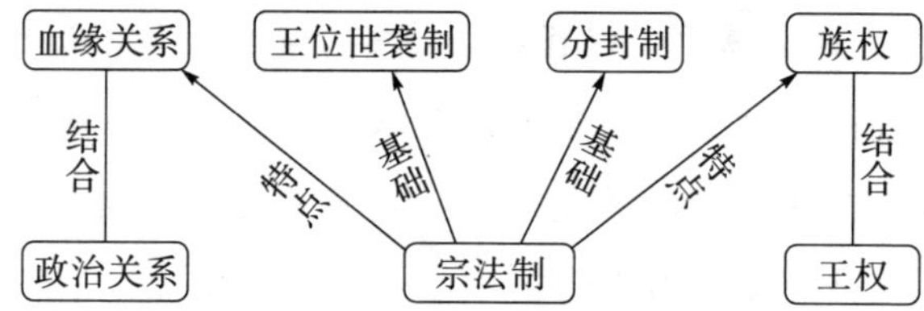

3. 运用图示法记忆，理解中央集权的加强

（1）中央集权与地方分权的斗争示意图

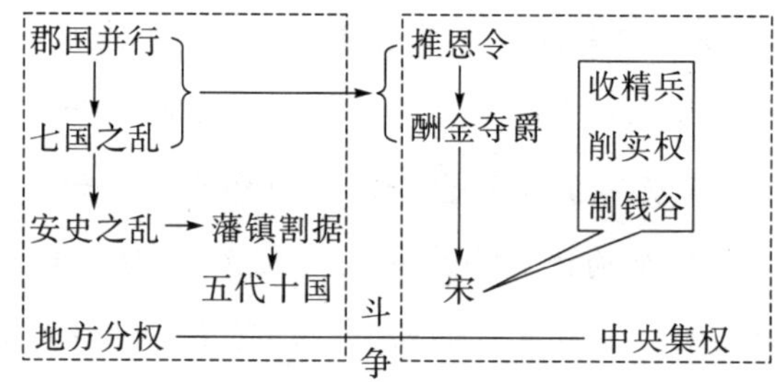

（2）图示郡县制与行省制的不同点

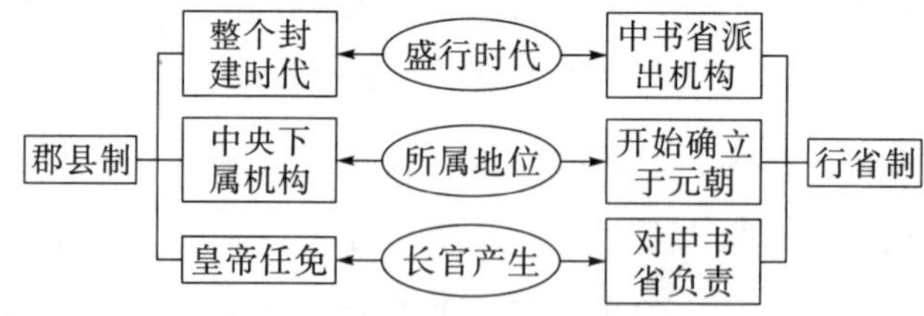

4. 运用图示法概览从汉至元中央制度的成熟

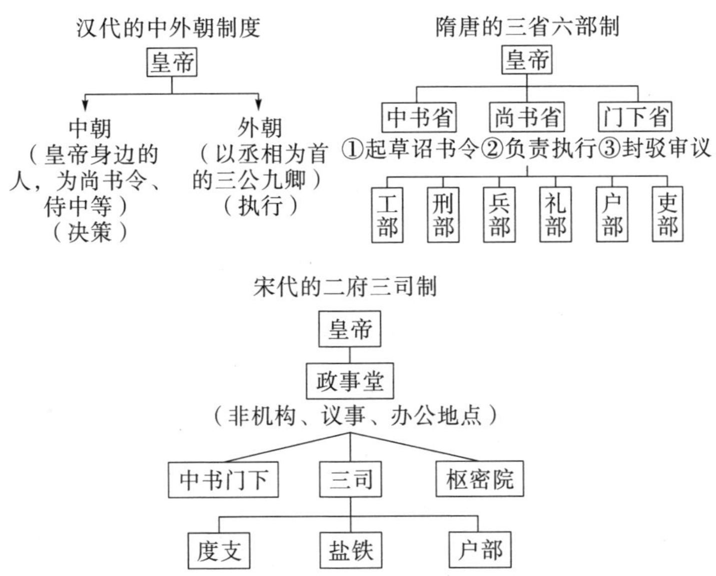

宋朝三省长官基本不参与政事。中书门下和枢密院合称“二府”；度支、盐铁、户部合称“三司”，又称计相，是总管财政的宰相。

元代的中书一省制，设中书省替代三省，为最高行政机关。中书省最高长官为中书令，太子充任。左右丞相各一人，“统六官，居令之次，令缺，则总省事，佐天子，理万机”。

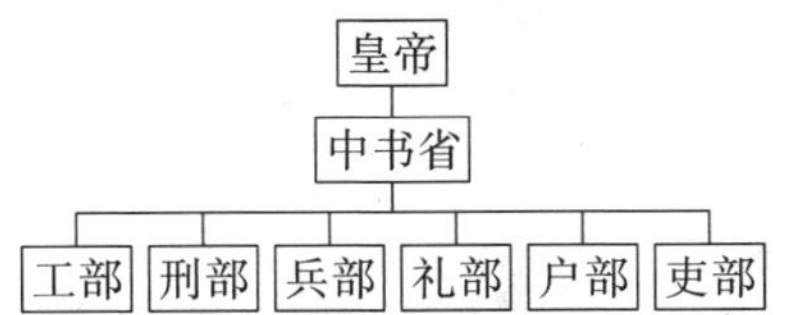

地理组贺新谱老师的手写笔记是麓山国际的一大传奇。从教 36 年，能熟练运用电脑制作课件的贺妈一直坚持手写教案。贺妈的教案有一个最大的特点——图文并茂，而且很多图案都不是教材上的，几乎全都是自己设计。贺妈还嫌学校的教案本太小了，画图会受到限制，所以她都用 A4 的纸来写教案。贺妈的教案还有一个特点就是理论联系实际，针对学生容易出现的错误设置问题、总结规律，便于学生理解。专家来校听课，给贺妈的评价就是“没用课件胜似课件”。

贺妈除了喜欢自己纯手工画教案，还带领学生现场手工作图。

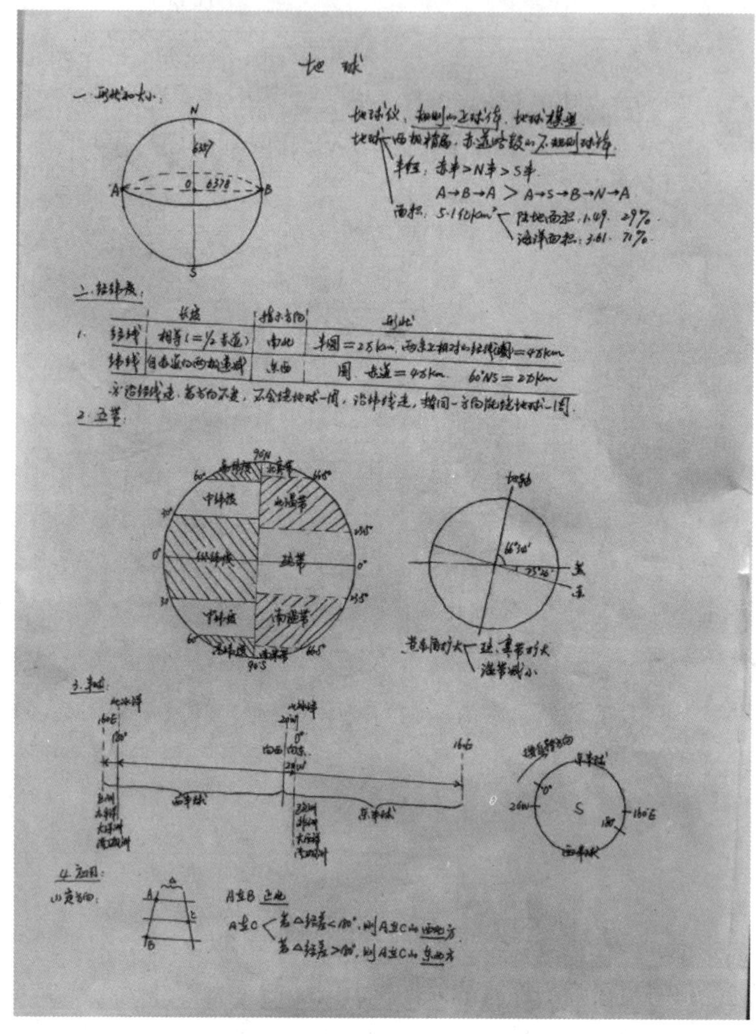

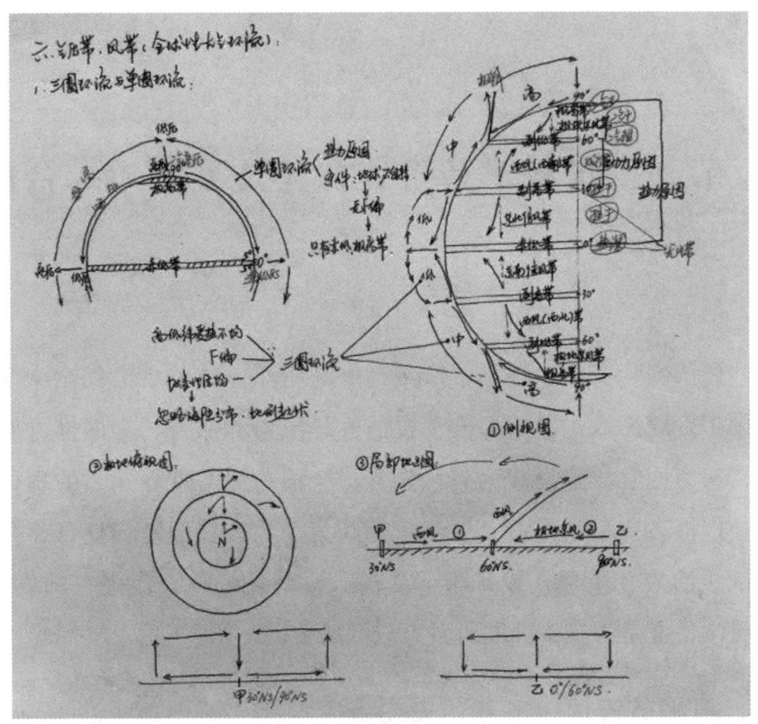

贺新谱家中珍藏着不少学生送给她的礼物，大多数礼物都经过学生巧妙的构思将地理知识设计联系在一起，这已经成了贺新谱与学生之间浪漫的羁绊。有个女同学用卡通元素设计画出了世界地图、中国地图、埃及地图和英国地图。而让贺新谱意外的是，这几幅地图画的创意竟然是来自她上课时的课件教案。

贺新谱还收到过学生为她写的诗歌，她到现在还记得其中的几句：“我们无法送您元宝山，也无法送您攀枝花；但您对我们的爱，像玛利亚娜海沟般深邃；我们对您的爱，就像智利的海岸线般绵长；我们会跟对您的好望角，走向胜利油田！”贺新谱的学生常说，能被贺妈带过课真是值了，而贺新谱却觉得，能够认识教育这样一群可爱暖心的孩子，才是做老师最大的幸福。

第五节　推进科学备考，探秘迈乎学习综合应用

长沙麓山国际实验学校是一所集初中高中于一体的公办完全中学。我校坚持以师生发展为本，不断提升学校的办学质量和品位，全面推进课程改革样板校，努力把学校建设成为省内领先、全国一流、世界知名的现代实验学校。学校以提高质量为核心，以改革创新为动力，在规范、整合和突破中逐步走上依法治校、质量立校、改革活校、科研兴校和特色强校的发展之路。其中，科学备考是我校不断取得骄人成绩的关键一招。

一、抓细节管理，备考功夫在有序落实

欲做强，必做细。我校这些年的教学成绩的取得，离不开上级教育治理的大局，离不开“不断进取、追求卓越”的麓山精神，离不开麓山园丁们夜以继日的默默坚守、教育情怀和奉献精神，离不开家长和学生的配合，离不开学校和学部的科学规划，更离不开年级组和班级的具体落实。

教学管理，细在用心，细在时间安排的规划性和科学性上。让我们一起来看看中考备考的时间轴。

1. 每年上学期召开上届初三中考经验交流会。上届备课组长、班主任、年级组长对上届中考得与失进行总结，并对本届备考提出合理化的建议。

2. 每年下学期离中考 80 天左右，召开中考考纲研讨会，由本届初三备课组长在备课组内充分讨论后，形成本届初三该学科复习迎考方案。

3. 每年下学期离中考 27 天左右，召开中考冲刺会，各科制定各科规范性答题及备考日计划和命题细目表。

4. 每年下学期离中考7天左右，举行祝福初三，为初三中考加油系列活动，对初三学生应考进行心理调适。

5. 初三第一个学期开始，对短板科目的学生集中补短。

6. 长郡初中课程中心在初三第二个学期举行集团教学开放，相互学习，共同提高。

7. 分层教学、分层作业。

2018中考研讨会各科反思重点

语文

1. 整个复习策略：分阶段复习、分板块复习、反刍式复习

分阶段和分板块复习时，每周至少完成一套完整的模拟卷。

反刍式复习时，大量的模拟试卷，查漏补缺，精选错题。

中考前根据中考变化、预测，精心编好原创试卷。

2. 初三第一个学期的计划是以周计划为主，第二个学期的计划则转为日计划，具体到早自习、课堂、听力、课后作业布置哪些内容。

进入初三听说训练英语、语文对半分。

3. 不要把所有的问题都留在初三解决。

数学

1. 一轮复习“精细化”，模拟考试“常态化”，专题训练“精简化”，冲刺训练“规范化”。

（1）一轮复习“精细化”

①精心编写第一轮复习资料　②精细开展每一次教研活动

③精致地上好每一堂复习课　④狠抓基础知识和基本方法

（2）模拟考试“常态化”

把限时训练复习分散到每一周进行，每周二利用连堂课模拟考试，周四讲评试卷，放缓第一轮复习的进度，把第一轮复习与模拟考试穿插进行，可

以让学生更好地适应中考题型，便于学生更好地消化吸收，老师们详细批改试卷。

（3）专题训练“精简化”

对学生共性的难点专题进行专题复习，集中精力复习四边形专题、圆专题、应用题专题、函数与方程专题，注重每一类专题的反思，总结归纳数学思想和方法。

（4）冲刺训练“规范化”

①抓好书写工整，规范卷面整洁，做到字迹清晰，不乱涂乱画；

②抓好解题格式，规范答题过程，做到思路清晰，格式规范；

③抓好得分技巧，规范答题方法，做到得分点清晰，步骤完整。

2. 认真制定学期教学计划，最后一个月冲刺计划，资料编写计划，对最后一次限时训练和三次模拟考试的命题进行周密安排。

英语

四轮计划：

1. 第一轮教材复习——激活

全面复习，温故并牢记各单元单词、短语、句型。（重知识点的识记，轻刷题）

2. 第二轮词汇复习——强化

词汇复习分为三个阶段：寒假预习；第二学期为期 22 天的词汇学习，重在每个单词的运用；持续到中考的至少三轮过关（红本、考纲、红本）。

3. 第三轮语法复习——全面

包括考标所涉及的所有语法点，沿用最经典的 15 个专题选择题，约 10 节课完成。

4. 第四轮：专题和小题训练——精准

翻译、补全、作文的专题以及单选的小题训练。精准，紧扣考纲和近三年中考题型。

物理

1. 第一学期完成九年级所有教学内容，新课教授和专题巩固同时进行。

2. 一轮复习的方法

第二学期进入全面复习。先复习八年级下册的力学部分，再复习八年级上册知识。

其次，复习资料的设计模式如下：

第一部分是“课前诵读”，以填空的形式把要记忆的知识点罗列出来，学生在课前朗读这部分内容。

第二部分是“经典例题透析”，根据考点精选最具代表性的习题，上课重点讲述剖析，这是一节课的核心。

最后一个内容是课后巩固，特设了一个中测，由 10 个小题构成，满分 100 分，限时 10 分钟左右完成，用 2 分钟左右时间讲解、评阅。

3. 培优补短方法

根据多次月考成绩和班主任的推荐，将物理短板生选出来，将名单贴在教本上，及时关注。先集中开会，鼓舞士气，然后提出要求，课堂必须认真学习；作业或小考必须每天送来及时面批；必须有专用错题本；必须每周进行错题巩固；规定每周完成一套中考卷等。

4. 二轮复习及冲刺方法

最后一个月的冲刺复习，主要以综合专题的形式进行，一共选用了 10 个综合专题进行提升训练；同时在作业里还配以小题训练，让基础和综合题同时抓；并对重要的题和易错题再进行整合，再次检测；在临近中考的两周，集中精力攻基础，整理易错小题卷、边缘知识卷、估算小专题、实验重点题卷等。

建议：物理是实验科学，只做到了课堂上教师有演示实验，很少或几乎没有学生实验。建议在初二时年级组能够在一个月内安排一个特定的时间，特定的课表集中做实验。

化学

3 月底完成新课教学，4 月到 5 月上旬为一轮复习，5 月上旬到 6 月中旬穿插二、三轮复习。

复习策略分三步：

第一步是单元复习，最全面的一次复习，这一轮复习重点是抓知识点的强化记忆，将教材上的重点语句进行汇编让学生背诵，将常考的疑难易错语句编写为判断题多角度辨析，增加重复次数，提高得分率。

第二步是专题复习，这轮复习重点是提升学生学习和应试能力，确定推断题、实验探究题、工艺流程图题这三大需要重点突破的专题，在专题资料准备上“双命题、双把关”。

第三步是模拟训练，这轮复习重点是查漏补缺，多角度强化。我们主要用到这几种小卷：（1）8 套长沙市模拟卷，同时，从这几套模拟卷中将出现频率较高且易错的重点试题重新编排了几套选择专项训练和填空专项训练卷。（2）小题卷，我们把一些优秀试题设计成 AB 套餐小卷训练。A 套餐：选择 10＋推断 1＋实验 1，B 套餐：填空 10＋实验 1＋计算 1。（3）方程卷，基础知识多样化、梯度化、情境化，训练学生的基础和举一反三的能力。

政治　主要是对已考题进行二次加工考试。

历史

时间安排：

时间	内容安排
初三上学期 8 月底至 12 月中旬	完成九年级历史上下册教材的学习（新课）
初三上学期 12 月中旬至期末	复习七年级上册、期末复习（一轮复习）
初三下学期开学至 4 月底	完成七下、八上八下、九上九下的复习（一轮复习）
初三下学期 5 月	重点专题复习（二轮复习）
初三下学期 6 月	模拟考试、小题训练、选择题判断题专项训练、易错题训练、答题规范训练

初三历史冲刺阶段复习安排如下：

（1）4 月 23 日—6 月 2 日：进行 17 个重点专题的复习。专题复习重在突破中考的重点和难点，把握好材料题及探究题的相关内容。这轮复习主要是综合训练，以理解、运用层次为重点展开，努力提升学生的答题能力，并进行规范答题的指导和强化。

（2）5 月 3 日—6 月 10 日，每日一背，夯实基础知识。（背记内容用表格打印，走读生每天需家长签字过关，寄宿生同学互相抽查背诵。文综第九节每周一次以填空题形式抽查）

（3）6 月 4 日以后：进行选择题和判断题的专项训练、易错题训练。

（4）6 月 3 日—6 月 5 日，第二次模拟考试。

（5）6 月 11—14 日，查漏补缺。

（二）建议

（1）到五六月份文综月可开历史短板生辅导班。

（2）建议在 2018 年 5 月 1 日之后，统筹安排，要让其他科目老师适量布置作业，要让文综月名副其实，要保证每天至少 15 分钟时间背记历史，让每一天的背记任务落到实处。走读生必须家长签字过关。

从以上经验总结可以看出，教学备考有十个方面的细致工作要抓：有的放矢细规划、团队合作细分工、注重基础细积累、高效研课细探究、规范答题细养成、精选资料细操练、培优补短细攻关、专题复习细拓展、阶段监测细突破、过程管理细评价。

备考经验集中反映在毕业年级备课组的总结报告中，字里行间满满的是务实拼搏、追求卓越的麓山精神。

教学备考的精细化管理也在不断创新。

第一，全面推行教师“积分制”管理。完善管理细则，制定操作流程，规范相关表格，真正发挥“积分制”管理对教师的引领和督查作用，从管理机制上完善教学常规管理和教师管理，实现“积分制”管理与绩效考核挂钩。

第二，深入督导教学常规，让学校“五项规定”落地。“五项规定”的落实与周工作报表、教师“积分制”管理、绩效考核实现无缝对接。

第三，加强检查与通报。坚持周抽查与期中期末教学大检查相结合，坚持树立典型与末尾诫勉相结合，发挥教学检查的诊断、督导作用，教学最大限度向常规管理要质量。

二、抓专题研讨，备考功夫在有的放矢

现代学校治理讲求科学性和生态性，科学备考也要讲求针对性，要能够有的放矢。学校最大的特色，不是外在于形的气派，而是基于品质和内涵发展的豪迈。教师最大的成功，不是让学生多么崇拜自己，而是培养出让自己崇拜的学生。迈孚学习最大的魅力，不在于“往死里学”的铿锵口号，而在于引领和唤醒学生坚持正确的学习方向、形成正确的学习价值观和培育可持续学习的态度能力。

第一，探索“基于标准的学习”的内涵与途径

“迈孚学习”强调以学生为中心，由“教师教”到“学生学”。由教师习惯的学科体系向学生学习逻辑转变。“标准”指国家课程标准和学科核心素养。探索实施途径，关键在于转变教师的育人理念，自觉以“标准”为准绳，变革学生的学习。

学校多层级举行新课标研读活动。教师正确领会和解读课标，课堂教学融会贯通课标，作业检测认真落实课标。

以高中语文组骨干教师佘志斌的高中语文课标研读报告为例。

浅谈语文新课标的“生本”

佘志斌

三国时曹丕在《典论·论文》中尝言：“盖文章，经国之大业，不朽之盛事。”由此也可见语文教育不可小觑，事关家国大事，事关培养又红又专的接班人。

作为指导高中语文教学的课程标准，以生为本、为学生全面发展和终身发展奠基。

一、突出优秀传统文化底蕴，培育民族自信

语文新课标的生本性，最主要体现在树立了“培养豪迈的中国人”的基本方向。必修、选择性必修和选修各个部分，都增加了中华优秀传统文化的内容。新课标要求我们不仅要培养学生的学科自信、学术自信、语言自信、知识自信和能力自信，更要培养学生对社会主义核心价值观的认同，培养学生的价值自信、理论自信、政治自信和文化自信。

二、强化革命传统文化教育，植入红色基因

语文肩负弘扬传统文化的使命，也是落实立德树人，培养社会主义接班人的重要保证。因此新课标要求诵读革命先辈的名篇诗作。课内外读物推荐篇目涉及毛泽东诗词，以及鲁迅、郭沫若、茅盾、巴金等一批作家反映革命传统的作品，让学生体会崇高的革命情怀。同时，鼓励有兴趣的学生精读“一部老一辈无产阶级革命家的诗文专集”和“一部反映党领导人民进行革命、建设伟大历程的长篇文学作品”，撰写研究报告或文学评论，“深入体会革命志士以及广大人民群众为民族解放事业英勇奋斗、百折不挠的革命精神和革命品格”。

三、明确高中语文核心素养，确立人学内涵

新的语文课程标准，集中体现了语文学科的育人价值，确立学生的主体地位。新的课程标准就核心素养方面的诠释较上一版的课程标准更加注重细节和整体，将核心素养下的课程细化为十二个具体的目标。

新的课程标准，明确了学习的主体，从四个方面确立了语文学科的核心素养，加强中华优秀传统文化和革命传统教育，落实立德树人的根本任务，纠正长期以来存在的片面追求升学率的倾向，为学生适应社会生活和职业发展做准备，培育人生根基，奠定人本底色，坚定文化自信，弘扬社会主义核心价值观，为学生的终身发展奠定基础。

第二，举行高考、中考备考经验交流会

迈乎学习主张遵循规律，总结经验，将“教科研是教育教学第一生产力”的思想入脑入心，全面提升高考、中考备考水平。学校追求启迪心智、锤炼品格、培养综合素养的教育，让高考、中考分数成为教育综合变革的自然成果。

以高考备考为例，多少个细节、多少人的付出、多少个日日夜夜，才换来了高考的好成绩。

2018届高考备考总结

“世上所有的美好，闻起来都是汗水的味道”是高考备考最为贴切的描述。回首这场没有硝烟的战役，我们的备考大致可归纳为以下几点：

（一）多方联动，高三意识是保障

1. 立好规矩，抓好落实，外部约束形成高三氛围。

2. 文化熏陶，层层深入，激发内驱加强拼搏意识。

3. 领导关怀，温暖人心，教师示范树立高三文化。

（二）明确目标，撸起袖子加油干

“没有伟大的愿望，就没有伟大的天才”，巴尔扎克的这句话充分说明了目标的重要性。为了给学生一个奋斗目标，年级组结合学校的实际情况，制作目标榜，给学生一个大的方向，各个班级再结合班级的实际情况，制作班级目标榜，使每一个学生都有一个清晰的、看得见的努力方向，实现自我鞭策。

（三）研课磨课，高效课堂提效率

课堂是高考备考的主战场，为了有更加高效的40分钟，我们采用备、研、磨三位一体的方式进行集体备课。每周的集体备课中，各个备课组主备课人讲述如何攻克下周教学中的重点、难点，全体成员共同研究，再由主备课人上一堂展示课，使每一位教师都能博采众长，让课堂在实践中升华。

（四）紧靠团队，众人拾柴火焰高

同舟共济扬帆起，乘风破浪万里航，我们深知任何一个班级的良好发展都离不开全体任课老师的精诚合作。为了细化管理，精准把脉，我们以班级为单位，由班主任负责召开班级学情分析会，结合学生的成绩、任课老师的评价，明确哪个学生应该要达到哪个水平，目前还存在哪些困难，如何解决这些困难，并根据学生的需求和老师的特点，明确后期负责跟进的导师，包干到户，责任到人，实行精准指导。班主任每个月进行一次反馈：哪些同学的问题得到了解决或缓解，哪些同学的问题依旧棘手，为导师的下一步工作指明方向。

（五）微型专题，有的放矢破难点

尖子生不够尖，一直以来是我们2018届最头痛的事情，为切实有效地提高尖子生的短板科目，我们对理科1、2、3班，文科10班采用微型专题自助的方法，即学生根据自己的学习情况，提前一周通过便利贴向老师提出需要加强的专题，老师命制对应的微专题发给学生，再在下一周的培优时间内进行检测、点评，既充分发挥学生的主观能动性，又增强了培优的针对性，提高了培优的效率。比如2班的陈沁同学，语文、英语、理综三科均非常优秀且稳定，唯一的短板就是数学，经过一个学期的微型专题辅导，在高三一模中数学成绩取得了141分，学校第2、集团第6的好成绩，最终顺利考取了北京大学。

（六）抓好活动，鼓舞士气树信心

人生的道路，本来就在曲线中前进的。在高三的备考过程中，每位同学无法避免地会遇到挫折与低谷，定期充电就成了我们必需的一项工作，而年级会议、班会、团队会议又是高三充电的主阵地。为此，年级组精心准备每一次活动，从“奋战冬三月，打好攻坚战”的200天倒计时，到百日冲刺誓师大会等，并且为了加强效果，我们形成了从年级大会—班会—小组总结会的链条，全员参与，力求将每一次主题大会精神都贯彻到每一位高三同学心中，让会议真正成为同学们的加油站。

（七）整体规划，步步为营心不慌

1. 高三的全年规划，规划到月，明确每个月的工作重点。9 月：行为习惯月；9～次年 2 月：夯实基础月；3 月：精准备考月；4 月：规范答题月；5 月：查漏补缺月；6 月：决胜高考月。

2. 百日冲刺规划：规划到周，明确每周的工作重点。

3. 考前 27 天规划：规划到天，明确每天、每科的工作重点。

（八）艺体兼修，百花齐放竞风流

“只只蚂蚁捉上树”，不放弃任何一个学生是我们必备的教育理念，为此，在艺术生离校外出学习专业知识前，我们召开了艺术生会议，对艺术生在外专业学习期间的文化学科的学习提出了明确要求，在艺术生回归后，立即分班组织专门针对艺术生的小课，帮助艺术生尽快适应课堂的节奏和知识体系。

（九）规范答题，分分必争赢高考

为了提高学生的答题规范，我们专门设置了规范答题月，从老师大会的布置，到学生大会的动员，再到每周的及时反馈，年级组设置了规范答题红黑榜，各个班级设置了班级答题红黑榜，环环相扣，层层推进，让规范答题的意识深入每一个学生。

（十）考前调适，心理咨询减包袱

高考前夕，为了让同学们减轻思想包袱，轻装上阵，每一个班主任都针对学生的特点，进行思想沟通，同时，年级组邀请了金陵中学的心理辅导专家做考前心理讲座，邀请学校心理老师，在高三年级采用连续蹲点与定期开放相结合的原则，通过自愿报名、依次排队、单个通知的方式，为有需要的同学进行一对一的心理咨询，让学生带着自信与微笑面对高考。

第三，开展新高考、新教材学习和应对策略研究

新高考和新教材均以立德树人为根本任务和价值指向，聚焦学生核心素养。学校有计划、分步骤地组织教师学习和培训，转变教师观念。

以选课走班为例，我们摸着石头过河，开展了一系列的应对新高考的选课走班探索与实践，而且我校还实现了初高中的有机对接。

选课走班的试水与回眸
——长沙麓山国际实验学校选课走班探索实践阶段性总结

胡云 张博文

一、背景意义

1. 与新高考对接。国家对新高考确定了指导方针，并在上海、浙江等地试点，让学生选择课程。为适应新高考的要求，学校应当未雨绸缪，先试先行，积累经验，服务学生。

2. 为教师可持续发展提供平台和机会。

3. 为学生全面个性发展提供平台。

二、开班现状

1. 开班情况

（1）初一年级和高一年级都顺利开展了选课走班。课程包括兴趣类、培优类和竞赛类三大类。初一年级共有50多门课程供20个班的千余名学生选择，有英语课本剧、美食制作课堂、程序设计、乐队与指挥等等。高一年级共开发了30门课，有人物专题研究、数学与经济学、好声音歌唱训练班、雅思培训等等。

（2）本学期，麓山国际实验学校还开创实施了高中全部年级的体育选课。高一年级分男女教学，高二、高三年级分项目、分层次、分模块教学。把同一上课时段的三个行政班划分为五个小班进行体育教学，每班30人左右，提供篮球、足球、羽毛球、排球等项目供学生选择。还将一周两次的课程时间，扩展为三个课时，增加了学生的体育运动时间。

2. 管理措施

（1）类型丰富，多元选择

课程包括了兴趣类、培优类和竞赛类三大类。“走班”给了学生充分的学习自主选择权，赢得了学生普遍欢迎。选课呈现以下几个特征：①目标明确，选课程序可操作；②宣传到位，学生了解程度高；③组织得力，学生课程互选顺利，反响好。

（2）混班上课，没人“打酱油”

拓展课程的选课和走班，打乱了原有的教学班级编制。学生混班上课，每个学生有自己个性化的学习计划，这就提升了学生学习的责任心和自主性。

例如：把同一上课时段的三个行政班划分为五个小班进行体育教学，每班30人左右，提供篮球、足球、羽毛球、排球等项目供学生选择。还将一周两次的课程时间，扩展为三个课时，增加了学生的体育运动时间。

之所以要对体育课改革，是希望学生们能真正掌握体育知识和技能，同时在激发兴趣中强身健体。在考核评价学生时，学校还从学习态度、合作精神、达标测试等多个维度进行考核，客观上避免学生基础水平上的差异。

（3）关注细节，强化管理

学校对拓展丰富型课程的申报严格把关，对相应的课程教材提出编写建议，为学生留白。学生选课充分考虑到教师个性、学科个性、学生个性与学校管理个性的有机统一。拓展课程实行精细化管理，重视学生平时表现，推进过程性评价。

（4）优化课堂，提升方法

第一，优化学生学习策略——强调以学生为主体，以学生“学”为中心。

第二，优化教学辅导策略——强调教师的“引航”作用。教师上课采用多元组织方法：质疑式、讨论式、辩论式、小组式、采访式、主题式、节目主持式等。

第三，优化组织活动策略——建立良好的协作学习环境，实现活动生活化和生态化。

第四，优化内容建构策略——开放学习内容，并注重学习内容的动态可调；在坚持主题有针对性的基础上注重学生的碎片化学习。

第五，优化教学资源策略——充分发挥多种媒体特别是多媒体网络技术的作用。如，在“美术创作中的材料与技法应用”课上，学习形式生动灵活，一堂课的内容是设计书签和卡片，学生创意设计，非常快乐。

（5）综合检测，全程评价

“监测与评价”是做好选课走班制度的重要部分。学校实行对拓展课程、对教师、对学生的三个层次的综合评价、过程评价、系统评价和多元主体评价。

三、存在的问题

（1）课程设置方面：课程说明不到位、教学计划不到位、教材编写不到位；趣味性课程、操作性课程、实用性课程少，不能满足学生需要。

（2）学生学习方面：扎堆选课，对临时班级的认同感、规则意识不强，部分学生应付式学习（无笔记、无作业、无反思），课前准备不充分。

（3）教师教学方面：部分教师教学过程性管理不落实，教学活动不充分，班级管理力不从心，教学方法单一，重视程度不够。

（4）课堂管理方面：学生点到慢、教案检查不及时、课程监测与评价没跟上。

四、改进建议

强化意识＋提升课堂效能＋完善管理。

第四，认真研究考试与试题

（1）认真开展考纲研讨活动。

学校每学期都分学部开展一次考纲研讨活动，上学期开展考纲解读，下学期开展依据考纲命题的交流活动。

我校的中考成绩一直处于长沙市前列，每年的中考考纲研讨活动做得非常扎实，由校长室统筹安排，教科室牵头协调，各学部教务处具体组织，办公室、现代中心、后勤处和保卫处等部门通力配合，各学科组教师们群策群力，每次研讨都凝聚了大量心血。有方案为例。

2019 届中考考纲研讨活动方案

一、研训目的

研读中考考纲，把握备考方向，共谋复习策略，提高教学效率。

二、研训内容

1. 2019年中考考试说明及变化（考核目标与要求、试题结构、命题趋势）。

2. 近几年中考，考点分布、能力要求对2019年备考的启示（基础题与难题命题、解题启示）。

3. 高三备考对中考备考的启示。

4. 2017年、2018年高考备考对2019年备考的启示。

5. 后阶段应对的主要思路与措施。

三、具体安排

时间	参训教师	研训地点	主持人	主讲人	参与领导
周三下午（4月17日）	中学数学教师	中学会议厅	谢振国	吴志辉	邓智刚
	中学英语教师	办公楼3楼录播教室	钟超韫	陈馗葵	李梅芳
	中学政治教师	办公楼5楼慕课教室	吴美文	刘卫	朱建国
	中学历史教师	初中部5楼慕课教室北	阳桃	朱映梅	叶修刚
	中学地理教师	初中部5楼慕课教室南	贺明岳	肖鸿	王德复
周四下午（4月11日）	中学语文教师	中学会议厅	马慧平	刘熠娟	杨德成
周四下午（4月18日）	中学物理教师	办公楼5楼慕课教室	李汉兵 蒋比平	余理	
	中学化学教师	初中部5楼慕课教室北	赵紫梨 何丽萍	何欣欣	
周四下午（4月11日）	中学生物教师	初中部5楼慕课教室南	李焕发	文洁	胡云

四、总体要求

1. 主讲人精心准备，发言戒空讲，要结合试题实讲，务求研训实效，为后阶段复习导航。

2. 主讲人要有课件、发言稿，会后将电子稿交 FTP-jks“考纲研讨文件夹”。

3. 发言顺序：主讲人→他校备课组长→初一、初二备课组长，鼓励其他教师建言献策。

4. 参与领导进行简单总结；教研组长记录发言老师的名字，会后以微信方式告知教科室。

5. 各教研组在教研活动记录本上做好研训记录。

五、部门协作

1. 教科室：制作方案，牵头组织

2. 办公室：宣传报道

3. 现代中心：场地多媒体保障

4. 保卫处：外来教师出入管理

考纲研讨活动，分学科组进行，重点在把握备考方向，共谋复习策略，提高教学效率。我校 2018 年高考考纲研讨会反响很好，受到了广大老师的一致好评。

共析高考考纲，谋求备考策略

——麓山国际 2018 届高考考纲研讨活动

3 月 28 日、29 日下午，我校以教研组为单位专门举行了 2018 届高考考纲研讨活动，研讨旨在把握备考方向，共谋复习策略，提高教学效率。学校相关领导和中层干部等参与研讨，麓共体各校区各学科同仁参加了此次活动。邓智刚校长做了精彩点评和总结。

英语考纲研讨会上，我校高中英语教研组长兼高三英语备课组长黄彩云老师从考纲变化、全国卷命题特点出发着重探讨了我校高三英语备考的基本策略，特别是针对一轮、二轮复习制定了可操作性的备课组计划。

历史考纲研讨会上，我校历史组备课组长彭志琼老师进行了2018高三历史考纲解读，准确把握高考历史命题的特点和方向。

政治考纲研讨会上，我校政治教研组长、高三备课组长吴美文老师发言。她主要从2018年高考考点、题例分析、近5年各模块考点分布、考查题型等角度，特别是对2017年至2018年3月份的重大时政热点及国家重大方针政策进行了比较详细全面的解读，并结合我校目前学生基础与答题情况阐述了二、三轮复习的策略及有效做法。

数学考纲研讨会上，肖瑶老师代表麓山本部高三理科数学组针对2018年的考试大纲、考试说明和考题做了详细分析，提出了一系列有针对性的策略，进一步完善了高三后期备考安排；雷勇老师代表麓山本部高三文科数学组针对近3年的文科数学高考题的知识点的变化情况做了具体分析，特别针对学生在考试中出现的各种答题状况进行了详细研究，并针对性地制定了文科数学组的高考备考策略；敬海军老师代表麓山滨江高三文科数学组对2017年全国Ⅰ卷中的不考考点、低频考点、高频考点等，做了一系列的分析研究，并制定了切实有效的高三备考策略。

地理考纲研讨会上，我校高三备课组长李玉辉老师做了题为《2018地理高考经天纬地》的精彩解读，麓山滨江代表刘元喜、高一代表唐炎、高二代表贺明岳、麓外与中加代表纷纷发言，获得了教科室王德复主任的高度肯定和表扬!

物理考纲研讨会上，我校物理教研组长、高三年级物理备课组长李汉兵老师从考纲与考试说明中明确高考方向，从高考真题中分析考题特点，最后结合考纲与真题的特点以及我校实际情况明确了下一阶段的备考计划。

语文考纲研讨会上，我校高三语文备课组长杨杰琼老师做了题为《入乎其内，出乎其外》的高考考纲解读，内容丰富、数据翔实、总结规律、预测趋势。麓山滨江高三语文备课组长赵英姿、高一代表佘志斌、高二代表李四梅、初中语文组李渔等老师纷纷发言，高中语文教研组长傅应湘老师做总结发言。此次活动重在探讨从高考考纲探究语文教学的本源，高考的“一体四层四翼”和语文学科的核心素养及关键能力是语文教育的主要目标。语文高考不只针对高中，而是贯穿小学和初中的语文教学。

会后，老师们纷纷表示，要在以后的教学中继续钻研考试大纲和考试说明，把握规律，科学备考，争取在2018届高考中再创辉煌！

学校的中考、高考考纲研讨活动坚持请进来与走出去相结合的基本原则。我们把麓共体的相关学科教师共邀一堂，组织同侪共研。我们还把学校的中考、高考考纲研讨成果送到张家界麓山国际慈利校区、湘西龙山一中、怀化芷江一中和长沙县开慧中学等帮扶学校，与那里的老师们交流共享。我们也积极参加长郡中学等兄弟学校的考纲研讨活动。

（2）学校组织教师和学生对每一次的月考进行理性分析。

学校组织好期中期末试卷试题研究与分析会。分析会有教师专场和学生专场。月考分析以试题研究为抓手，剖析试题的能力立意、思想意蕴、文化传承、思维品质、人文素养等方面，通过试题研究“倒逼”教学变革，促进师生成长。

教研组层面的考试分析模板如下。

表3-12 试卷水平和成绩分析

学年第　　　学期　　　　　　　　　　　　　　　　　　年　　月　　日

基 本 内 容					
课程名称		本学期学时/总学时	48	命题方式	自命
任课教师		学生系别班级	班		
参考人数（N）	29	及格人数（n）	21	及格率	n/N=72%
卷面满分（X）	100	卷面平均分（X）	58. 2		

续表

分析内容		
序号	内容	分析结果
1	信度	1. 试题内容的覆盖面 2. 体现对学生基本知识、基本理论、基本技能考查的内容所占的大致比重，比例分配是否合理 3. 班级考试成绩与老师掌握情况是否一致 4. 各题分数分配及评分标准是否合理
2	难度	1. 试题难易程度 2. 学生掌握情况
3	区分度	1. 试卷是否很好地区分了优劣学生 2. 试卷是否真实反映了学生的实际水平
4	内容效度	1. 试卷内容与教学大纲的符合程度 2. 试卷内容与本课程培养目标的符合程度 3. 及格同学是否达到了本门课的基本要求 4. 试题是否能真实体现教学效果
5	成绩分布图	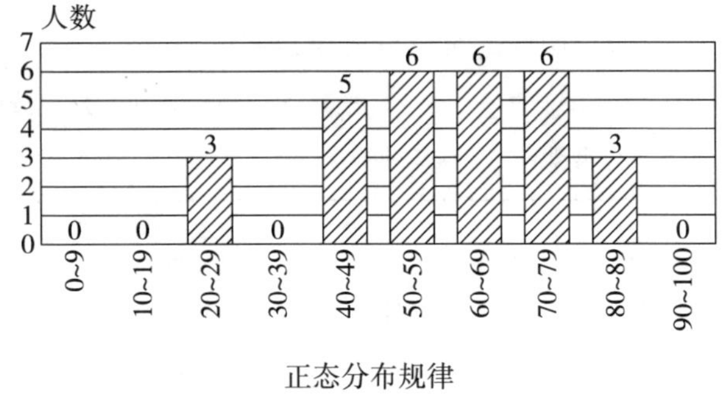 人数 7 6 5 4 3 2 1 0 0 0 3 0 5 6 6 6 3 0 0~9 10~19 20~29 30~39 40~49 50~59 60~69 70~79 80~89 90~100 正态分布规律
6	教师对本试卷中存在的问题，本课程考试改革及教学方法内容改革的意见、建议	

备课层面的考试分析模板如下。

表 3－13　备课组考试分析模板

<table>
<tr><td rowspan="2" colspan="2">基本情况</td><td>姓名</td><td></td><td>考试形式</td><td>闭卷</td><td>考试时量</td><td></td><td>总分</td><td></td><td>考试时间</td><td></td></tr>
<tr><td>平均分</td><td></td><td>合格率</td><td></td><td>优等分数</td><td></td><td>优等率</td><td></td><td>填写时间</td><td></td></tr>
<tr><td>题号</td><td>分值</td><td>满分率</td><td>均分</td><td colspan="2">知识点与能力点</td><td>题号</td><td>分值</td><td>满分率</td><td>均分</td><td colspan="2">知识点与能力点</td></tr>
<tr><td></td><td></td><td></td><td></td><td colspan="2"></td><td></td><td></td><td></td><td></td><td colspan="2"></td></tr>
<tr><td></td><td></td><td></td><td></td><td colspan="2"></td><td></td><td></td><td></td><td></td><td colspan="2"></td></tr>
<tr><td></td><td></td><td></td><td></td><td colspan="2"></td><td></td><td></td><td></td><td></td><td colspan="2"></td></tr>
<tr><td></td><td></td><td></td><td></td><td colspan="2"></td><td></td><td></td><td></td><td></td><td colspan="2"></td></tr>
<tr><td></td><td></td><td></td><td></td><td colspan="2"></td><td></td><td></td><td></td><td></td><td colspan="2"></td></tr>
<tr><td></td><td></td><td></td><td></td><td colspan="2"></td><td></td><td></td><td></td><td></td><td colspan="2"></td></tr>
<tr><td></td><td></td><td></td><td></td><td colspan="2"></td><td></td><td></td><td></td><td></td><td colspan="2"></td></tr>
<tr><td></td><td></td><td></td><td></td><td colspan="2"></td><td></td><td></td><td></td><td></td><td colspan="2"></td></tr>
<tr><td></td><td></td><td></td><td></td><td colspan="2"></td><td></td><td></td><td></td><td></td><td colspan="2"></td></tr>
<tr><td></td><td></td><td></td><td></td><td colspan="2"></td><td></td><td></td><td></td><td></td><td colspan="2"></td></tr>
<tr><td></td><td></td><td></td><td></td><td colspan="2"></td><td></td><td></td><td></td><td></td><td colspan="2"></td></tr>
<tr><td></td><td></td><td></td><td></td><td colspan="2"></td><td></td><td></td><td></td><td></td><td colspan="2"></td></tr>
<tr><td></td><td></td><td></td><td></td><td colspan="2"></td><td></td><td></td><td></td><td></td><td colspan="2"></td></tr>
<tr><td></td><td></td><td></td><td></td><td colspan="2"></td><td></td><td></td><td></td><td></td><td colspan="2"></td></tr>
<tr><td></td><td></td><td></td><td></td><td colspan="2"></td><td></td><td></td><td></td><td></td><td colspan="2"></td></tr>
</table>

续表

<table>
<tr><td></td><td></td><td></td><td></td><td></td><td></td><td></td><td></td><td></td><td></td></tr>
<tr><td></td><td></td><td></td><td></td><td></td><td></td><td></td><td></td><td></td><td></td></tr>
<tr><td></td><td></td><td></td><td></td><td></td><td></td><td></td><td></td><td></td><td></td></tr>
<tr><td></td><td></td><td></td><td></td><td></td><td></td><td></td><td></td><td></td><td></td></tr>
<tr><td></td><td></td><td></td><td></td><td></td><td></td><td></td><td></td><td></td><td></td></tr>
<tr><td></td><td></td><td></td><td></td><td></td><td></td><td></td><td></td><td></td><td></td></tr>
</table>

<table>
<tr><td rowspan="6">试卷综合分析</td><td>掌握最好的知识和能力</td><td colspan="3"></td><td>需提高的知识和能力</td><td colspan="2"></td></tr>
<tr><td>超出范围的知识与能力</td><td></td><td>遗漏的主要知识与能力</td><td></td><td colspan="2">重复过多的知识与能力</td><td></td></tr>
<tr><td>红榜题</td><td>中榜理由</td><td colspan="5"></td></tr>
<tr><td>黑榜题</td><td rowspan="2">中榜理由</td><td rowspan="2" colspan="5"></td></tr>
<tr><td></td></tr>
<tr><td>教学经验及教学改进措施</td><td colspan="6"></td></tr>
</table>

学校还组织对试题中的红黑榜进行剖析，案例如下。

第三次政治月考红榜

第三次政治月考卷试题通过提供材料、创设情景、提出问题，全面考查学生“获取和解读信息”“调动和运用知识”“论证和探究问题”的能力。选择题基础知识基本都在主干知识范围内，没有特偏特难的怪题，重考查考生的基础知识和基本技能。主观试题继续坚持“能力立意”的命题指导思想，增强选拔功能，考查问题解决的能力。

下面就试题中的红榜试题做一个典型分析：

红榜一：选择题第6题

1. 考查知识点

民主决策的方式与意义，调动运用知识能力

2. 优点

一方面，选择题第6题注意了概念内涵与外延的统一。从材料中可以看到：中国宪法学会副会长、北大法学院教授张千帆以快递的方式向国务院、教育部等行政部门递交了“异地高考”建议方案，这属于“民主决策”中“社情民意反映制度”，而不属于“专家咨询制度”的内容。

而很多同学恰恰选择了选项①，这就暴露了同学们学习中的一个基本问题：没有彻底理解和掌握“社情民意反映制度”和“专家咨询制度”的基本概念。从概念的内涵和外延来看，第一，既然是“咨询”，其发起者和组织者是政府相关部门，专家应是受邀主体。第二，其基本形式是决策机关通过举行论证会、座谈会等。而材料中是专家主动提交“异地高考”建议方案，并没有出现论证会、座谈会等形式的咨询活动。

而材料中的信息恰恰反映出了“社情民意反映制度”的基本概念，它有利于促进决策的科学化、民主化。所以选项②③正确。选项①不选。

另一方面，试题实现材料和内容的有机结合，引导学生做题时注意知识内容混乱和搭配不当的问题。中国宪法学会副会长、北大法学院教授张千帆以快递的方式向国务院、教育部等行政部门递交了“异地高考”建议方案，这需要学生对信息和教材知识点能准确地对接，而且要加深和全面理解。虽然是30名专家学者提出建议，但这是民智汇集，而不是专家咨询。而且“社情民意反映制度”有利于促进政府决策的科学化、民主化，但不会直接改进国家机关和国家机关工作人员的具体行政工作。这就需要同学们要有正确的逻辑思维能力，“社情民意反映制度”有利于公民参与决策，但不能夸大公民参与的作用，改进国家机关和国家机关工作人员的具体行政工作的主体不是公民。

红榜二：综合题28题

1. **考查知识点**

（1）结合材料一，运用主权的有关知识，评价日方的行为。（4分）

（2）结合材料二，分析中日关系曲折变化说明了什么。依据我国的外交政策，你认为应该怎样处理当前复杂的中日关系？（8分）

2. 优点

28题第一问考查了学生的基础知识的调动能力。第一问问题设计要求同学们掌握外交关系变化的理论依据即主权是国家统一而不可分割的最高权力，是一个国家的生命和灵魂。问题还要求同学们从材料中获取信息的能力，即通过阅读掌握中日外交关系变化的事实依据：钓鱼岛自古以来就是中国领土和主权不可分割的一部分。问题设计较高层次的能力体现了新课标的要求，即运用基础知识解决现实问题，理论联系实际的能力自然生成第一问中第三个层次的答案：中日外交关系变化的原因、实质是日方的行为严重挑衅了中国的主权，（危害）损害了我国的国家利益，危及了地区的和平与稳定。这就把国家利益是国际关系中的决定性因素这句话，活灵活现地结合在中日外交关系变化的材料之上，而且要能准确将国际关系结合材料自然生成为中国和日本的国与国的关系角度。

28题第二问注意了概念内涵与外延的统一、整体与部分的统一、题肢的包含关系，注重考查了学生运用学科知识和方法分析、解决问题的能力。

前半部分问题设计非常灵活而且务实，要求学生有较强的知识整合能力。

结合材料二，分析中日关系曲折变化说明了什么。这就要求学生既要看到关系是怎么样的（国际关系的内容和形式是多方面的），又要看到变化。从国际关系是变化发展的还要思考为什么变化：国家间出现分离聚合、亲疏冷热的复杂关系，主要是由各国的国家利益决定的。

后半部分则鲜明地体现新课标的基本理念和要求：全面考查学生“获取和解读信息”“调动和运用知识”“论证和探究问题”的能力。依据我国的外交政策，你认为应该怎样处理当前复杂的中日关系？这就要求学生对外交政策的基本内容，如我国外交政策的宗旨原则、基本目标、基本立场和基本准则等知识点较为熟悉。而且要能结合材料，就我国应在和平共处五项原则基础上积极发展同日本的合作关系，努力化解分歧，推进中日关系发展的问题提出自己的合理建议。

考试不是目的，但考试分析是一种重要的而且行之有效的“渡人”手段，可帮助学生顺利地向“彼岸”靠近。我们通过考试分析，既掌握了学生的学习状态，了解了学情，同时也明确了下一阶段教学和学生查漏补缺的方向与发力点。

麓山国际实验学校的老师们有了这样的积累，在大型考试分析的时候，也就拿捏有度。对此，湖南教育新闻网等新闻媒体有一系列的报道。

麓山国际实验学校名师点评 2018 年全国Ⅰ卷语文

来源：三湘都市报

2018 年全国Ⅰ卷语文试卷与 2017 年相比，同样由 4 道大题 22 道小题组成，全卷总阅读量与去年持平；题型整体稳中有变，变中有回归前两年的传统（图文转换题），也有学习地方卷（如语言文字运用题型学习北京卷，语段阅读式考查学习山东卷）的创新。题型简要分析如下：

1. 论述类文本阅读

去年考的是时评“气候正义”，今年考的是与传统文化相关的学术论文《历史视域中的诸子学》。这吻合“一点四面”中的“传承优秀传统文化”。此题由3小题构成：通常第1题是遵循原文可以直接找到答案的；第2题是去年首创的题型，考查“分析论点、论据和论证方法”，往往需要考生注意整体阅读和段落阅读相结合；第3题考查“说法”是否正确，实际是根据原文进行理解推断，相当于英语阅读理解中的“infer”题型。

2. 文学类文本阅读

黑龙江作家阿成的小说《赵一曼女士》，运用第一人称和第三人称交叉叙述，当代人和历史革命先烈跨时空进行精神对话。去年全国卷三份试卷中Ⅱ卷和Ⅲ卷考查了散文，Ⅰ卷考小说，由此很多考全国1卷地区的老师都热衷于猜测2018年很可能考查散文。但是2018年的《赵一曼女士》一文似乎是融合了小说和散文的特点。所以明年的考生可以关注一下散文化小说这类文本。比如可以适当读一些名家的自述传式的小说或者诗意化的小说，像萧红的《生死场》、林海音的《城南旧事》、郁达夫的《迟桂花》、废名的《竹林的故事》等等。

3. 实用类文本阅读

延续了去年的非连贯性文本，这个与公务员考试的“申论”题型相似。2018年全国公务员考试“申论”考的材料均是关涉科技创新话题的材料。所以建议明年高考学生可以关注2019年的全国公务员考试“申论”试卷的材料主题。

4. 古诗文

文言文考查古人的嘉言懿行，这是全国卷的传统题型。文化常识题延续了去年的考查点。建议多做高考真题，用高考真题挖文化常识知识；另外注意教材文本下方注释中设计文化常识的知识点。

古诗词鉴赏重点还是唐宋时代的古诗词。多体现正能量，“穷且益坚”。选择题全部改为单选。诗文默写比去年赋值多了1分，考查篇目为《师说》《论语》《念奴娇·赤壁怀古》，这个与我校高三语文备课组的猜想一致，尤其感谢刘晓斌老师的统计和大胆猜想。默写主要考查具有家国情怀的古诗文，而很少考查具有小资情调的个人感伤之作。比如《氓》和李煜的词几乎没考过。所以古诗文默写重点关注近五年从未考过的篇目和深含家国情怀、契合当下时政热点的篇目。

5. 语言文字运用题

去年是3道选择题、1道语意连贯填空题、1道逻辑推理题。这是全国卷改革试验的最佳“田地”，每年都有创新。今年不同于任何往年，出现了关于语段阅读考查的3道选择题。

第20题修改启事中5处不合书面语体要求之处，此题完全遵循考试说明题例出题，题型没有意外，但是做对很难。明年的考生一定要认真研读考试说明并训练每种类型的题型。第21题是图文转换题，没有悬念。

6. 作文

依然是新材料的任务驱动型作文，有很多专家已经点评，不再赘述。这里解读一下几个具有年鉴特征的材料：

第一则说明了新世纪的诞生，考生身份的历史感体现出来。第二则的汶川地震说明了天灾使得“多难兴邦”，北京奥运会证明了中国骄傲。第三则说明中国国防力量和科技前沿。第五则强调了中国进入互联网时代。第六则说明了2018年高考的“青年考生”身份。第七则写了“中国梦”和社会主义道路自信。第八则写了“圆梦”。总之，这是在追溯过往、立足当下、展望未来。材料下方的任务指令，有鲜明的读者意识，所以写作者尤其应当注意。此作文富有思辨力和表达空间，属于大口径作文，学生有话可写。对于明年的考生而言，建议多读《中国青年报》《人民日报》时评文章，紧跟时代脉搏，了解并践行新时代青年的使命与担当，定能写出佳作。

点评人：麓山国际高三语文备课组长 杨洁琼

学校还鼓励教师们开展命制学科试题的专题研究。作为本课题的子课题，初二数学组的微型课题“关于有效提高教师数学试卷命制水平的探究”研究立意明确，研究措施扎实，取得了良好的效果，获得课题研究一等奖，并在全校和麓共体集团学校加以推广。

关于有效提高教师数学试卷命制水平的探究

结题报告

一、研究背景

命题工作是一项周密而复杂的创造性劳动，命制数学试卷是数学教师应该具备的基本数学素养。近年来，麓山国际学校不断地发展壮大，麓山品牌不断提升，麓共体的多个校区和其他几所兄弟学校都跟我校一起统一教学进度，统一考试试卷，所以我校的复习试卷和考试试卷成了各校区和各兄弟学校梦寐以求的资源。

而现在我校的试卷命制缺少统一的格式规范，命制质量参差不齐，部分教师命题的水平有待提高。为提高教师的数学素养，更好地打造麓山品牌，初二数学备课组拟在规范数学试卷命制格式，提高数学教师试卷命制水平方面做一些探究。

二、课题简介

1. 课题组成员：初二数学备课组全体成员

①课题负责人：谭放军

②比赛小组：徐　党　李朝石　李钦皋　龙　森　戴青艳　胡　勋
刘　存　阳鸿鹤　邵国军　吴科峰

③评价小组：谭放军　石　鹰　龚巧兰　刘仕龙

2. 课题研究的内容

本课题是基于提高教师数学试卷命制水平的研究，主要包括以下几个方面的内容：

①命题培训

由组内高级老师对年轻教师进行数学试卷命制方面的培训，培训内容包括如何制定命题标准、如何选题、如何对题目进行原创或改编以及软件的操作。

②制定标准

包括制定试卷命制的格式规范、试卷命制标准和试卷评价标准。

③命题比赛

由课题组内年轻教师对本年级数学期中和期末考试模拟试卷进行命制。

④评价试卷

由本组四位高级教师组成评价小组，对命制的模拟试卷进行评价和点评。

⑤修改试卷

参赛教师根据评价小组的点评意见对试卷进行修改和完善。

三、具体做法

第一阶段：2016 年 9 月—10 月，理论学习，制订研究计划以及组内专题培训。

第二周学习有关理论，制订研究计划。

第三周由刘仕龙老师在组内做《谈谈如何命制数学试卷》的专题讲座。其内容主要包括考试的分类与作用，试题命制的基本原则，试卷命制的一般程序等五个方面。

第四周由谭放军老师做《规范试卷命题格式》《怎样改编数学试题和怎样原创试题》以及《怎样使用数学公式编辑器》的专题培训。

第五周讨论并制定《数学试卷命制评价表》。

第二阶段：试卷命制比赛及评价

第一步：命制试卷

由组内十位年轻教师针对期中或期末考试范围，在规定时间（一周）内命制一套模拟试卷。试卷要求按照统一的格式编辑，要有 20%的原创题或改编题，并且有详细规范的答案。

第二步：评价试卷

由评价小组结合《试卷命制评价标准》对每一份参赛试卷逐项进行记分

评价，并详细填写《数学试卷命制评价表》。

第三步：点评试卷

在评价小组的每一位老师对试卷进行评价之后再集中讨论并统一意见，然后在课题组内对各参赛试卷逐一进行点评，分析试卷命制的亮点与不足，并评出一、二、三等奖。

第四步：修改试卷

参赛教师根据评价小组的点评意见，对试卷进行修改和完善。

第三阶段：结题阶段

1. 比赛小组的十位教师每人撰写一份命制试卷的心得体会。

2. 完成结题报告。

四、研究成果

1. 教师数学试卷命制水平大幅度提高

2. 制定《数学试卷命制评价表》

3. 论文《谈谈如何命制数学试卷》

4. 专题讲座原始材料

5. 课题组成员命制的模拟试卷

6. 课题组成员的个人总结（心得体会）

7. 结题报告

初二数学备课组

教师数学试卷命制水平的微型课题研究，也有利于教师的专业成长。很多教师都撰写了课题研究心得，现摘录两篇如下。

参与数学试卷命制研究课题的感想

徐党

当时谭组长设立这样一个微型课题时，我们欣然支持。虽然整个过程比我想象的要辛苦，但也比我想象的更有收获。我谈谈自己的几点感受。

一、提升了自己对试卷命制和试卷命题的认知。备课组在老前辈刘仕龙老师的带领下学习了由刘老师写的影响试卷命制的各方面影响因素的论文。

论文从多个角度分析试卷、分析试题，给我们年轻人上了生动的一课，也展现出命制试卷的魅力，深深地吸引了我。

二、提升了自己的电脑操作水平和试卷排版能力。谭组长给我们上了一节生动、充实的课，首先对试卷的排版、细节做出了严谨的要求，甚至包括选择题的选项的对齐都有要求。这是非常高效的一次课程，也非常实用，受益颇丰。

三、三次命制试卷一次一次提升自己。针对组内制定的考试范围，我们所有的初中级老师都要参与命题，并且对每次命题都会进行评价、评奖。最有效的是会一起对每一张试卷进行点评，我们可以既学习其他人命题的优点又可以认识他人的不足引以为戒。同时又进行了资源共享，感受到很多年轻老师在这种磨砺中的快速进步，提升了命制试卷的能力。

最后，我想感谢数学组，给我们这些年轻人提供了这么好的学习平台，这种一起奋力进步的氛围，锻炼了我们的能力，增长了我们的经验。这就是师徒之间的一种传承吧，我们要一直延续下去。

参加数学试卷命制课题研究的学习心得

李朝石

在备课组的统一安排下，我们组的微型课题为提高教师试卷命制水平。在此之前我在这方面的认识比较浅薄，总以为按照考试要求出完一套试卷就可以了。在刘仕龙、谭放军两位老师的指导下，我有了更深的认识。

我一共命制了三套模拟试卷，其中两套比较成功，一套问题较多，主要是用心不够，有些选题过于仓促，没有结合试卷的整体要求，出现知识点的重复和重要知识点的遗漏。第一次模拟试卷命制比赛，优点就那么 3 个，可不足却有 9 个。比如说：知识点“幂的运算、乘法公式”考查得太少；第 10、11、20 题难度过大等。而且，一套好的试卷应该体现命制者的个人特色，特别是改编和原创题上面，应结合自己平时教学中发现的问题将知识融合在一起，做到环环相扣，意图明确。

通过这几次的训练和高级教师对自己试卷的评价，我认识到自己在这方面还有很多需要提高的地方，在今后的试卷命制过程中，我将吸取前几次的教训，改进方法，争取更大的进步！

这个子课题研究小组，还制定了数学试卷命制评价标准。

表 3－14　初中数学试卷命制评价表

试卷编号		教师姓名		试卷总评分	
评价项目				分值	评分
格式及排版	①字体、格式符合要求			5	
	②试卷排版精致美观			5	
	③使用公式编辑器进行编辑			5	
	④图形准确美观			5	
试题内容	①试题是否符合考试范围、不超过纲			5	
	②无偏题、怪题			5	
	③试卷难度恰当、有层次、有梯度			10	
	④知识点考查全面，无遗漏或重复考查的知识点			10	
	⑤数学思想方法的体现			10	
原创题	①原创题和改编题的比例达到 20%以上			10	
	②原创题和改编题质量高、有新意			10	
答案	①答案过程详细、准确无误			10	
	②评分标准详细恰当			10	
备注					

三、抓题例积淀，备考功夫在习惯养成

在 MIFE 的核心理念“高效”的指导下，我们围绕着如何构建和运用错题本进行了积极探索。

1. 学校重视，课题研究

在学校组织的年度微型课题研究中，2017—2018 年度高一生物备课组的“错题本的收集和应用”的微型课题予以开题立项，师生一起从意义、目的、环节和成果等方面进行了很好的理论研究和实践应用，该课题结题后被学校评为一等奖，并组织推介和推广，引导广大师生养成收集和应用错题本的良好习惯。

2. 年级推进，常态管理

在学校的引领下，目前各年级组都非常重视错题本的检查和评价，并形成了常态机制：年级抽查和班级普查相结合，并利用每月的年级大会进行通报，让每个班级和学生都有明确的任务和目标；多维检查和多向评比相结合，把检查结果纳入师生积分制、把优秀错题本放到年级宣传栏进行展示。

3. 学生坚持，习惯养成

在学校和年级组的外部导向下，学生人人都有错题本，每门学科都有错题本，并且学生定期进行错题回顾，特别是考前对错题本进行复习已经成为我们高效备考的文化氛围。

错题本是学生把自己作业和试卷中的错题整理成册的本子，利于找出自己学习中的薄弱环节，使得学习重点更突出、更有针对性，进而提高学习效率和成绩。在错题本使用过程中，有的学生不仅整理自己做错的习题，同时还把“高频错题”“难点题”和“典型题”等一并整理出来，称作“优题本”，“优题本”可以说是错题本的升级版。

各学科组形成了具有本学科特色的错题本。在很多年级，典型例题的收集工作逐步系统化。如，高一年级形成了较为典型的《中学生典型题例手册》，受到了学生的普遍欢迎。

学生对错题和典型题例的积累，成为很多老师的研究课题。如，初中数

学教研组开展了“初中学生数学错题归因分析及纠错对策研究”微型课题研究，取得了反响很好的研究成果。

初中学生数学错题归因分析及纠错对策研究

胡光华　席忠于　唐磊

正如皮亚杰所说：“错误是有意义的学习所必不可少的。”错题是学生数学学习中常见的问题。因此，我们就如何有效利用学生在数学学习中的错题，提高学生的学习效果，促进教师的教学，进行了“初中学生数学错题归因分析及纠错对策研究”的课题研究。

一、数学学习中认知的错误类型

(1) 认知干扰引起的错误　(2) 概念模糊引起的错误

(3) 忽视联系引起的错误　(4) 教学失误引起的错误

二、组织学生纠错的麓山经验

1. 班级设立一名课代表专门负责纠错的组织和检查登记，对各团队每天的作业纠错情况进行登记和评价，与班级管理评分挂钩；协助教师对每次检测考试的试卷纠错进行检查。

2. 每个团队指定一名同学对团队成员的作业和考试纠错进行督促检查并把本团队情况及时报告课代表。

3. 每位学生备有纠错本，对错题及时订正。检测试卷上的错题必须每题都上本。

4. 建立错题联系，适当拓展解题方法。优秀学生在错题基础上出相应的创新原题。

5. 开展错题解题比赛等活动。

三、制作错题本的简单步骤

1. 准备一个八开的练习本，把每页分成4列，题号列、错题呈现列、错题订正列和错因分析列。横隔线可根据题目解答长度划定，使题与题之间分开。

2. 及时把错题写进错题本。

3. 隔一段时间（一般为一周）对前面的有关内容进行梳理调整，温故知新。

（摘录，有删减）

四、抓自习探究，备考功夫在自主训练

迈乎学习的精髓是唤醒学生学习的责任心、自豪感、自觉性和创造性。学生的自主探究是迈乎学习评价的重要指标。根据我们学校寄宿制和学生多的实际情况，秉承“服务＋质量”的办学理念，学校加强了对早中晚自习的有序组织和有效管理。

（一）严格考勤，守时守纪

1. 入口值班：学部统筹安排人员，包括学部主任、年级组长和专干，于每天早中晚自习和上课前，分别站在各楼道口值班，严查迟到情况，对迟到的同学进行教育和反馈。

2. 巡堂值班：学部每天安排一位学部负责人值班，同时年级每天安排一位年级负责人值班，通过教室巡堂和查看监控，双管齐下、多种渠道，随时检查和监管自习纪律并进行及时教育和反馈。

3. 综合评价：值班人员把发现的违规违纪情况及时反馈给相关年级和班级，并纳入班级流动红旗评比和学生积分制管理，既促进年级和班级建设，又促进学生对学校的规章制度和管理人员产生敬畏之心，以养成良好的习惯。

（二）错峰利用，学体双收

学校开设了各种短时段的必修自习课。

早自习是我校学生坚持得很好的传统自习必修课程。有的班级甚至还有一些独到的创意。如高二、高三年级发起的“站立悦读”行动，初三年级组织的“阅读接龙活动”，高一年级和初二年级在早读之前还齐唱励志歌曲。7：00—7：15，周二、周四安排高一、高二年级，周三、周五安排初一、初二年级跑早操。

听力自习课是我校基于错峰管理的典型自习课。11：40—12：00，高二、高三听英语听力，初二播放英语听力，初三进行英语趣味拓展阅读，这样既

错开了用餐高峰，又很好地利用了零散时间锻炼身体和进行专项训练，可谓一举两得。中午有部分学生因回家路途遥远，在教室自习，则安排学生和教师值班，开展“安静校园”行动。

高一和初一则开设书法必修自习课。时间错峰为晚自习前20分钟，即18：40—19：00，学生利用这段时间进行书法训练，掌握汉字和英语书写的基本规律，体验文字中的文化底蕴，提升答题美观度和自信心。

而初三、高二、高三等年级则在同一时间段，开设学习整理必修短课程。学生利用这段时间进行笔记整理和错题整理，对有困难的题目或知识要点，进行攻关，有困惑的可以询问指导老师或者请教同学。

晚自习采取教师全程陪同的模式。每间教室安排一位辅导老师。高三年级在备考冲刺阶段，甚至每层楼还会增加一位各学科负责答疑的加班老师。为了实现错峰管理，初中和高中晚自习时长不一致，初中50分钟一节课，高中55分钟一节课，初中在21：00下晚自习，高中在22：00下晚自习，以便初中和高中的家长错时接送学生，避免拥堵。

作为长沙市办学最早和最大的寄宿制学校，周末学生留校自习，也是迈乎学习关注的一个重要方面。为提高学生学习效率，一方面，我们加强了教师层面的思想工作，绝不利用自习时间超前上课，而是重点加强查漏补缺和针对性辅导，强化因材施教。同时，还要求教师制作相关的教学课件和微视频，上传到网络和教研视窗平台，为学生自主学习、总结、归纳和交流，提供参考依据和学习保障。为不同层次学生设计多元化、个性化、可选择的作业套餐。另一方面，加强学生对自习课的自主管理，引导学生利用好这宝贵的青春时光，积淀学科知识，加强自我练习和检测，突破学习的重点和难点，提升问题解决能力。

（三）动静结合，自主学习

1. 早读前10分钟，组织学生站读以提升气势；晚自习前20分钟，高三学生可以到走廊进行晚读，自由朗读促身心愉悦。

2. 晚自习期间，老师都不能讲题或上课，充分放权，时间全部交给学生，既培养了学生自主管理的能力，又培养了学生自主学习的能力。

动能生元，静能生慧，迈孚学习的灵动思想为学校的自习管理提供了先进的理念支撑，更为麓山的快速发展提供了稳定的效率保证。

从年级组层面来看，各种长课时和短课时自习课程的管理，最能体现一个年级组的教育教学管理水平。这一点，可以从年级组自习课程管理总结报告中审读。

师生同心抓落实，家校携手共管理
——2018 级周末自主学习汇报材料

年级在出台周末自主学习方案之前，就周末学生自主管理、自主学习这方面，通过问卷调查学生和家长，根据学生和家长的反馈情况来看，不少家长周末忙于工作，家庭教育和管理缺失，不少学生在家里因学习氛围不够，无法和同学交流，很难进入学习状态。同时，我们是寄宿制学校，有不少学生周五下午放学后无法赶回家。结合上级教育主管部门的要求，以及兄弟学校的成功经验，我们将周末自主学习做如下安排：

一、形散神不散，加强周末作业考试化

1. 多元选择、自主考试：年级所有学生可以选择奥赛培训、留校或在家自主学习的任何一种方式，要求每位同学都必须自主、认真地完成年级各备课组精心命制的周考试卷。

2. 规范留校、严明纪律：学校提供教室给离家较远和喜欢在校学习的同学，年级组采用巡堂，部分老师值班（在办公室答疑），各班家长在教室（走廊）值班的形式加强管理，提升学生自主学习的效率。参加周末自主自习的同学都必须按时作息，严格遵守留校制度，营造良好的自习氛围。

二、周末不放松，充分提升能力

1. 以考促学、以评促改：周考是对一周学习效果的检测，是打牢基础知识学习的重要抓手。年级按照限时训练、规范答题、自我反思、全批全改四项原则认真执行，以促进学生对过去一周学习知识的温习、巩固，进而促进

同学们的改进和提升。

2. 合理安排、交流实践：我们要求每位家长和同学一起制订好周末计划，我们鼓励家长尽可能充分利用周末时间，与孩子多些陪伴多些交流，我们坚信好的陪伴就有好的教育。并希望我们的家长带领孩子适时进行社会实践，拓展视野提升能力，促使孩子健康快乐成长。

三、具体安排

1. 周三之前学生到班主任处进行留校生登记，留校分周五晚上至周六白天，以及周五晚上至周日两种。

2. 周末自主学习具体的安排：

(1) 对于留校学生的周末自主学习，年级组统一自主考试时间和科目，试卷由当天值班家长根据年级广播指令统一领取、下发，考试结束后，年级值班家长统一下发试题答案。

(2) 学生之间，根据答案进行互评互改，评改后，各团队小组长根据实际情况，将疑点难点收集汇总给课代表，课代表将学生反馈的突出问题于周一汇报本班科任老师，对于部分疑点，鼓励班级学生代表上台为同学答疑解惑。同时，学生可以到教师办公室找相关老师解答。

(3) 对于没有参加考试的同学，学生本人可以在周六第八节课后到本班教室讲台领取试题以及答案，也可以由家长在本班家长群内下载打印，供学生在家自主考试（家长做好相关工作）。

(3) 年级组将组织各班科任老师利用周日、周一晚自习对所考科目的试题进行必要的讲评。

(4) 周六自主考试科目不超过三科，确保下午有两节完全自习的时间，学生利用自习时间，对所考科目进行错题、好题的收集、整理，同时，也可以对新一周的学习要点进行预习等。

(5) 自主考试时间和要求：原则上按照语、数、英每科60～70分钟的考试时量，理、化、生、政、史、地每科50～60分的考试时量。年级严格控制考试时量，各备课组精心准备每个周末的测试试卷或复习资料，测试试卷完全采用分层设题，注重基础，增设附加题。同时，年级组统筹安排考试科目，每周考试科目数量和题量做到合情合理，确保学生完全消化。周末安排有考试科目的，本学科就不再安排其他作业或者复习资料。

3. 周五17：30放学，周日18：30返校，家长做好相关工作。

4. 留校作息时间

周五18：40—22：00

周六7：50—11：40　14：10—17：25　19：00—21：30

周日8：00—11：30

我们坚信，通过师生同心抓落实，家校携手共管理，周末自主学习模式一定会提升学生自主学习能力，促进学生良好学习习惯的养成，使我们的教育教学成绩得到进一步提升！

五、抓答题规范，备考功夫在严谨细致

答题是集中反映学科素养和能力的综合过程。迈乎学习一个突出的亮点是搭建一个学习的平台和建立一系列学习的参考模板，但又不拘泥于此，具体情况应视学情而异。而这应用到学科学习的具体过程中，包括学科学习的方方面面。就学科综合素养监测而言，答题规范的训练是一种典型的尝试。

做作业和考试是每位学生学习和成长过程中两件很常态的事情，但又是两件非常关键的事情，其习惯性和规范性直接影响答题质量。结合当前高考和中考都实行网上阅卷的要求，如何规范答题就显得尤为重要。我们学校在"向规范答题多要5分"的目标指导下，充分利用迈乎学习中的"互动和强化"思想，对规范答题的教育教学进行了有益的探索。

（一）树立规范答题的意识

对于规范答题，很多同学不以为意，思想上存在误区，认为只要会就行，只要意思对即可，结果导致考试成绩不理想，甚至大大出乎他们的意料。这就要求我们回到规范答题的基本认识上来。

1. 理解规范答题的含义：包括书写规范、学术用语规范和答题格式规范三层含义。书写规范体现对考试本身和命题人以及阅卷人的基本尊重。学术用语规范体现学科素养的熟练和训练程度。答题格式规范则体现了一个学校和年级对学生平时的养成教育水平和学科学习的专业程度。

2. 重视规范答题的作用。

“阅其卷而看其人”，规范答题是学生良好品质的一个重要体现，一份答题规范的试卷，既可避免无谓失误又可为自己的答题锦上添花，让阅卷人赏心悦目，想扣分都不舍，想不加分都很难。

3. 学习规范答题的榜样：利用年级大会、主题班会和年级宣传栏进行专题教育，展示优秀的和不好的答题卷面，在比较中相互学习。

（二）做好规范答题的示范

身教大于言传，一块好的板书就是最好的示范，一次好的讲解就是最有效的指导。

1. 我们要求学科教师认真写好板书。我们请老师对卷面不好的学生进行面对面的指导。通过正面引导和侧面教育，学生更加重视规范答题，也更能够规范答题。

2. 我们要求老师指导学生规范答题，包括如何审题、怎样答题以及符合网上阅卷需要注意的事项。

（三）营造规范答题的氛围

学校和年级组努力营造良好的氛围，形成规范答题的文化。

比如高中阶段，我们在每个年级段着力点不同。

1. 高一起始年级我们组织全体学生练字，伴着悠扬的音乐，书写点横竖撇捺，一个个规范的汉字跃然纸上。

2. 高二年级我们组织学生进行书法比赛，既是检验练字的效果也是对规范写字的一个积极引导；同时开展基础知识竞赛，强化知识的结构性理解和领会。

3. 高三毕业年级我们组织规范答题月，各科制定规范答题方案和准备素材，并把相关材料和案例汇编成册，印发给所有学生，让每位学生有据可依、有章可循。

“纸上得来终觉浅，绝知此事要躬行”，规范答题是一个系统和长期的过程，贵在引导和联动，成在坚持再坚持。

以下是我校在2019届高三学生“高考学科答题规范”专题研讨会上，各学科组结合自身学科的特点总结的系列答题规范建议。

语文高考评卷要求和经验

（一）书写马虎，考场大忌：

1. 字迹潦草，让改卷老师如看天书。这种卷子，改卷老师因为看不懂，常常就不给分，或者给很少的分数。

2. 卷面脏乱、错号或改动不统一。有的地方画横线，有的地方画个圈，有的地方又涂成黑块，有的画一个长长的箭头把答案写到了另一题的空白处，改卷老师得到处找答案，视觉无比疲劳。这种卷子，得不了高分是肯定的，万一老师找不到关键点，没给分也是常有的事。

（二）答题整体技术要求

1. 答题笔的选择：颜色较重、粗细一致，答题过程中不要换笔。

2. 字的书写：大小匀称、美观好认、切勿连笔。

3. 答题位置：切勿超出扫描纸边框。

（三）规范作答，聪明作答

按程式，有一定的答题方向。

按要求，千万别问牛答马。

重条理，分点作答，一目了然。

重技巧，不放过任何得分的可能性。

规范答题——冲刺高考生物 90 分

一、审题

提倡“勾勾画画，手眼脑齐动”，在题目中画出关键词，联系教材知识点、题目设问要求，分析问题，理清解题思路，找出答案。戒先入为主、想当然、惯性思维等不良习惯。

二、答案

1. 选择题尽量使用排除法确定答案，对于拿不准的选项，注意：

（1）相信第一印象；（2）带绝对意思的选项一般不对。

2. 非选择题答案

（1）尽量使用专业术语。

（2）首选教材原文，次用题目原文，最后自编语言。

（3）语句通顺，条理清楚，意思完整。

（4）一般应注意根据所给横线长短确定答案字数。

（5）答案应写在指定位置。

（6）字迹清楚整齐，留意错别字。

三、考试特别注意

（1）先全面浏览试卷，对题目数量、难度心中有数。

（2）答题顺序从前到后，先易后难。

（3）碰到难题不纠缠，其他题目做完后再集中力量攻克之，以保证该拿的分数全部拿到。

（4）没有绝对的把握不要改变第一答案。

四、各类题型的规范解答

1. 选择题快速解答

（1）对比分析法

（2）逐项排除法

①排除知识、表述和逻辑错误的选项。有些选项描述本身错误或包含部分错误内容，或逻辑关系错误（逆向选择题除外）。

②排除无关选项。有的选项的叙述本身是正确的，但与题干信息不符，解题的关键就是在题干和选项之间建立一种合理的逻辑关系，不符合这种逻辑关系的即可排除。

（3）信息转化法

有图表转化为文字、文字转化为图表、图与图之间的转化、文字之间的转化等形式。

（4）逆向思维法

2. 解答题规范解答

（1）基础再现题：知识迁移运用

解答基础问答题时应遵循的几个原则：

①回答基本概念时宜“小”不宜“大”。

②回答基本结构时宜“细”不宜“粗”。

③回答基本功能时宜“多”不宜“少”。

④回答生理过程时宜“近”不宜“远”。

（2）图解、图像题：全面观察

①了解图意，图文转换，这是解题的关键，也是解题的最大困难所在。

②知识回顾，寻找依据。

（3）曲线变化题：要明点析线

准确把握曲线的变化“趋势”是解题的关键。

（4）表格数据题：要识表析数

解答表格题的一般步骤：

①识表——获取信息时，识表是基础，是做好表格题的前提。

②析表——顺序性分析、相关性分析、层次性分析、线性趋势分析、纵横比较分析。

③用表——用数据支撑观点，用数据多少说明主体，用数据频率说明影响度，用数据密集度说明本质规律，用数据变化说明趋势。

(5) 材料信息题：要提炼信息

遵循“阅读情境材料→理解、筛选信息→前后联系、思维整合，确定概念原理→联系材料组织答案”的答题思路。①

高考中，学生的各项能力最终都要落实到卷面上。在解题过程中，不会做、会做做不对和会做做得慢都是等效的，都是高考失分的关键所在。因此，学生在答题时必须自始至终事事、处处规范，以求最大限度地减少非知识性失分。力争做到“你认为会的应该是对的，你认为对的应该是全对的”。

① 刘希. 解答非选择题的三大策略［J］. 新高考（高三理化生），2014（8）.

第四章

队伍建设

——迈乎学习的关键保障

在迈乎学习中，教师十分关键。倾力打造一支优秀的专业的教师队伍，尊重教师心理需求和专业成长规律，探索不同层次教师专业成长的科学路径，是迈乎学习效率的关键保障。不仅如此，教辅团队乃至学校所有管理队伍的建设，无疑都是迈乎学习实施的关键要素。

第一节　六维度师德师风建设与“五彩教坛工程”

学高为师，德高为范，好的教师不能只满足于教好专业知识，更要为人师表、为人模范、为人表率。

一、六维度师德师风建设

“动人以言者，其感不深；动人以行者，其应必速。”学校重视教职工的言传身教，立体化开展六维度师德师风建设。

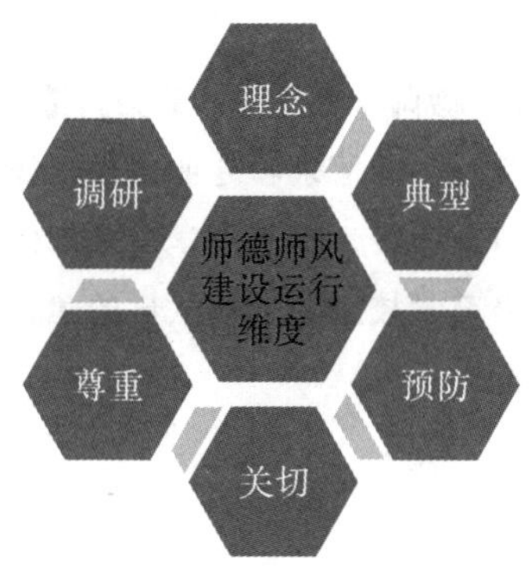

图 4-1　长沙麓山国际实验学校六维度师德师风建设

（一）抓理念，从思想上筑师魂

党务会、校务会、行政会、班组长会、班主任工作会、学部会、教师培训会，各层级会议上，均认真组织老师学习宣传学校编印的《长沙麓山国际实验学校教师手册》。该教师手册人手一册，内容涵盖《中华人民共和国教师法》《事业单位人员管理条例》《中小学教师违反职业道德行为处理实施细则》

《中小学教师“十不准”》《学校章程》《教职工评优评先工作条例》《制度执行问责实施办法》等师德师风规范内容，及时学习贯彻国家、省市师德建设最新要求，不断提升教师师德建设素养。

（二）抓典型，以榜样增强师德力量

学校设立“德育名师工作室”，德育首席名师带领名师团队，引领班主任学员定期开展班主任德育工作研讨活动。注重发挥先进集体和个人的先锋模范作用，每年评选先进党支部、优秀党员、优秀党务工作者、优秀德育工作者、教科研先进个人、优质服务奖、优秀青年教师。学校拍摄了廉政电影《榜样》，以身边的师德先进事迹，鼓励、激发全体教师，重视师德修养，提高人格魅力。

（三）抓预防，防微杜渐构筑师德红线

节假日前，学校必有“廉洁温馨短信提示”“廉洁温馨微信提示”。对有违反师德师风苗头的教师，及时约谈、座谈。严格执行《长沙市中小学校教师违规补课专项整治方案》，对有违规行为的教师严肃处理通报。督促全体教师做到师德为先，廉洁从教，让风清气正、积极向上的良好氛围成为学校的工作常态。

学校认真贯彻执行中共中央、国务院《关于全面深化新时代教师队伍建设改革的意见》，按市教育局要求，围绕加强师德师风建设，建立师德考核负面清单，言有所禁，行有所止，划定清晰的师德边界，给教师的师德行为设立禁区，做到事前事中事后整体化管理，以“负面清单”产生“正向效应”。

（四）抓关切，专项活动强化师德印迹

教师节学生签名树送祝福、与老师见面互致问候，校庆日毕业学生回校探访老师等活动，增强了教师职业幸福感。成立家长学校，班级组建家委会，构建家校共育机制，有效化解家校矛盾，让老师能专心教育教学。为每位退

休教师举办隆重的退休仪式，颁发光荣退休荣誉证书，增添老师凝聚力和归宿感。学校精心策划的系列活动，强化了教师职业尊严，提高了教师的政治地位和社会地位。

（五）抓尊重，教师不用扬鞭自奋蹄

尊重教师职业尊严，让教师在研讨培训中体悟教师专业标准要求，尊重教师个性魅力，让教师在备教批辅研中展示个性能力才华，尊重教师教育权利，让教师在教育教学细节处坚守师德师风底线。尊重教师发展互动，让教师在思想交流和专业互助中突现团队提升。

（六）抓调研，以排忧解困科学构建师德

每学期开展师德表现学生问卷，深入班级座谈，了解师德师风建设落实情况。期中考试后，针对学生问卷、家长反馈、教师平时表现，学校组织以各年级为单位，部门联点领导牵头的调研活动。与学生座谈、与同行教师座谈进一步了解情况，最后与相关老师见面约谈，帮助其克服存在的问题与不足，改进工作。

二、推进“五彩教坛工程”

学校打造迈孚学习的“五彩教坛工程”，强化教师队伍内涵建设和专业发展。

（一）推进“绿色教坛‘四子’工程”，快速助力青年教师的成长

长沙麓山国际实验学校年轻教师人数众多，截至2017年上学期，35周岁以下青年教师人数达到262人，超过全校教师总人数的45%。因此，学校将青年教师这一大群体的发展作为重点课题。学校主要做好“四子工程”。

一是“压担子”。在做好新教师职业引导的同时，给予充分的信任，给予比较重大的教学任务并提供较为自由的施展平台。

二是“结对子”，即“青蓝工程”，采用师徒结对的形式，签订师徒结对合同，明确师徒任务，并进行学期考核。若青年教师在三年内成长较快，符合“出师表”的相关要求，可以主动申请“出师”，学校将进行比较庄重的“出师仪式”。

三是“铺路子”。每年开展学校传统教学活动，提供锻炼的机会，如十分钟片段教学、师徒结对徒弟汇报课、两笔字比赛、课件制作比赛等。在每次活动中，师徒都会共同研究，寻找符合徒弟教师特色的取胜之道，每次比赛都可谓百花齐放、异彩纷呈。

四是“搭台子”。积极组织青年教师参加教育行政和科研部门组织的教育教学活动。由于有学校扎实的科研活动做基础，教师对自身特色有很准确的把握，在其他更大的舞台展示时，总是胸有成竹，游刃有余。因此，在国家、省市各种教学比武中，长沙麓山国际实验学校的老师都会展示出自信、独特的自己，多次获佳绩。在校外专家的引领方面，学校主要通过每学期开学前及学期结束时邀请在某一领域特别有影响力的人物来校做教师培训，让所有一线教师打开视野，在埋头走路时不忘抬头看路。

（二）推进“红色教坛名师工程”，建立教师激励与评价一体化、研训与运用一体化、团队引领与自我提升一体化的骨干名师发展平台

我校不断完善年级组集体备课平台、教研组主题研讨平台、校际教师业务交流平台、教师专业技能培训平台、教育专家引领支撑平台、系列主题读书研讨平台等教师发展平台。近年来，本校已选送和培养湖南省未来教育家、湖南省精英教师、省级教师工作坊坊主、长沙市骨干教师、市级名师工作室成员、市校级“十佳教师”、优秀教研工作者等先进工作者和优秀教师200多人次，选送青年教师优质课下乡及区域交流汇报课和录播课近300多课时。

（三）推进“黄色教坛预警工程”，加强师德师风建设

学校制定了《加强师德师风建设活动实施方案》，其工作指针是：弘扬高

尚师德，树立教师良好形象，树立正确的教师职业理想。实行校长室、工会、学生处、教务处、班主任具体实施，校党委、纪检、督导室负责监督的双轨双线制，对师德师风齐抓共管。邀请市教育局纪委书记等专家来校指导，以案释纪。

学校警钟长鸣，以自查和处理举报的形式，严肃处理教师带班补课的违规事件，抓住一起，就严查一起，顶格处理。学校常抓不懈，预防教师向家长伸手卡要，收受家长现金红包、微信红包或者其他礼品。学校规弦紧绷，凡是触碰教辅资料征订红线的领导和教师，一律严查严处。

（四）推进“橙色教坛规划工程”，积极推进和开展旨在促进教师生涯规划和专业发展的“教师发展计划”

1. 建立教师全员培训制度，五年一周期不少于360学时。学校建立校本研训保障机制。从人力、物力、财力上对校本研训予以保障。定期组织教师外出学习考察，定期外请知名专家为教师讲课，建立校本研训激励制度（教师业绩奖方案）。

2. 制订学科教研组三年发展计划。每学年评比“优秀教研组”“教研积极分子”“十佳教师”等。

表 4-1 麓山国际教研组发展框架及目标体系

序号	内容	指标	
1	信念作风	学科宣言	有体现正确学生观、教师观、教育观、学科价值追求的学科宣言，并做出科学阐释
		发展愿景	有发展愿景及发展目标，组内全体成员围绕愿景与目标有明确的责任分工，每学年有行动方案
		教研组长	教研组长具有课程理解力、课堂引领力、工作执行力、人格魅力
2	队伍建设	成长规划	依据《教师专业标准》提出的知识和能力要求，对组内教师做定位与分析，制定教师成长目标与规划
		师德典型	教研组具有对本组学科教师师德与教风的建设举措，有先进典型
		服务举措	有名师交流项目，有青年发展平台，有活动方案，有经费保障
3	课程教学	课程建设	落实国家课程标准，执行三大课程相关要求
		课堂教学	在备课、课型、学习、评价四大方式上有实施目标和举措
		质量目标	有明确的学生学业成就标准或学科教学质量目标
4	校本教研	课题研究	从学科建设及教学出发，开展项目攻关，申报或参与课题（校级或省市级）研究，撰写论文
		教研方式	创新教研方式，提高教研实效，构建教师自我学习和相互诊断的教研方式
		教学分析	有聚焦课程标准的教材、作业、考试命题等分析活动和分析报告
5	学科管理	学科资源	完善教研视窗学科组负责的网页，建立动态可调的教学资源库
		建立档案	发挥网页管理功能，将教师学期计划、公开课、论文、教案、听课评课、自我分析报告等建立档案
		特色建设	创建教研组特色，利用教研组网页及各项资源扩大学术交流的范围、宣传教研组特色、提升学科影响力

3. 学校积极推行教师个人发展规划。每位教师建立个人电子业务档案，定期对教师进行评价。为教师成长提供各种条件，有计划地培养骨干教师、名优教师。

（五）推进"紫色教坛常青工程"，构建体系化的校本研修长效机制

坚持校本研修的常规化、活动化、体系化，使校本研修更具层次性、主体性和实效性。坚持研训一体，运用专家讲座、案例教学、教学现场观察与分析诊断、小组讨论、教育叙事、合作学习、研训一体等方式，推进我校教师的专业发展。

构建由"校长室—教科室、教务处—教研组、备课组—教师"组成的四级校本研训体系。每学期开学、期中、期末各开展一次学习研训。每位教师每学年上1～2节教研课，每位教师每学期听课15节以上，行政人员和教研组长听课20节以上，新教师听课22节以上。

教师每学期通过微型课题研究和教师寒暑假作业等渠道撰写教学行为叙事案例或研究性论文1～2篇。每个教案原则上要有教学后记。倡导开展"书香麓山"等全员读书活动。开展"师徒结对"活动以老带新，提高青年教师师德水平、业务水平和科研能力。充分利用互联网，积极改善研训硬件。

加大校本研修的投入力度。自2019年2月以来，学校强化校本研修的资金投入力度，划拨专项资金，专款专用。同时，加大校本研修功能场馆的建设。今年，共增设了初中慕课教室和高中慕课教室以及创客教育中心等场馆6个。在学校教工食堂，还配套增设了咖啡厅、教师研讨雅座以及文化体育运动设施。

教师校本研修的分数，直接作为教师评优评先和职称评定的硬性指标，没有达到学分要求的，将一票否决。

未来教育面临的最大挑战不是技术，不是资源，而是教师的素质。教育可持续发展的根本战略是打造具有现代教育理念和视野的、具有教育胸怀和情怀的、整体素质高的卓越教师。

第二节　打造教师校本研训一体化平台

以校本研训为抓手，通过“强基、壮骨、通络”三大富有特色的师训工程，促使教师深入领会以 MIFE 高效课堂为主要内容的迈乎学习理念和精髓。强基工程，青年教师迅速入模，站稳讲台；壮骨工程，骨干教师得以成功出模，实现再生长，走向特色化、个性化；通络工程，自主超模，名师化解教育教学难题。

“强基、壮骨、通络”三大师训工程为我校不同层次教师专业成长构建了一个多角度、全方位、立体化、大视野的研训平台，特色明显，成效显著①。

一、教师目标管理的精细化

总体来说，学校管理都是遵循教育规律、在国家宏观政策大背景下实施的，学校管理要实现高效率，必须依靠精细化。精细化管理是一种理念、一种态度、一种文化。精细化管理以人为本，既要有创新性及渗透到日常管理之中的制度，也要有严密完整、由若干个具体目标组成的考核操作平台。

（一）教师年度发展计划

我校迈乎学习是一个包含校园文化、信息技术、多元课程、学习路径、课堂教学、课题研究、评价体系和队伍建设“八大组织策略”的系统工程。基于精细管理理念，在“队伍建设”这个环节，学校创新性研发了“教师年度发展计划”，旨在引导教师做好自我规划，达到精细化管理，从小目标做起，提升教师素养。

① 李梅芳．全面实施素质教育背景下的教师专业成长策略［J］．创新人才教育，2018(9)．

表 4-2　长沙麓山国际实验学校教师年度发展计划（2019）

<table>
<tr><td>姓名</td><td></td><td>性别</td><td></td><td>年龄</td><td></td><td>教龄</td><td></td></tr>
<tr><td>学历</td><td></td><td>职称</td><td></td><td>任教学科</td><td colspan="3"></td></tr>
<tr><td rowspan="4">WOT
自我
分析</td><td>优势
（strengths）</td><td colspan="6"></td></tr>
<tr><td>劣势
（weakness）</td><td colspan="6"></td></tr>
<tr><td>机会
（opportunities）</td><td colspan="6"></td></tr>
<tr><td>挑战（threats）</td><td colspan="6"></td></tr>
<tr><td rowspan="16">GPS
年度
规划</td><td rowspan="16">发展目标
（goals）</td><td rowspan="2" colspan="2">总目标</td><td colspan="4">特级教师（　　）市级名师（　　）校级名师（　　）其他：</td></tr>
<tr><td colspan="4">学习型教师（　　）科研型教师（　　）爱心型教师（　　）辅导型教师（　　）</td></tr>
<tr><td colspan="2">我的教育理念</td><td colspan="4"></td></tr>
<tr><td colspan="2">我的教学理念</td><td colspan="4"></td></tr>
<tr><td rowspan="12"></td><td rowspan="2">专著研读</td><td colspan="4">本年度研读专著（　　）本</td></tr>
<tr><td>研读书目</td><td colspan="3"></td></tr>
<tr><td rowspan="8">课堂教学</td><td colspan="4">拟形成的教学风格</td></tr>
<tr><td colspan="4">课堂教学状态素描</td></tr>
<tr><td>执教公开课或学术讲座</td><td colspan="3">市级以上（　　）　市级（　　）　校级（　　）</td></tr>
<tr><td>论文或随笔撰写</td><td colspan="3">每年获奖或发表（　　）篇</td></tr>
<tr><td>案例积累</td><td colspan="3">每学期（　　）篇</td></tr>
<tr><td>信息素养提升</td><td colspan="3">学会使用何种工具或软件：</td></tr>
<tr><td rowspan="2">拓展课开设及校本教材编写</td><td>拟开设校本课程</td><td colspan="2"></td></tr>
<tr><td>拟撰写校本教材</td><td colspan="2"></td></tr>
<tr><td rowspan="2">班级管理</td><td colspan="4">校级优秀班集体（　　）市级以上优秀班集体（　　）</td></tr>
<tr><td>拟形成的班级特色</td><td colspan="3"></td></tr>
</table>

续表

<table>
<tr><td rowspan="2"></td><td>行动计划
（plans）</td><td colspan="2"></td></tr>
<tr><td>所需支持
（supports）</td><td colspan="2"></td></tr>
<tr><td rowspan="2">评价</td><td>自我评价</td><td>教研组评价</td><td>学校评价</td></tr>
<tr><td>优（　　）
良（　　）
合格（　　）
不合格（　　）</td><td>优（　　）
良（　　）
合格（　　）
不合格（　　）</td><td>优（　　）良（　　）
合格（　　）不合格（　　）</td></tr>
</table>

备注：

1. 教师专业发展年度规划将依据教师目标制定及完成情况以及自我评价、教研组评价、学校评价等方面评出等第。

2. 发展目标全面且完成情况优秀为“优”；发展目标较全面且完成80%以上为“良”；发展目标不够全面但大部分完成为“合格”；发展目标不全面且完成情况不到60%为“不合格”。

3. 评价等第将折算成分数计入绩效考核且作为评优评先的加扣分依据。

学校教师年度发展计划既有总目标，也有发展目标与行动要领，定性与定量相结合，定性标准化，定量数据量化，谋事在前，落地要求，细节管理，保证了精细化管理的高效性。

（二）微型课题研究全员参与

学校近几年引领教师全面进行微型课题研究。根据教师自身教育教学过程中遇到的实际问题，以问题探索、经验总结为目标，变革育人思路和方法，帮助教师进入研究状态，促进教师自身专业发展，从而更好地实施迈孚学习。

麓山国际实验学校微型课题管理方案

一、微型课题研究的基本原则

真实性原则、微观性原则、自主性原则、实用性原则、积累性原则。

二、微型课题研究的管理环节及其要求

1. 课题选题。每年3月和9月，学校教科室牵头、以教研组为单位，组织教师自主选题。要求：教研组教师参与面为100%，微型课题数达到本教研组总人数的60%以上。

2. 课题申报。课题组讨论，由课题组负责人（主持人）填写“麓山国际实验学校‘微型课题’申报评审书”。

3. 课题开题。由学校统一安排时间，按教研组集中进行开题讨论，确定立项的微型课题，报教科室备案。

4. 课题研究。课题组按申报方案，分析问题、收集资料、寻找对策、实践应用、解决问题、总结反思。对于过程研究，定期在学校网站《教研组天地》栏目进行展示。

5. 课题检查。教研组组织中期评估，督促课题组落实研究方案，并填写“微型课题中期检查汇总表”，交到FTP教科室课题管理文件夹。

6. 课题结题。课题主持人对研究过程中的材料和信息进行加工整理，针对课题研究提出解决问题的结论并撰写小课题论文、研究报告、微视频、微课等成果，以教研组为单位汇报呈现结题，教科室负责审定。结题结论、结题报告要有第一手的原始材料支撑，把过程研究作为课题结题的重要标准。

7. 课题评奖。各教研组按结题课题数的30%推优，学校在12月份集中召开课题成果评奖研讨会，组织专家审查微型课题研究材料，采用现场答辩、组织观摩等形式，评选年度微型课题一、二、三等奖。

二、教师成长平台的一体化

（一）强基平台——让青年教师迅速入模

对于刚刚走上工作岗位的青年教师，树立规范意识，加强基本功修炼是入模的第一步。① 要想在现实中站稳讲台，规范教育是第一课。

1. 岗前培训入轨平台

对刚刚走上工作岗位的青年教师而言，规范教育至关重要。基于这一认识，每位青年教师入职我校后，第一堂课就是岗前培训。培训内容包括教育政策与形势的解读、教育理论培训、新课标学习、教师专业发展规划、考纲研读、教材学习、同课异构、课型方式培训、三笔字培训、班级管理与学生工作技巧以及师德师风报告会等。

2. 成长规划入业平台

为了引领青年教师专业成长，学校要求青年教师制定年度专业发展规划。学校引导青年教师利用SWOT态势分析法对教师的优势、劣势、机会及挑战进行深入分析，在对自己有了足够了解之后制定专业发展年度规划。发展规划包含SWOT自我分析、发展目标及行动方案三大部分。发展目标包括总目标和分目标，总目标引导教师为自身发展进行总体定位，备选项有特级教师、市级名师、校级名师、学习型教师、科研型教师、爱心型教师以及其他。分目标又分专著研读、课堂教学、班级管理三个大的方面。在制定目标之后，要求青年教师根据自身实际制定行动方案。年终，学校将采用个人总结汇报的形式对教师专业发展年度规划落实情况进行汇报呈现，最终综合自我评价、教研组评价、学校评价对教师个人年度发展规划实施情况评出等第。发展目标全面且完成情况优秀为优；发展目标较全面且完成80%以上为良；发展目标不够全面但大部分完成为合格；发展目标不全面且完成情况不到60%为不

① 李梅芳. 全面实施素质教育背景下的教师专业成长策略［J］. 创新人才教育，2018（9）.

合格。评价等第折算成分数计入绩效考核且作为评优评先的加扣分依据。

3. 集体备课入慕平台

一是鼓励青年教师钻研课标、读透教材、读懂学生、了解学情、参照同事以往教学经验，做好初步教学设计。二是营造轻松和谐的备课氛围。每次安排一位主讲和主评人。其他老师相互交流和补充。三是统一备课模板。教学设计、课件以及教学检测单（含师生用的两种）的项目规范基本一致。四是加强教学设计的二度开发和个性化处理。青年教师入模要快，参悟要深，组织要活，方法要新。

4. 导师领航入境平台

我校实施“青蓝结对”工程，为每位青年教师配备一个德育及教学导师。师傅指导徒弟吃透课标、教材及教辅资料；指导徒弟研究学生和学情；指导徒弟在课型方式和学习方式上做足文章，在教学情境、问题与活动设计方面出彩；指导徒弟在教育路径和方法上创新；指导徒弟在班主任工作、学生管理以及学生生涯规划方面深度思考。同时，制定相关奖惩政策，对指导青年教师用心且富有成效的导师实施精神和物质奖励，优秀典型推荐到学校“教师论坛”分享经验。对不思进取、不虚心好学、教育教学绩效不佳的徒弟，不予出师。积极进取、虚心好学、成绩突出的青年教师则可评为“优秀青年教师”，学校给予其精神及物质奖励。这些措施确保了青蓝工程的实效，为青年教师的快速成长导航助力。

具体要求：

（1）对师傅的要求：①指导教师向新教师介绍教学经验，提供教学信息，推荐学习文章。②师傅每学期听徒弟的课不少于 3 节，听课要认真记录，按照一节好课的评价标准认真评课，做好评课记录，写出指导意见。③精心指导徒弟备好课，认真查阅教案，并给予悉心指导。④每学期指导徒弟至少上一堂组内或校级公开课或汇报课。⑤指导期内，每个学年结束后，师傅要进行书面小结，作为徒弟出师的参考意见。

（2）对徒弟的要求：①原则上每节课跟堂，每周至少听 1～2 节师傅的课。②加强基本功练习，像课堂语言、教案书写、钢笔字、粉笔字、板书，等。③每次学生测验完毕，主动和师傅沟通，对学生掌握不足的共性问题虚心向师傅请教，拟定整改方案、措施。④每学期在师傅的指导下，上好至少一堂组内或校级公开课或汇报课，每学期跟进组内其他老教师课堂3节以上。⑤学期结束，要求每名青年教师的教案在学校期末检查中进入“优秀教案”行列。

为推动这一工作，学校还专门成立了“青蓝学堂”专题项目组。工作重点是以“历练师品、提高师艺、提升师德”为主导，引导青年教师加强业务学习，关注专业发展，与学校发展同频共振。

通过新老教师结对和有效工作，促使青年教师积极进取，热情饱满地投入到教学中，提高教师基本素养的同时，提高他们自己驾控教育教学的能力，激发他们积极进行教研的热情，从而使他们快速成长。对老教师而言，借此机会，向新教师学习，更新教育理念，与时俱进。

表4-3 青蓝工程5月甘特图（物理组）

<table>
<tr><th colspan="5">青蓝工程5月甘特图</th></tr>
<tr><th></th><th>第一周
（5月8日—12日）</th><th>第二周
（5月14日—18日）</th><th>第三周
（5月21日—25日）</th><th>第四周
（5月28日—6月1日）</th></tr>
<tr><td rowspan="3">主持人</td><td>4月份总结会</td><td colspan="3">网络平台宣传：活动掠影、资源分享、成果展示</td></tr>
<tr><td>5月份工作要点</td><td colspan="3">新浪微博、微信公众号对青蓝工程进行全方位宣传</td></tr>
<tr><td></td><td></td><td>收集整理每次赛课、研课资料</td><td>总结整理本月的活动，并上传</td></tr>
<tr><td rowspan="3">成员</td><td>参与会议</td><td></td><td>师傅给徒弟上示范课</td><td>指导徒弟备课，出试卷</td></tr>
<tr><td>提出建议</td><td colspan="3">对徒弟进行评课、作业批改检查</td></tr>
<tr><td></td><td></td><td></td><td>师傅总结</td></tr>
<tr><td rowspan="3">徒弟</td><td></td><td>积极参与</td><td colspan="2">准备课题、准备试卷</td></tr>
<tr><td>学习反思</td><td colspan="3">徒弟研课，相互听课，共同分析试卷</td></tr>
<tr><td></td><td></td><td></td><td>徒弟发言，反思，总结</td></tr>
</table>

5. 专业测试入学平台

为提升教师的专业意识与能力，学校不定期举行学科专业测试。测试由校长室牵头，教科室设计方案，教务处具体组织，教研组通力配合。测试不分初中和高中。所有35岁以下的青年教师、入校不足三年的教师以及其他有意向的教师，都可以参加测试。测试的难度标准，相当于高考水平。

6. 研赛结合入流平台

为了帮助青年教师提高课堂教学水平，学校推行周研课制度。通过不断听课、磨课、赛课，我校青年教师成长十分迅速，2017 年、2018 年的“一师一优课，一课一名师”晒课活动中，我校共推荐了 12 堂课，12 堂课均获市级优课，6 堂获省、部级优课。① 其中部级优课获奖者唐雄、张春雪、黄颖三位老师来我校工作不到三年。2017 年、2018 年王尹伊、高歌等青年教师参加省市学科教学竞赛均获一等奖。

7. 积分管理入核平台

为了提高青年教师工作积极性，增强制度执行力，我校采用积分制管理办法对教师进行全方位过程性管理。行使管理的部门包括教务处、教科室和教研组。教务处主要从考勤、教学常规、成果分享、安全与志愿服务、校内考务等方面对教师进行过程性管理；教科室从拓展课程开设、论文撰写、课题研究、赛课、公开课、试卷命制、辐射引领、教研活动考勤、听课评课、教师作业完成情况等 10 多个维度对教师进行过程性考核；教研组则在教务处和教科室积分制管理办法的基础上综合学科特点对教师的常规教研进行考核。通过以上举措，我校青年教师工作状态佳，教育教学理念新，信息技术应用能力强，教育教学常规实，业务能力提升迅速。

（二）壮骨平台——让骨干教师成功出模

青年教师与骨干教师的距离就是四个字：历练+厚笃。历练是时间在骨干教师的骨子里浸润的痕迹。而厚笃则是漫长的深度积累过程，经历由外而内、再由内而外循环往复的考验和自省，奔腾在骨干教师血液里的核心气质。历练与厚笃是一个不断延续的过程，此时的骨干教师若能不忘初心，消除职业倦怠，笃定前行，必能成功地壮骨出模。

① 李梅芳. 全面实施素质教育背景下的教师专业成长策略 [J]. 创新人才教育，2018 (9).

1. 精品示范课：骨干教师成就于深耕课堂

多年的坚守，多年的学科课堂实践，多年的探索与思考，成就了骨干教师的专业自信。这种自信包含了太多的汗水与智慧，所以是沉甸甸的，是底蕴十足的。骨干教师的这种自信，有责任有义务进行传承和示范。这就是骨干教师义不容辞的新使命。而传承骨干教师的最佳平台，仍旧在课堂。

骨干教师要充分利用平时的研课，展示深厚的专业功底、个性化教学设计和艺术化课堂组织技巧，展示骨干教师对学科要求、教材要求、学生要求、学情现状和资源整合的深度理解，展示对教育规律和教学之道的基本遵循和灵活运用。

骨干教师还要利用学校大型开放日的精品示范课，展示麓山特色的 MIFE 课堂模式，展示麓山教师的精气神，展示基于未来学科发展和课堂建构的大胆创想。

麓山国际 2018 年教改成果交流暨 MIFE 教学开放活动

“讲→听→评→展”一体化活动

实施方案

一、活动时间

11 月 21 日、22 日

二、活动地点

长沙麓山国际实验学校（长沙河西望月湖月华街 59 号）

三、活动主题

基于学科核心素养的教学改革成果交流暨第三届“MIFE 高效课堂”教学开放

四、具体安排

<table>
<tr><th colspan="2">时间</th><th>内容</th><th>责任人</th><th>地点（以当日指南为准）</th></tr>
<tr><td rowspan="4">11月21日下午</td><td>14:00—15:00</td><td>讲座：基于学科核心素养的教学改革成果交流</td><td rowspan="3">初高中数学、英语、政治、历史、地理学科教研组长</td><td rowspan="3">数学（体育馆）
英语（小剧场、初中部五楼慕课教室）
政治（中学会议厅）
历史（办公楼五楼慕课教室）
地理（办公楼三楼录播教室）</td></tr>
<tr><td>15:10—15:50</td><td>听课："MIFE 高效课堂"示范课</td></tr>
<tr><td>16:00—16:30</td><td>评课：根据具有麓山学科特色的"MIFE 高效课堂"评价标准评课</td></tr>
<tr><td>16:35—17:25</td><td>展示：拓展课程"选课走班"</td><td>年级组长</td><td>另行安排</td></tr>
<tr><td rowspan="3">11月22日上午</td><td>8:50—9:50</td><td>讲座：基于学科核心素养的教学改革成果交流</td><td rowspan="3">中学体育、美术、信息技术学科教研组长</td><td rowspan="3">体育（体育馆）
美术（办公楼五楼慕课教室）
信息技术（实验楼四楼计算机房）</td></tr>
<tr><td>10:00—10:40</td><td>听课："MIFE 高效课堂"示范课</td></tr>
<tr><td>10:50—11:30</td><td>评课：根据具有麓山学科特色的"MIFE 高效课堂"评价标准评课</td></tr>
<tr><td rowspan="4">11月22日下午</td><td>14:00—15:00</td><td>讲座：基于学科核心素养的教学改革成果交流</td><td rowspan="3">初高中语文、物理、化学、生物、通用技术学科教研组长</td><td rowspan="3">语文（小剧场）
物理（体育馆）
化学（中学会议厅）
生物（办公楼五楼慕课教室）
通用技术（实验楼五楼创客教室）</td></tr>
<tr><td>15:10—15:50</td><td>听课："MIFE 高效课堂"示范课</td></tr>
<tr><td>16:00—16:30</td><td>评课：根据具有麓山学科特色的"MIFE 高效课堂"评价标准评课</td></tr>
<tr><td>16:35—17:25</td><td>展示：拓展课程"选课走班"</td><td>年级组长</td><td>另行安排</td></tr>
</table>

2. 学科特色化校本资料编撰：骨干教师成就于经验升华

骨干教师在学科特色化校本资料编撰方面的基本功和突出贡献是参与校本化教学设计。在集体备课背景下，骨干教师的经验可以和青年教师的聪明才智很好地融合，互取所长，不断交流，不断创新，推动学科教学设计的科学化、现代化、人本化和艺术化。

骨干教师应积极参与校本作业的编撰。校本作业主要指检测单，包括教师版检测单（答案注在每个题上）和学生检测单。为保证时效性，校本作业编撰工作务必在规定的时间内完成。因此，骨干教师要以极大的奉献精神，牺牲休息时间，为学科谋福利，为学生谋发展。

骨干教师还应积极参与校本教材的编撰。拓展丰富型课程是教师个性化与学生个性化互动的重要平台，校本教材的编撰则是个性化的媒介和载体。同时，校本教材又是学科建设的缩影，是骨干教师专业功底和综合素养的标尺。基于此，我校各学科组都把校本教材的编撰作为学科建设和培养骨干教师的重要阵地。

麓山國際實驗学校 LUSHAN INTERNATIONAL EXPERIMENTAL SCHOOL 校本教材系列丛书

中学美术组刘清峨老师校本教材《水墨潇湘》封面

（获湖南省和长沙市校本教材评审一等奖）

丛书主审：邓智刚

丛书主编：向雄海

本册主编：刘清峨

目　录

3. 外出送课：骨干教师成就于辐射引领

我校很多教师借助学校发展的良好契机，成长为教学名师，在各种教育教学平台上展示自身和学校的教育教学理念与成果。

（1）承担培训任务

作为长沙市窗口学校、课改样板示范学校和首批校长（教师）培训基地，我校的教育创新与发展得到了上级相关部门的充分肯定，学校也因此成为上级部门指定的信得过的培训研讨承办单位，同时也有很多接待交流的任务和机会。向雄海、宁凯、余伟民、肖伟、吴岚、李梅芳、王德复、张博文、李明星、何新华、高海波、吴莹、张程、刘清峨、傅新桃、贾志等一批教师多次被邀请担任省市和国培教师培训专家。

（2）送教下乡下校

送教下乡已成为一项常态化工作。如我校李宛璐、万正颜、罗佳、吴美文、梁勋、王柱根、李焕发、陈显胜、李尚辉、王凤驰等教师应省市教科院邀请，到怀化、常德、浏阳、邵阳等地送课。学校还多次组织老师到炎陵助学。

（3）联盟交流展示

课改联盟等教育学习共同体，为我校教师提供了更加开放的展示与交流平台。在全国高中课改联盟等组织的每一次学科研讨和同课异构活动中，我校教师都取得了骄人的成绩。这些活动，不但展示了我校教师的风采，还展示了我校教学教改的新理念、新做法，更是对我校骨干教师的锻炼和提高。

（4）长郡集团和麓共体集团内部教师同课异构

每学年，麓共体都会组织集团内部教师比武和交流活动。上半年为片段教学，下半年为同课异构。同时，我们还积极参加长郡集团的相关活动。有的骨干教师参与点评课，有的直接上示范课。

定制课堂“送货上门” 寒风冽雨中长沙教师送教下乡暖人心

湖南红网

红网时刻1月8日讯（通讯员 钟武伟 记者 胡晓春）

室外寒风凛凛，教室内却暖意融融，爱心“送教下乡”活动正在这里进行。（2019年）1月3日至5日，长沙麓山国际实验学校教师前往长沙县开慧镇开慧中学、张家界慈利县四中、湘西龙山县一中三所对口帮扶学校开展“送教下乡”活动，按照对口帮扶学校的具体要求，麓山国际学校的老师们为他们“量身定制”了不同的送教套餐，深受师生喜爱。

1月3日，在校长邓智刚的带领下，麓山国际实验学校一行八人来到开慧中学开展“送教下乡，师徒结对”活动，长沙县教育局副局长陈晓、开慧中学校长陈效等领导参加了活动。两校语文、英语、生物老师首先采用“同课异构”形式上了三堂示范课，共话课堂改革，让参与活动的教师从课堂改革理念到实践都有了新的提升。随后举行师徒结对仪式，两校八位老师结为师徒，将“一对一”培养引领开慧中学的精英教师。

1月4日下午，在副校长向雄海的带领下，老师们冒着风雪抵达慈利县四中。按照慈利四中的要求，这次送教活动的主题是“高三备考策略和高效课堂构建”。麓山国际高中教务处副主任叶修刚与四中全体高三同学就高考备考策略开展了两个小时的深入交流。5号上午，两校开展了“同课异构”研讨活动，麓山国际柯海山、蒋晓明老师和慈利四中胡圣平、张子军老师分别为高三年级上示范课并进行课后研讨。送教期间，向雄海还代表麓山国际实验学校慰问了在该校支教的五位老师。

1月5日上午，麓山国际一行三人在纪委书记杨德成的带领下来到龙山一中，与一中全体老师一起参加活动。活动主要围绕课堂改革与高效课堂构建展开，麓山国际教科室主任王德复应邀做“MIFE高效课堂的道与术”专题讲座。麓山国际熊霖老师运用MIFE高效课堂理念，以“牛顿第一定律”为课题上了一堂精彩的物理示范课，这堂课教学内容丰富，教学方式新颖，课堂气氛热烈，让与会师生受益匪浅。

4. **教师论坛：骨干教师成就于凝练智慧**

有斐君子，如切如磋，如琢如磨。所谓同侪，不仅是一起工作，而且要一起成长。所谓学习共同体，就是要共同研究学习，互相取长补短。

学校每学期开学初及期末都会举办“教师专业发展论坛”。有的教师谈教育理念，有的教师谈教学经验，有的教师谈课堂策略，有的教师谈校本教材开发，有的教师谈课题研究，有的教师谈带班经历，还有的教师谈奥赛故事。

很多在教育、教学、科研方面卓有成效的教师被请上论坛，为其他老师传递经验与智慧。通过教师专业发展论坛，我校已有几十名优秀教师得以分享教育教学经验与智慧。论坛品质一届高过一届。在老师们的心目中，教师专业发展论坛是一个智慧与荣耀的殿堂，有机会登台即意味着某一方面有过人之处。

教师专业发展论坛，一方面让名优骨干教师有了展示智慧的舞台，另一方面也倒逼他们及时梳理教育教学智慧，为未来成为名师奠定思想基础。

5. **奥赛培训：骨干教师成就于默默奉献**

麓山奥赛的功劳簿里写下了多少骨干教师的名字！

有一种付出，叫作麓山奥赛。有一种顽强，叫作麓山奥赛人。奥赛是一种学习，但比一般的学习更快、更深、更累。奥赛更像是一场孤独而坚毅的旅行。每天10多个小时的坚持，是对学生和教师学习力和毅力的双重考验。奥赛的学生没有太多的假期，别的学生在暑假旅游时，他们在实验室汗流浃背地论证自己的梦想。大年初三，别的同学还沉浸在过年的氛围中，他们已在孤冷的教室里写下青春的赞歌。奥赛的骨干老师们，也没有太多的假期，甚至和家人团聚的时间都少之又少。奥赛的老师们既要为学生架构知识、寻找好题，更多地还是要陪伴，甚至不断地做学生的心理疏导工作。多少故事，历历在目；多少心酸，只有明月知；多少泪水，都是奋斗的味道！

（1）麓山奥赛成绩单

表 4－4　2018 届高中竞赛成绩一览表

序号	学科	主教练	姓名	班主任	获奖级别	初中来源	备注
1	数学（9）	肖瑶	廖子豪	杨杰琼	省一	麓山国际（中招）	清华降一本
2			王卓		省一	邵阳市六中	
3	物理（13）	柯海山	周濛		国赛铜牌	麓山国际（直升）	清华降一本
4			朱泽鹏		国赛银牌	麓山国际（直升）	清华降一本
5			张博		省一	麓山国际（直升）	
6			张景淇		省一	麓山国际（中招）	北大降一本
7			陈骞		省一	麓山国际（直升）	
8			李弘毅		省一	麓山国际（插班生）	
9			刘洋		省一	邵阳状元学校	
10	化学（9）	刘润泽	林天舒		省队	长郡双语	北大降一本
11			刘东辰		省一	麓山国际（直升）	
12			李文杰		省一	常德德雅中学	
13			周楷翔		省一	麓山国际（中招）	
14			丁元昊		省一	麓山国际（直升）	
15	生物（10）	彭洋	邓安妮		国赛银牌	麓山国际（直升）	清华降 60 分
16			刘晨曦		省一	麓山国际（直升）	
17			王思科		省一	麓山国际（插班生）	
18			周炬龙		省一	麓山国际（直升）	
19			阮乐函		省一	麓山国际（直升）	
20			邓巍衡		省一	长郡梅溪湖	
21			袁文杰		省一	湘潭益智学校	
22	信息（9）	李善勇	孟强定		省一	麓山国际（中招）	
23			叶芷		省一	麓山国际（直升）	
24			张文韬		省一	麓山国际（中招）	
25			禹顺尧		省一	麓山国际（中招）	
26			朱俊丞		省一	麓山国际（插班生）	
27			陈山河		省一	邵阳五中	
28			曹淇俊		省一	麓山国际（中招）	
29			陈正潇		省一	麓山国际（直升）	

表 4-5　2015—2018 届高中学科竞赛成绩汇总表

届次	数学			物理			化学			生物			信息学		
	省一	国赛	教练	省一	国赛	教练	省一	国赛	教练	省一	国赛	教练	省一	国赛	教练
2015	0	0	唐磊	3	1	柯海山	5	0	刘润泽	0	0	赵洪波	2	0	王灿
2016	1	0	肖瑶	4	1	吕佑祥	6	0	蒋晓明	5	0	陈显胜	2	0	李操
2017	1	0	肖喜	7	0	李晓亮	7	1	赵紫梨	0	0	邓勃	2	0	王灿
2018	2	0	肖瑶	7	2	柯海山	5	1	刘润泽	7	1	彭洋	8	0	李善勇

通过学校的正确决策，竞赛教练的辛勤付出，班主任及年级组的大力支持，学校首届竞赛班竞赛取得一定的成绩。省一等奖人数为历届最高，达到 29 人，其中物理 2 人进省队（全国决赛一银一铜，清华两个都降一本线，省队人数突破），化学 1 人进省队（全国决赛，北大降一本线），生物 1 人进省队（全国决赛银牌，清华降 60 分，省队零的突破），数学 1 人清华降一本线。五大学科都有重大突破，实现了所有学科的共同发展。

（2）如何做到的

第一，领导决策，上下同心。

我校奥赛生起点并不突出，而长沙市“四大名校”对竞赛的支持力度达到空前，要想在强手如云中有所突破，必需要采取措施，为此，学校成立专门的竞赛实验室，配备竞赛实验员，分析形势，积极调研，召开教练会、学生会、家长会，听取各方意见，决定组建首届竞赛班。竞赛班成立之初，没有现成的经验可以借鉴，压力很大。学校针对学生存在的问题经常召集教师一起会诊，想办法、找出路，年级组、班主任、教练分工合作，年级组做协调，班主任抓思想，教练重专业，针对不同时期的学生采取不同的措施。上下同心，把各项措施落实到位，虽然过程艰辛，但全体教练的辛勤付出，终于迎来回报，有了今天的成绩。

生物竞赛教练彭洋老师作为一个刚毕业的大学生，认真学，吃得苦，有什么问题及时和我沟通，本来就瘦小的她备战联赛时体重急剧下降，在不断的鼓励下和学生一起坚持下来，真的不容易。信息学竞赛教练李善勇老师（还负责中心相关事情）也是第一次带高中竞赛，面对着信息学不断更新的知识，他自己苦练内功，只要有时间就是做题，已做完20多本书的题目，整理联赛模拟题300多套，初步搭建起校内在线评测系统。这些都是与他默默地付出分不开的。

第二，全心投入，科学备考。

奥赛教练大多属于骨干教师，经验丰富，具有一定的备考经验，能够较好指导学生进行科学备考。教练工作既是对专业的高要求又是体力、心理的考验。这些教练牺牲寒暑假休息时间，陪着学生，他们既是学生的专业导师又是学生的心灵导师。教练们制订详尽的计划，特别是备考阶段，每天学生完成什么内容，还需要哪些改进，教练们都做到心中有数。教练都在默默地奉献着，为了这份教育情怀，去追逐教育的梦想。通过教练们的不懈努力，学生们的刻苦训练，才有了今天的成绩。

第三，重视实验，精准分析。

成绩的取得与实验教练的辛勤付出是分不开的。没有他们没日没夜的实验训练，没有他们对学生的细心指导，学生的实验不可能取得如此好的成绩。

第四，励志激励，调适心理。

奥赛的历程是艰辛的，奥赛人也有脆弱的时候。所有的教练，都把学生当成自己的孩子，日夜陪伴，想着法子激励他们抗压前行。有的经常陪伴学生到西湖毅行，有的把家里的零食都搬到了奥赛教室，有的中午或者晚上，撇下父母老婆孩子，陪学生散步散心。在这些骨干教师的眼里，既然选择了奥赛教练，那就是选择了坚守和付出。

（3）反思与改进

我校奥赛工作也有些值得改进的地方。

一是各学科发展不平衡。虽然各学科都获得省一等奖，但生物、信息学、数学省一人数还太少。另外还需实现五大学科省队的全面突破。

二是部分教练团队合力不够。还存在教练孤军奋战、资源不共享、经验不交流等现象，没有形成良好的团队氛围。这样的结果是很难有突破的。需将学科教练集中在一起办公、交流，各种大型比赛一起前往参加。

三是教练专业研究有待进一步提高。中青年教练队伍需要加强。竞赛工作既拼专业又拼体力，急需培养一批年富力强、专业功底扎实的中青年老师投入其中。只有不断研究考题，多读书，才能较好地指导学生。

四是高校联系还需进一步加强。虽然国家取消省一保送加分，但包括清华、北大等一流高校还是非常认可竞赛成绩，获得省一的学生如何在自主招生等方面获得一定的优惠政策，还需加强与高校的沟通，及时了解政策。特别是每年暑假清华、北大来湖南的单独招考（针对竞赛生）尤为重要。同时注重学生面试经验的积累。

五是进一步关注竞赛学生心理问题。竞赛学生竞争激烈，付出多，压力大，心理调适就变得尤为重要。需要定期请专业心理医生进行疏导。同时需加强体育锻炼，让学生身心健康，才能更好地投入学习。

六是竞赛实验还需总结提炼。学校专门建立三个学科竞赛实验室，配备专业竞赛实验员，竞赛实验成绩每年都在进步，三位实验教练基本都有三年以上的实验经验，可以将历年实验编辑成册（包括学生实验常见问题及注意事项）。同时加强外出培训。

（三）通络平台——让教育教学难题消解于无形

教育教学的过程，也是发现问题解决问题的过程。如何破解难题，为教育教学扫清障碍，校长责无旁贷。为什么不少学校由辉煌走向衰落，究其原因，皆是因为没能在关键时刻解决好关键问题。我校 25 年的历史，从民办到公办，从默默无闻到享誉三湘四水，每走一步都在思考，每走一步都在发现问题，解决问题。这一过程恰如医生诊病，先是把脉拿准病症，然后对症下药，打通经络，消除病灶。我们把化解教育教学难题的工程称之为“通络”工程。

1. 专家把脉引领

没有理论指导的教育是盲目的低效的。基础教育课程改革进行到现在，新的高考方案、新的课程标准、新的课程理念、新的教材、新的育人目标对教师的知识结构、思维方式、教学能力、教学手段和专业能力均提出了新的挑战。此时，专家的理论引领和实践指导显得尤为重要。为了让教师了解最前沿的教育思想、教改动态，学校一方面派出教师奔赴北上广等教育改革前沿阵地进行实地考察，让教师亲临课堂学习观摩，聆听一线专家讲座，与专家面对面交流释疑解惑。另一方面，把专家请进学校问诊课堂，把脉教学。过去三年，学校共派出教师约 550 人次外出考察学习。为了让学习效益最大化，学校要求这部分教师撰写研修心得，在教研组分享学习成果，并通过官网、微信平台及时发布。研修心得积累到一定篇数后，学校组织专人将其汇编成册分发给全体教师，让所有人都能享受学习成果，及时知晓当前国际国内前沿的教育思想与教改理念。专家的引领让我校教师的教育教学、专业成长及学校的整体发展始终运行在正确的轨道上。

2. 自主学习通络

专家引领为教师的教育教学指明了方向，但以怎样的方式实现目标取决于教师本人的自主学习和自我修炼。为了引领教师通过自主学习更新理念、增强专业知识、提升专业技能，学校大力倡导教师阅读。定期向教师推荐阅读书目，鼓励教师撰写读后感，进行读书分享，并在教师中实行读书打卡活动。每年寒暑假，学校教科室都会精心为教师设计假期作业，作业内容除了撰写教育教学专著读后感、经典教育演讲、电影观后感、教育心得、教育随笔外，还有微课、微视频制作及教学软件学习等内容。期初，学校就教师假期作业进行评比，表现优秀的予以精神和物质奖励，优秀作品通过校园网及官微进行推送，并以学期为单位将教师作品结集成册。截至目前，我校已编印教师作品八辑，分别为《书韵流香》《我的教育故事》《我的教育智慧》《我的教学智慧》《书影时光》《教海泛舟，读思为桨》《教师研修心得》等。通过自主学习，教师不断更新理念，增进智慧，专业素养和业务能力不断提升，学习型教师队伍逐渐形成。

3. 课题研究活络

在教育教学过程中，每位教师都会遇到不同的问题，有的关乎管理，有的关乎教学，有的关乎师生关系，如何破解这些难题，扫清教育教学障碍？课题研究是很好的途径。一直以来，我校秉持“问题即课题，经验即成果”的科研理念，通过发现问题确立课题，解决问题完成课题。每学期，教师都会对教育教学问题进行归总，选取关键问题确立课题。围绕这些课题，学校组织教师开展研究。通过专家引领、同行互助及个人自主探究，大部分问题最终都能通过课题研究迎刃而解。如今，我校教师微型课题研究参与率高达100%，结题率高达70%。通过课题研究，教师科研能力和论文写作水平得到提升，学校科研氛围越来越浓，研究型教师队伍逐渐形成；更重要的是，问题的破解为教育教学工作平稳推进和学校的持续发展打通了经络。

三、名师专业引领的项目化

迈乎学习的保障既要有全体教师教育综合素养、专业能力的提升，也要有骨干支撑、名师引领。学校充分发挥名师示范、辐射和指导作用，实现资源共享、智慧生成、全员提升，着力培养一批师德高尚、造诣深厚、业务精湛的教师。2017年4月起，学校陆续组建了4个名师工作室和10个专题研究项目组。

4个名师工作室分别是何新华德育名师工作室，傅应湘语文名师工作室，肖利辉化学名师工作室，刘清峨美术名师工作室。10个专题研究项目分别是张曲的“青春悦读”、梁勋的“思品大课堂”、李汉兵的“青蓝学堂”、文洁的“生物实践研学”、崔玲的“教师信息素养提升”、吴朝晖的“艺体双效发展”、谭俊的“体育课程重构”、彭玲的“地理实践研学”、柯海山的“奥赛与自招一体化”、张博文的“创客教育暨特色实践课程项目组”。

长沙麓山国际实验学校名师工作室实施方案

一、名师工作室的性质与宗旨

充分发挥名师在教育教学及德育工作中的示范、引领、辐射作用，做好传帮带，打造学习共同体，形成教师发展良好氛围，推进学科教师队伍建设，为实现“省内领先、全国一流、世界知名”的办学目标提供强有力的师资保障。

二、名师工作室的类别

“学科教学型＋德育工作型”两类。

三、名师工作室的职责与任务

1. 办好工作室，发挥名师引领作用，带好一批年轻教师。

2. 开展课题研究。课题选题恰当，研究有法，过程扎实，成效显著。

3. 形成经验，升华成果，推广辐射。

4. 开发、整合、完善和共享名师工作室的优质资源库。

四、首席名师申报条件

（一）学科教学型

1. 高级职称，一线岗位。

2. 教学能手，科研能人。

3. 特色鲜明，业绩突出。

4. 能力较强，作风过硬。

5. 发表论文 1 篇或主持 1 项市级以上课题（含市级）。

6. 身体健康，不超过 55 岁（女 50 岁）。

（二）德育工作型

1. 具备丰富的德育工作经验，曾被评为市级或以上“优秀班主任”“优秀德育工作者”或所带班级曾获市级优秀班级或以上荣誉，且仍在一线工作的班主任、年级组长、行政干部。

2. 热爱教育事业，爱岗敬业，师德高尚，堪称育人模范。

3. 有较高的理论修养、个性鲜明的教育思想和改革创新的意识，有独特的德育工作风格或育人特色，业绩突出，在全校、全市乃至全省的德育工作领域中有较高的知名度。

4. 有较强的德育实践研究能力，能组织、培养和指导骨干班主任进行课题研究。有理论联系实际、实事求是、扎实稳健的工作作风。

5. 在市级或市级以上核心期刊发表过德育论文 1 篇或主持市级及以上德育研究课 1 项。

6. 身体健康，能胜任工作需要，年龄原则上不超过 55 岁（女 50 岁）。

五、名师工作室的组建

1. 名师工作室的建立采取本人申报制度。具备高级教师职称的教师，可根据本方案中名师工作室的任务、首席名师条件等有关条款，结合本人的资源及优势，确定是否申报。首席名师的选拔采取教师书面申报、学校名师工作室领导小组审核、公示、授牌等程序。每个教研组原则上不超过 1 个。

2. 每个名师工作室设首席名师 1 人，可根据需要选聘相同学科的名师、顾问 1～3 人，工作室学员若干人。

3. 名师工作室实行任期制，以 3 年为一个周期。

4. 首席名师正式确定后，由首席名师根据“双向选择、必要考核、自主确定”的办法，选聘本学科名师、顾问及工作室学员。

六、名师工作室的管理

1. 机构保障：学校成立“名师工作室领导小组”。其主要职责是检查评估。名师工作室领导小组由校长任组长，分管副校长任副组长，教科室、教务处、学生处干部为成员。

2. 硬件软件保障：名师工作室实行过程管理，名师工作室成员每年需写出书面工作总结，进行年度考核、评估，不合格的成员，及时调整出室；不合格的工作室，取消资格并摘牌。

3. 经费保障

首席名师、名师及顾问可分别享受每月 500 元、100 元津贴。根据考核情况，学校可适时调整津贴标准。

4. 其他保障

长沙麓山国际实验学校专题研究项目管理办法

第一章　总则

第一条　为有效组织管理专题研究项目，确保各个项目研究顺利进行和圆满完成，特制定本管理办法。

第二条　本管理办法所指的专题研究项目是指经学校批准、公示的首批7个专题研究项目，或后面通过个人书面申报，学校批准设立的专题研究项目。

第三条　本管理办法包括专题研究项目的归口管理、经费管理、过程管理、验收结四个方面的内容。

第二章　专题研究项目的归口管理

第四条　专题研究项目主持人负责项目的具体管理与实施，承担按计划完成项目的责任。名师工作室领导小组负责专题研究项目的管理，领导小组办公室负责协调、监督项目实施，确保项目按计划完成。学校其他部门积极支持与配合。

第三章　专题研究项目的经费管理

第五条　经学校认可的专题研究项目，所产生的科研经费由学校承担，经费申请按学校既定流程操作。无特殊原因，各专题研究项目经费控制在每年5000元。学年结束时，名师工作室领导小组对各专题研究项目成果进行验收考核，根据考核结果评选出一等奖项目，奖金每项5000元；二等奖项目，奖金每项3000元；三等奖项目，奖金每项2000元。

第四章　专题研究项目的过程管理

第六条　专题研究项目所有课必须经名师工作室领导小组审核通过后方可立项管理，享受项目经费补贴。

第七条　各专题研究项目主持人每月需向名师工作室领导小组提供研究进展情况书面报告，以便名师工作室领导小组对项目实施调控与管理。

第八条　若因特殊原因不能按时完成预定研究任务，项目主持人须提前以书面形式报名师工作室领导小组。研究进展顺利的项目，学校优先向省市推荐申报立项课题。

第九条　专题项目组成员因故中断研究工作，须在离开项目前向项目主持人申请退出并办理好移交手续；项目主持人的更换需报名师工作室领导小组审批。

第五章　专题研究项目的验收结管理

第十条　专题研究项目任务完成后，项目主持人应及时向名师工作室领导小组提交全套项目结验收或鉴定材料，经名师工作室领导小组审核后组织结验收或鉴定工作。

第十一条　专题研究项目结后，原则上应在三个月内办理该项目的相关经费结算手续。

第十二条　为促进专题研究成果的转化，项目结验收或鉴定后，项目主持人须及时向学校提交成果推广材料。

备注：本办法自颁布之日起执行，最终解释权归名师工作室领导小组。

名师工作室和专题研究项目组自成立之后，立足课堂，在实践中研究，在研究中创新，义不容辞地成为学校课改的中坚力量和师资队伍建设的强力推手。

第三节　完善教师绩效管理与评价体系

教师绩效评价与管理对于促进迈乎学习的管理科学化、精细化、规范化有着极为重要的意义。学校在教师绩效评价与管理过程中坚持现代学校制度的生态性、人本性和科学性原则。

一、学校绩效考核制度的科学建构

（一）评价项目内容实现过程与结果的统一，保证广度

我校教师绩效管理坚持实事求是、民主公开，科学合理、程序规范，讲求实效、力戒烦琐，便于操作，便于考核小组量化成分值。同时，考虑教师工作过程的复杂性，采取定量与定性相结合的方式，从多维度对教师绩效进行考核与评价。

教师绩效评价见下表。

表 4－6 教师绩效评价总表

评价项目		评价维度		评价内容	分值	分差	实施办法	组织	评价结果
一类	现实表现	一维	学生评价	廉洁从教	10	/	1. 学生（家长）问卷调查表（表现＋能力）	学生处	1. 结果呈现办法： 三类独立考核，每类100分，将所得分值转换为等第，每类独立以A、B、C等第呈现。 2. 等第划分办法： A等：得分高于平均分且比例不高于50%不低于30%。 C等：得分与平均分相差5分以上，比例不超过3%，由学校校务会研究决定。 B等：除A等与C等外的均为B等。 3. 评价使用范围： 评价结果在学期绩效奖励工资、评优评先评职称及相关绩效考核项目中使用
				为人师表	10	5			
				爱生敬业	10	5			
		二维	教师评价	依法从教	10	4	2. 年级组教师问卷互评表（表现）	信息中心	
				爱岗自律	10	4			
				团结守责	10	4			
		三维	学校评价	工作任务	10＋10	3＋3	3.《部门（学部）评价实施办法》（表现） 4.《年级组长评价实施办法》（表现）	教务处	
				常规检查	10＋10	3＋3			
二类	教育教学教研能力	一维	学生（家长）评价	方法科学	10	5	1. 学生（家长）问卷调查表（表现＋能力）	学生处	
				教学水平	10	5			
				职业技能	10	5			
		二维	教师互评	参与共享	10	4	5. 教研组教师问卷互评表（能力）	信息中心	
				专业水平	10	4			
				职业素养	10	4			
		三维	学校评价	教研任务	10＋10	3＋3	6.《教科室评价实施办法》（能力） 7.《教研组长评价实施办法》（能力）	教科室	
				检查评比	10＋10	3＋3			
三类	教学实效	一维		班平均成绩	30	10	8. 高中教学实效评定办法 9. 初中教学实效评定办法 10. 小学教学实效评定办法	教务处	
		二维		班提高成绩	30	10			
		三维		班成绩优秀率	40	10			

评价项目包括现实表现、教育教学教研能力和教学实效三个大的方面。对教师的教学过程、能力和实效进行全方位的评价。现实表现和教育教学教研能力两大类都包括学生评价、教师评价和学校评价。

现实表现评价中，学生评价包括廉洁从教、为人师表、爱生敬业等内容，教师评价包括依法从教、爱岗自律、团结守责等内容，学校评价包括工作任务和常规检查等内容。

教育教学教研能力评价中，学生评价涉及方法科学、教学水平、职业技能等内容，教师互评涉及参与共享、专业水平、职业素养等内容，学校评价则涉及教研任务、检查评比和学生指导能力等内容。

教学实效评定分三个项目，期末平均分、期末平均分提高度、期评成绩A等人数。这些评价项目与《教师职业标准》的基本要求相契合。

（二）确定教师绩效考核的实施办法，保证力度

学校颁布了《教师绩效考核试行办法》，给予教师客观、保证综合评价的力度，规范教师发展。

（三）确定了评价主体的多元化，保证信度

每一位教师的绩效评价，基础是学生评价，涉及年级组的团队横向评价，涉及教研组的过程评价，涉及年级组长、教研组长、学部和教科室的纵向管理评价。此外还涉及家长和其他相关人员（比如网络研修班的班主任）的评价。

（四）完善教师绩效考核的积分制管理，保证精度

为实现教师绩效考核的人本化与制度化，避免人情等因素的干扰，加强过程性管理，学校配套出台了《教师积分制管理暂行办法（试行）》等配套制度。

教师积分制管理暂行办法（试行）

为规范我校教师的职业道德和从业行为，提高国家、省、市法律法规及学校管理制度的执行力，规范教师常规表现，特制定《教师积分制管理暂行办法（试行）》，以加强学校常规工作管理。

一、积分操作与运用

1. 教务处、学生处、教科室、年级组、教研组负责对教师常规检查计分、周统计，积分分别用 A_1 B_1 C_1 D_1 E_1 表示。

2. 年级组、学生处对教师积分统计每个月交由教务处汇总并内部通报，积分办法 $A=A_1 50\%+B_1 30\%+D_1 20\%$（以年级组为单位按班主任与非班主任分别排序）。

3. 各教研组对组内教师的积分统计每个学月交教科室，教科室进行汇总并内部通报；积分办法 $C=C_1 70\%+E_1 30\%$（以教研组为单位排序）。

4. 每个学期期末，教务处、教科室对各学月积分汇总，将教师总积分高低分别作为中层管理部门绩效考核评定教师“现实表现”“教育教学教研能力”的主要依据。

5. 加强过程性评价与管理，积分高的及时表扬和肯定，积分低的要及时提醒或谈话。

二、积分办法

（一）学部（教务处、学生处、年级组）

1. 常规考核总分：常规考核积分总分为 100 分。采用加分和扣分制办法。

2. 常规加分办法：

加分项目	具体内容	责任部门
出勤	出满勤（以月为单位）+2 分	教务处 年级组
教学检查	每周教学抽检，教案、作业、听课本评选为优秀+1 分	教务处 教研组
	期中、期末教学大检查，教案、作业、听课本评选为优秀+2 分	
成果分享	年级组经验交流、主题发言+1 分	教务处 学生处 年级组
	学部经验交流、主题发言+2 分	
	学校及学校以上经验交流、主题发言+3 分	
安全与志愿服务	及时发现安全隐患或处理偶发事件+2 分	相关部门
	积极配合学校开展志愿性工作（如义务值勤、临时工作等）+2 分	
其他	有特殊优秀表现或贡献由校长室确认给予 1～3 分的加分	校长室

3. 常规扣分办法：

常规扣分类别为：Ⅰ类，1 分/人(次)；Ⅱ类，2 分/人(次)；Ⅲ类，3 分/人(次)。

常规扣分具体内容如下：

问责项目	具体内容	责任部门
出勤	上班、上课、早晚自习、集体备课、集会、学生跑操（班主任）等迟到或中途离场－1 分	教务处 学生处 年级组
	旷工（半天）、旷课（1 节）、旷会、不参加集体备课－3 分	
教学常规	教案、作业批改基本合格及以下－1 分	
	集体备课不达要求，集体备课纪要未按时提交－1 分	
	私自调课（双方）－3 分	
	计划、总结、表格、资料等未及时交－1 分	
	未按要求组织学生做眼保健操－1 分	
校内考务	监考迟到、睡觉或玩手机，试卷收取或装订出现失误并造成不良后果。阅完未按时、出现错误并造成不良后果－1 分	
	考场未按要求布置－1 分	
其他工作	在学校或年级组公共平台（微信、QQ 群）发布不实或消极议论，影响学校工作或年级组氛围－2 分	
	工作失职，被学生、家长、校内教职工投诉扣 1～2 分	
	未按要求使用场馆、场馆整理不及时－1 分	
	仪器和药品未按要求保管导致不良影响－1 分	
	其他视情况而定	

（二）教科室（含教研组）

1. 常规考核总分：常规考核积分总分为 100 分。采用加分和扣分制办法。

2. 常规加分扣分办法：

项目	具体内容	责任部门
具体参与	教研组内教研活动迟到或早退－1/次	教研组 教科室
	教研活动缺席－2/次	
拓展丰富型课程	开发并印刷/主编＋3 分，开发并印刷 /编委＋2 分，获奖（校一等奖＋1 分；市一等奖及省二等奖＋1.5 分；省一等奖及以上＋2 分），此项不累加	教科室
	开设（开设＋1 分；教案评优＋1.5 分；竞赛教练＋1.5 分；教案评优，又是竞赛教练，可＋2 分；未交教案，－0.5 分；满意率 100%的，另加＋0.5 分，此点可累计）	
论文（累计不超过 5 分）	正规刊物发表＋2 分，省级以上一等奖＋2 分，	教科室
	非教育刊物发表＋1 分，省二等奖、市级一等奖或校刊发表＋1分，原创作品校园网或微信平台发布＋1 分，同一篇不累计计分	
课题	市级及市级以上课题开题立项＋2 分、结题＋1 分，评奖（一等＋2 分，二等＋1 分）	教科室
	学校微型结题＋1 分，评优＋1 分	
	全学年无微型课题或未结题－1 分	
赛课或公开课（取最高值，不累计）	省级以上一等＋3 分	教科室
	省级二等＋2 分，市级和校级一等＋2 分（不累计）	
	其他公开课（“送课下乡”展示课＋2 分；开放日学部推荐课＋2 分）	
	组内赛课或研课＋1 分	教科室
命题（不累计）	校内统一考试命题且质量较高＋1 分，招聘、招生、学生网上在线检测＋1 分	
	集团统一考试命题且质量较高＋2 分，命题不按命题要求或出现错误造成不良后果－2 分	教科室
辐射指导	教师发展论坛发言＋2 分，学校或外校专题讲座等＋2 分	教研组 教科室
听课评课检查	学校大检查，评为优秀＋2 分	
	学校大检查，基本合格及以下－2 分	

（五）改进考评结果的呈现方式，保证效度

对于量化考评结果，学校采取分类评定、等第呈现、综合评价和及时反馈（如温馨提示）等人性化措施。

二、绩效考核制度的关联性和运用

学校制度必须形成一个有机系统，各项制度之间要共生互补，建立耦合关联，避免独立，防止互斥，这样才能让制度正常有序地运行，充分发挥制度的激励和引领功能。学校以绩效考核制度为核心，建立了评优评先、职称评审岗位晋级等与绩效考核相关联的制度。

长沙麓山国际实验学校教科研先进个人评选办法（节选）

一、评选对象

全体在职在岗的教师。评先比例不超过教研组人数的10%。本学年评为优秀教研组的比例可以适当上浮5%。

二、评选条件

2. 近一学年度，绩效考核6项/4项指标，A等3个（含3个）/2项以上。

长沙麓山国际实验学校职称评审和岗位晋级实施办法（节选）

三、量化计分

项目	计分办法
1. 绩效考核（30分）	其中3项考核的①A等计2分；②B等计1.5分；③C等计0分 2项考核的①A等计3分；②B等计2.25分；③C等计0分 1项考核的①A等计6分；②B等计4.5分；③C等计0分

第四节　现代学校制度下的干部队伍建设策略

干部队伍建设是迈孚学习工程成败的保障之一。干部队伍来自教师队伍，要对教育事业有崇高的敬意和热情，要对教育教学工作非常熟悉，要深谙团队建设之道和迈孚学习的组织和管理之法。干部是率先垂范者，也是重要推动者。

一、以“六个有”增强行政干部队伍战斗力

1. 工作有计划

《礼记·中庸》道：凡事预则立，不预则废。学校工作必须事前有周密的计划与准备，这是教育管理扎实有效的基础。麓山国际实验学校“迈孚学习”的规划与构建对工作计划与准备的要求，有理念上的——工作理念要符合新时代教育改革与变革的要求——要科学地预测，权衡客观的需要与主观的可能；计划的要求也有目标上的，要对工作提出中长期的、近期的正确且明晰目标，以及实现目标的路径。计划要求还有实操方面的——要求工作要有整体规划，要符合学校文化生态便于工作推进。

奋斗前行，科学谋划绘蓝图

——2019年度工作计划（节选）

一、落实立德树人任务，推进学生文化建设

认真学习落实《中小学德育工作指南》，努力构建规范化、序列化的德育工作体系……提升校园六大文化节与“五彩麓山枫”的文化内涵，继续举行“班主任半月谈”。

二、加强常规教学管理，不断提升教学质量

教务处、教科室、督导室进一步落实教学五项常规工作，实现五项常规工作督导常态化与制度化……让奥赛成为我校培养拔尖创新人才，提高教学质量竞争力的强劲引擎。

三、深化课堂课程改革，探索核心素养落地

以学科核心素养“新高考、新课程、新教材”为重点，加大校本研训力度，继续推进MIFE高效课堂的建设、总结与提升。以湖南省教育科学规划2017重点立项课“基于中学生核心素养培育的三维课程建构与教学改革”为依托，继续探索核心素养落地。

四、不断提高政治站位，推进支部“五化”建设

继续组织深入学习贯彻习近平新时代中国特色社会主义思想与全国教育大会精神。实现基层党建“五化”目标。

五、加强师德师风建设，加快教师专业成长

将坚持正面引导和监督惩处相结合，在树立师德典型的同时，强化纪律约束和“底线”管理，严禁教师有偿家教、有偿补课，严格规范教辅材料征订。完善创新我校在师资队伍建设方面的校本研训方式，继续发挥我校名师工作室、专题研究项目组与卓越教师的引领示范作用。

六、减轻学生课业负担，保障学生身心健康

认真贯彻落实教育部“减负30条”，科学设计、分层次布置作业，严格控制作业布置量，提高作业效率。全面推进书香校园建设与体艺“2+1”项目；关注学生视力，加强学生近视综合防控。

七、加快教育现代化进程，提升麓山教育品牌内涵

完善创客教育、生涯规划与心理健康教育课程，深化体艺“2+1”改革，发挥“邓智刚名校长工作室”与“中学名团干工作室”的引领功能与辐射效应，将两个工作室建成省市有影响力的工作室与教育品牌。

八、优化提升办学环境，加大文明创建力度

加大宣传力度，在省市文明网推出有影响力的创建实绩与人物楷模。结

合文明创建工作，以“湖南省平安校园”的标准，压实安全管理主体责任。

九、推进麓共体发展，加大教育帮扶力度

深化麓山共同体在教育教学、科研管理、对外宣传、师资培训、校园文化建设等方面的合作与交流。学校将再派出一批优秀干部与教师前往结对帮扶学校与分校区交流或支教。

十、落实“十三五”发展规划，统筹推进各项工作

各部门按照学校2019年工作计划与“十三五”发展规划的总体要求与工作目标，为全面实现“十三五”发展目标做好充分准备。对外宣传、国际交流、校园建设、财产管理、工会老干、劳资人事、阳光服务、史志年鉴、绩效考核等各方面工作，都实现科学发展，全面发展。

附：学校校历节选（2018—2019学年）

周次	起止日期	备注
第一周	2019年2月17日—2月23日	1. 制订部门工作计划 2. 学生入学教育 3. 收集教师寒假作业 4. 高一、高二学生大会 5. 开学安全大检查
第二周	2月24日—3月2日	1. 高三高考百日冲刺誓师大会 2. 迎接市教育局开学督导检查 3. 校本选修拓展课程实施 4. 初三第五次限时训练 5. 开展“我的一次志愿者经历”主团（队）日活动 6. 学生学费收缴及班级财产登记

备注：如有调整，以周工作安排为准。

2. 活动有方案

计划中各要点的落实要有翔实的具体方案。工作计划总体上还只是大致的目标与实施要点，方案才是完整、系统、有可行性的行动策略。

比如，按照学校2018—2019学年工作计划，第二周将举行“高三高考百日冲刺誓师大会”，按学校干部工作作风建设要求，具体实施部门——高中教务处、学生处与高三年级需及时制定誓师大会工作方案。

麓山国际2019届高三高考百日冲刺

誓师大会方案

一、会议时间：2019年2月27日下午4点（第七节课）

二、会议地点：小剧场

三、参会人员：校级领导和中层干部、高三师生和家长代表

四、会议主持：陈显胜组长、12班刘凡宇同学

五、会议议程

1. 奏唱国歌

2. 邓智刚校长致辞

3. 学生代表2班陈功翱翔同学讲话

4. 老师代表周婷老师讲话

5. 播放教师宣誓、加油视频

6. 家长代表廖卫先生讲话

7. 邓智刚校长授高考冲锋旗，再按班齐诵班级冲刺口号

8. 杨革非书记、向雄海副校长揭幕百日倒计时牌

9. 全体宣誓（领誓人：傅应湘老师、11班李小凡、1班柴一卓、1班袁佳怡、12班王喆豪）

六、相关事项安排

1. 年级组负责学生组织工作

2. 摄影：钟武伟主任

3. 摄像：陈贡献老师

4. 学校计算机中心准备音响（四个话筒）

主会标：2019 届高三高考百日冲刺誓师大会

副会标 1：激情似火，心静如水！

副会标 2：遇难心不慌，遇易心更细！

副会标 3：百日分秒必争，高考金榜题名！

5. PPT 呈现

①主题背景

②讲话标题

③冲锋旗

④誓词

6. 会场布置及老师学生家长座位安排

舞台立式标语：怠者常失，为者常成

厉兵秣马，天道酬勤

舞台对联：十年磨剑成竹在胸立志凌云登绝顶

百日竞渡分秒必争王者破浪展雄风

7. 各班撰写百日高考冲刺口号，制作冲锋旗

8. 年级组：制作高考倒计时牌，准备音乐（国歌、背景音乐入场：《我的未来不是梦》《追梦赤子心》《步步高》；退场音乐《飞得更高》）、教师祝福、宣誓视频。）

麓山国际高中教务处、学生处、2019 届高三年级组

3. 执行有力度

执行力是工作愿望、思路、行动的乘积，任何一项为零，则结果为零。执行力包括个人执行力和团队执行力，二者相得益彰。在学校管理团队中，校领导、中层、年级教研组、教师，执行需执行的内容有区别，但关键在于中层落实不走样，执行要按时按质。

良好的沟通，协调的联动，快速的行为，踏实的实施，分明的奖罚是保障计划执行的抓手。

计划与方案制订之前，学校就要求对实施计划方案的人员、流程进行调研，做到符合校情，计划方案制定以后，学校会利用行政会、部门会等会议，进行商讨修改沟通，做到通晓于心。

学校坚持计划方案实施各部门工作联动，各项工作有负责部门和负责人，有协助部门和人员。工作任务进行责任分解，决不允许消极应付、敷衍塞责、推卸责任。建立责任清晰、人员明确、任务具体的高效工作机制，工作执行养成认真负责、追求卓越的良好习惯。

学校要求计划方案的实施着眼于快，不断强化干部的时间观念，要求提高办事效率，对工作懒散和办事拖沓现象进行问责。

天下大事必作于细，古今事业必成于实。计划方案的执行尤其需要兢兢业业，学校注重计划方案执行的过程性管理，力戒夸夸其谈和评头论足，引领干部养成严谨务实和勤勉刻苦的工作作风。

奖罚分明是高效率工作的公平导向，学校对于计划方案执行效果优良的部门和人员，及时进行物质奖励和荣誉认定，对于执行不力的状况，在学校管理手册中分部门有明确的《制度执行问责实施办法》。

制度执行问责实施办法（节选）

一、常规问责：在岗教职员工违犯了以下常规问责中的具体内容，根据问责类别，实施问责。常规问责类别为：A 类：20 元/人（次）；B 类：50 元/人（次）；C 类：100 元/人（次）。

附：常规问责具体内容

部门			问责项目	具体内容	问责类别
部门相同项目问责			值班与投诉	擅自离岗或换班以及未按要求履行值班职责	B
				工作失职，被学生、家长、校内教职工投诉	B
			周报表	未按时上报部门“周工作报表”	B
			卫生制度	责任区（含办公室）卫生不合格	A
部门不同项目问责	教务处	教师	教学常规	作业批改不达要求	A
				教案不达要求	A
				集体备课不达要求	A
				未按要求组织学生做眼保健操	A
				教育教学行为不合规范	B
				私自调课（双方）	B
			校内考务	命题不按命题要求或出现错误造成不良后果	B
				监考迟到、不认真监考、试卷收取或装订出现失误并造成不良后果	B
				考场未按要求布置	A
				未按时阅完、出现错误并造成不良后果	B
			其他工作	计划、总结、表格、资料等未及时交	A
				临时性工作完成不及时、不合格	A
		其他人员	完成情况	不服从临时工作安排	A
				任务完成不及时或完成质量差	B

4. 结果有反馈

学校在过程性结果和终结性结果上，均重视监控与反馈。要求干部在计划方案实施工作中，建立各节点的时间推进表，按节点跟进、反馈，强化信息对称，及时达成共识。

2019 长沙麓山国际实验学校
迎接国家义务教育质量监测工作方案（节选）

五、工作进度

阶段	序号	时间节点	工作任务	责任人
测试前	1	3 月 16 日	在博才卓越小学参加岳麓区工作动员及培训，制定学校工作方案	王德复 余伟民
	2	3 月 25 日	完成测试年级学生和教师信息的网络平台上报	刘娟 廖章作
	3	4 月 10 日	参加岳麓区测试专业教师统一培训	王灵敏
	4	5 月 9 日上午	校长与教师网络问卷填答练习	王德复 余伟民 李善勇
	5	5 月 22 日前	1. 宣传教育发动 2. 校内相关工作人员培训，学生进行填答卡填涂练习 3. 调整测试当天的课表等教学安排，保证相关教师能按时参加问卷调查	向雄海 余伟民 王德复
	6	5 月 22 日前	1. 设置测试现场办公室（保密室、测试室等）、测试场地和公示栏，调试计算机和网络，摆放文具物品 2. 接受上级部门现场检查	向雄海 王德复 余伟民
测试中	7	5 月 23 日	组织现场测试，处置应急问题与突发事件	邓智刚 向雄海
测试后	8	5 月 24 日前	报告测试完成情况，提交样本校应急事件情况报告表	向雄海
	9	5 月 31 日前	完成测试生基本信息的补报	刘娟 廖章作

项目	金额/元
表现	29. 98
能力	30. 0
廉洁从教	10. 0
为人师表	9. 98
爱生敬业	10. 0
方法科学	10. 0
教学水平	10. 0
职业技能	10. 0
廉洁从教A百分比	高三5班：100%　高三10班：100%
为人师表A百分比	高三5班：100%　高三10班：100%
爱生敬业A百分比	高三5班：100%　高三10班：100%
方法科学A百分比	高三5班：100%　高三10班：100%
教学水平A百分比	高三5班：100%　高三10班：100%
职业技能A百分比	高三5班：100%　高三10班：100%

5. 事事有反思

工作计划与方案尽管进行了周密细致的预估，但实施过程中，还是有可能遇到理念设计、操作方法、评价方式等新的问题，对工作行为以及产生的结果进行审视和分析，研究改进优化下一次工作行为，对工作各个方面进行及时、全面的反思，是麓山国际实验学校增强干部队伍战斗力的重要着力点。

长沙麓山国际实验学校

绩效考核网上测评系统操作改进的问题（2016年2月）

1. 总体统计中，现实表现和教育教学教研能力两大块都需要增加“学生评价”项目，即现实表现由年级组长评价、年级组教师互评、学部评价、学生评价四个项目组成；教育教学教研能力由教研组长评价、教研组教师互评、教科室评价、学生评价四个项目组成。

2. 年级组长、教研组长评分不能超过15分，且需限定组长评分必须有四个以上的档次才能在线提交。

3. 学部评价、教科室评价上限不能超过25分。

4. 音乐、美术、计算机初、高中教师合并建组，但分别由初中和高中学部评价，所以设置评分提交时，应该允许评一个就提交一个，不要设置为全部评完才能提交。

5. 计算机组的教师，现实表现受学部和现代中心双重评价，权重各设置为50%；教育教学教研能力受教科室和现代中心双重评价，权重各设置为50%。

6. 个人服务下面的栏目中，"教学评价"改为"绩效考核"。

7. 组长的分数，既有互评的30分，而这30分又被折算为组长评的15分，有重复计算，建议校领导评价组长（年级组长和教研组长）。

8. 上一学期被评为优秀教研组的组，绩效考核优秀比例可否提高。

9. 跨头教师设置为两个年级均进行评价。

长沙麓山国际实验学校2017暑假
学生学习在线检测及讲评活动方案反思

1. 学生可以用电脑、手机、平板收看直播，随时随地非常便捷。

2. 可以回看，兼顾了不同层次的学生，也有利于知识的强化。

3. 直播讨论区，师生互动、生生互动热烈，老师能及时看到全体学生闪光观点、问题疑惑，学生也可以为学生解答问题。

4. 考试安排还可以紧凑点，争取考一科马上讲评一科。

5. 老师都很重视，女老师均化妆。

6. 学校加大讲评老师筛选力度，集中更优质师资。

7. 学生参与率统计：

年级	试卷下载人数（7月28日）	在线直播收看人数（最高值）	截至8月1号上午科目点击最高总数（说明直播后，有学生再次点击观看）
新高二	613人（奥赛培训学生80多人＋特长生没有参加）	584人	765人
新初三	864人	400多人	888人
新初二	917人	400多人	992人

备注：高中参与率比较高，初中参与率只有1/3，试卷下载倒是有900人次。

8. 下一次在线讲评要力争做到学生之间能够@。

9. 老师要实时关注学生留言，这样讲评会更契合学生状况和要求。

6. 改进有提升

在反思中成长，在改进中提升。学校要求全体行政干部一项工作完成之余，要及时准确定位，发现问题，增强自我管理能力，找出与工作预案的差距，提出更好的工作计划方案，为下一工作周期高效工作做好准备。

二、以“跟岗锻炼”强化后备干部的实践力

学校以干部队伍德才兼备、知识化、专业化为指导思想，遵循素质优良、数量充足、结构合理的原则，着力培训一批高素质、敢于担当、勇于担当、善于担当的学校后备干部，不断优化干部队伍整体结构和素质。

跟岗锻炼，大胆使用后备干部。凡是经学校党委会确定的后备干部，学校行政会全程听会，全程参与学校管理工作，安排到与培养方向相关的部门进行跟岗锻炼，由相应校领导或部门主任传带培养，适当布置任务，让后备干部在实践中提高素质，增强解决各种问题的能力。

不定期了解后备干部的思想和工作情况，肯定成绩，指出不足。定期听取后备干部工作汇报，进行民主测评与分析，对后备干部实行动态跟踪管理。

学校根据实际情况，结合后备干部的德才表现和工作实绩，及时提拔使用后备干部。

三、以“管理文化”深化外派干部的辐射力

文化管理是现代学校管理的高级形式。学校通过建立完善有序的学校运行机制，通过外化→强化→内化→文化的演替途径，形成了自己的学校文化精神。

随着学校的发展，社会影响力的提升，基于教育公平的呼唤，学校将会帮扶、托管、对口支持部分薄弱学校。品牌输出只是外在表象的形式，文化输出特别是管理文化输出才是改变一所学校精神面貌、提升内涵的有效举措。而管理文化的输出载体是外派干部。

外派干部必须要有担当，综合素质高，相应部门工作经验丰富。按照约定，被扶持学校的教学副校长必须是派入干部担任。因为一所学校的社会影响力，首先是教学质量的全面提升。学校派出的干部，还必须要满足被扶持学校的需求。近四年，我校已外派校长、副校长共22人。

四、以“名校长工作室”提升干部的领导力

2018年2月长沙市颁发《长沙市中小学（幼儿园）名校长（园长）队伍建设实施方案》，着力打造名校长（园长）团队。该方案要求校长（园长）热爱教育事业和学校管理工作，遵循教育规律；始终把全面提高教育质量放在重要位置，有正确的人才观和科学的质量观；不断提升领导力，办学治校水平；示范性实施素质教育，形成办学特色，享有良好社会声誉；主动承担结对帮扶任务，促进帮扶学校管理水平和教学质量不断提高，为推动区域教育均衡发展做出贡献。

笔者作为长郡中学副校长兼麓山国际实验学校校长，以丰富的管理经验，突出的学校管理业绩，扎实的教育科研能力被专家考核组认定为首席名校长，并成立“邓智刚名校长工作室”。

“邓智刚名校长工作室”通过专家指导，工作室成员认真研讨，制定了“工作室章程”，为名校长工作室发展规划了高起点、高规格的定位。

邓智刚名校长工作室章程

第一章 总则

第一条 邓智刚名校长工作室（以下简称“工作室”）是在市教育局领导和管理下的校长学习成长共同体。

第二条 工作室宗旨：以习近平新时代中国特色社会主义思想为指导，以教育部中小学校长专业标准为指针，以促进团队发展、培养教育家型校长和优秀骨干校长为目标，以坚持主动参与、合作研究与自主发展为原则，以课题研究推进为载体，以学生文化建设为主线，以校长的专题研修为基础，以学校改进行动计划为抓手，充分发挥名校长的引领作用，促进工作室成员间的团结合作，资源共享、智慧共融，进一步提升校长的办学能力，有效促进所在学校健康、快速、内涵发展。

第三条 工作室目标：1. 加强理论学习、勤于实践总结，成长为学习型、实践型、研究型工作团队，进一步发挥名校长的引领、示范、辐射作用。

2. 通过学习、交流、考察、专家报告等多种研究方式，凝练教育思想，开展学校学生文化诊断，探讨新时代学生文化建设方向。

3. 通过实施学校改进行动计划，研究学校发展中的共性问题以及各自学校的个性问题，初步提出解决问题的思路和措施。

4. 促进名校长提升管理水平、提炼办学思想、丰富自身内涵，逐步成长为教育家型校长；促进学员专业化成长，逐步成为有教育思想的校长，尽快成长为名校长。

第四条 工作室室训：理论与实践结合，传承与创新并举。

工作室口号：打造学习共同体，提升校长领导力

工作室徽标（讨论）

邓智刚名校长工作室

DENG ZHI GANG MING XIAO ZHANG GONG ZUO SHI

第二章　组织

第五条　本工作室成员是由本人提出申请，所在单位推荐，市教育局统筹协调后确定成员人选。工作室工作期限为 3 年，从 2018 年 12 月起至 2021 年 12 月止。

第六条　本工作室由邓智刚校长主持，聘请湖南省教育科学研究院副院长杨敏、湖南大学教育科学研究院院长余小波、教育部中学校长培训中心港澳台及国外教育研究室主任万恒担任工作室顾问。

刘德华校长、邱田民校长 、柳国强校长为名校长团队成员。由李衍宏、向雄海、彭云、何俊、赵忠科、万敏锐、龙顺安、冯彤、李志华、刘雁雄、赵光再、袁友良、潘道正、曹建新等十四位校长或副校长组成学员团队。

第七条　根据工作室学习、研究和实际需要，内设学生制度文化建设研究组、学生精神文化与物质文化建设研究组、学生行为文化建设研究组，三位名校长任组长，组长为各研究组具体负责人。工作室下设秘书处，秘书处由朱建国、钟武伟、王德复、李梅芳、唐婉欣、张博文（另外各成员校各安排 1 人），负责会议与活动的召集、考勤与情况记录、课题研究的协调、后勤服务和对外联络等。

第八条　工作室活动实行例会制，每个季度至少集中一次，总结前一阶段工作情况，研究下一阶段的具体工作，若遇特殊情况可由主持人临时召集。

第三章　职责

第九条　工作室职责

首席校长岗位职责：

1. 读懂政策，把握规律，高位规划，不断加强自身专业发展，努力成为全省乃至全国知名的教育专家。

2. 遴选成员，组建好名校长工作室，做好分工，有效组织工作室有关会议与活动，帮助学员提升政治素养、师德修养、管理能力和领导水平，拓宽教育视野。

3. 整合资源，合作研讨，团队共赢，使学员的办学理念更系统、更具特色，所在学校办学质量有明显提高。

4. 过程调控，整理资料，做好评价。每年对学员的学习、工作和研究成果进行考核和评价。

5. 组织开展教育调研，就本地区中小学教育发展问题向教育行政部门提出可行性建议。

顾问职责：

1. 负责工作室学术引领。

2. 负责工作室各成员学校精神文化的提炼。

3. 负责课题研究成果的指导、修改和推荐发表与评奖。

4. 负责为工作室成员提供省内外学习的资源。

名校长团队成员岗位职责：

1. 带头学习，榜样示范。不断提升领导力，办学治校水平、教育科研能力在校长队伍中处于领先水平。所任职学校在实施素质教育和形成办学特色方面具有示范作用，享有良好的社会声誉。

2. 上传下达，团队智囊，协助首席校长完成各项研讨活动。

3. 成长导师，把握导向，对本组学员的学习研究进行指导、监督、考核。

4. 组织本组学员参加工作室的集中活动，并积极组织本组学员开展小组学习研究，认真完成本组研究任务。

名校长学员岗位职责：

1. 专注自身素养的提升。经常阅读，每位学员每学期至少精读一本教育管理专著，撰写读书心得体会，并发布到工作室宣传平台，每学年至少在省级以上主流刊物发表一篇教育管理类文章或有论文获得市级一等奖以上奖励。

2. 专注专业化发展。每位学员学校可以积极申报子课题，或申报独立课题，形成课题研究方案并开展研究，各项研究成果及时上报工作室，并通过工作室平台进行在线交流。

3. 推广办学经验。每学年，学员学校至少组织一次基于本学校发展背景下的学校办学特色展示观摩活动，邀请工作室顾问或成员代表参与诊断评价。

4. 每位学员每年开设校级以上公开课或教育热点、难点论坛讲座至少一次。

5. 各学员学校，三年内通过不断实施学校改进行动计划，精心打造一项学校办学特色，并形成规模，向其他学校推介。

6. 名校长学员应积极主动参与工作室的各项活动，不早退，不迟到，对于工作室的安排要及时回应。研修期间认真做好参观、访谈和会议记录，并整理成文，附上心得提交工作室存档。凡无特殊原因有三次以上未参加集体活动的，视为主动退出本工作室，并上报市教育局予以备案。

秘书处成员职责：

1. 负责协助首席校长联络顾问与各位组长。

2. 负责协助首席校长拟定工作室的计划、制度、方案等文件，并敦促全体成员共同实施。

3. 负责校长工作室各种会议与活动的组织、考核、评价与记录。

4. 负责协助首席校长进行工作室的课题的申报立项、中期检查与结题等事宜。

5. 校长工作室的其他临时工作。

第四章　成员的权利和义务

第十条　权利

工作室成员有参加本工作室研究、学习、活动及对本工作室提出建议、批评和进行监督的权利。

第十一条　义务

1. 工作室成员应严格遵守本工作室的章程，积极参加本工作室活动。

2. 工作室成员应主动承担工作室分配的研究任务，为工作室的研究活动提供便利。

3. 工作室成员应认真开展学习活动，每年按工作室的要求上交专题研究论文与报告，并定期撰写研究心得体会。认真完成各岗位职责规定的任务。

第五章　考核

第十二条　由市教育局组织考核组对名校长工作室及研究成果进行全面考核，名校长对学员的学习、工作和研究成果进行考核和评价。

章程需要严密的计划去落实。“邓智刚名校长工作室”从指导思想、团队文化、工作目标、工作重点、工作策略、任务分工、具体要求共七个方面，规划了工作室三年工作。要求首席名校长不断加强自身专业发展，努力成为全省乃至全国知名的教育专家。规定名校长及团队要帮助学员提升政治素养、师德修养、管理能力和领导水平，拓宽教育视野，使学员的办学理念更有系统、更具特色，所在学校办学质量有明显提高。积极承担各级教育部门安排的教育改革、干部教师培训任务。组织开展教育调研，就教育发展问题向教育行政部门提出可行性建议。

工作室三年工作计划

（2019—2021 年）

为全面落实长沙市名校长工作室建设工作，进一步开展好名校长工作室各项研究与学习实践活动，根据《长沙市中小学（幼儿园）名校长（园长）管理与考核实施办法》，结合本工作室实际，特制定邓智刚名校长工作室2019—2021 年三年工作计划。

一、指导思想

以习近平新时代中国特色社会主义思想为指导，以教育部中小学校长专业标准为指针，以促进团队发展为目标，以课题研究推进为载体，以学生文化建设为主线，以校长的专题研修为基础，以学校改进行动计划为抓手，充分发挥名校长的引领作用，促进工作室成员间的团结合作，进一步提升校长的办学能力，有效推动学校发展。

二、团队文化

1. 工作室室训：理论与实践结合，传承与创新并举。

2. 团队口号：打造学习共同体，提升校长领导力

3. 工作室徽标（讨论）

邓智刚名校长工作室
DENG ZHI GANG MING XIAO ZHANG GONG ZUO SHI

三、工作目标

1. 借助校长工作室这一平台，加强理论学习、勤于实践总结，成长为学习型、实践型、研究型工作团队，进一步发挥名校长的引领、示范、带动、辐射作用。

2. 通过学习、交流、考察、专家报告等多种研究方式，凝练教育思想，开展学校学生文化诊断，探讨新时代学生文化建设方向。

3. 通过实施学校改进行动计划，研究学校发展中的共性问题以及各自学校的个性问题，初步提出解决问题的思路、途径和措施，并尝试解决学校管理过程中存在的一些问题，取得丰硕成果。

四、工作重点

1. 落实个人规划。工作室成员根据本人的三年专业发展规划，落实年度研修计划，促进自己专业发展。

2. 加强理论学习。工作室成员加强对教育理论、教育专著的学习和研究，并撰写 2000 字以上的读书笔记或心得，工作室将集中评选择优推荐在《湖南教育》《基础教育课程》《湖南教育 D 版》等刊物上刊发。

3. 深化专题研讨。着眼于问题的解决，深化专题研讨，初步提出解决问题的思路、途径和措施，并尝试解决一些问题。请学员单位积极申报承办或联合申报研究专题。

4. 开展教育考察。根据研讨和调研专题，每年组织工作室成员到相关地区开展有目的有深度的考察活动。

5. 拓展学校联系。进一步强化学员学校间的交流合作，开展校际教学研讨活动及学校管理经验交流活动，带动工作室内学校共同发展，提高管理团队的管理水平。所有成员单位轮流承办交流活动，并组织相关教师和管理干部参加，以带动本工作室成员单位的共同发展。

五、工作策略

工作室通过集中培训、理论学习、专家引领、考察观摩、交流研讨、课题研究等形式的活动来达成工作室的工作目标。

工作室将以“学生文化建设与校长领导力研究”课题作为主要研究内容，要求每位成员根据自己学校的办学特色与特点申报子课题，或者结合研究内容自行申报独立课题，制定课题研究方案并开展研究，并将课题研究的过程性资料定期上报，希望工作室学员们通过这样一系列的培训能够进一步提高自己的科研水平和理论素养，进而在管理水平和专业能力等方面均能上一个新的台阶。

六、任务分工

组次	成员	主题	内容
第一组	刘德华、李衍宏 潘道正、万敏锐、 刘雁雄	学生制度文化建设	现状研究 对策研究 实践研究
第二组	邱田民、彭云 何俊、赵忠科 龙顺安、冯 彤	学生精神文化建设 与物质文化建设	现状研究 对策研究 实践研究
第三组	柳国强、向雄海 李志华、赵光再 袁友良、曹建新	学生行为文化建设	现状研究 对策研究 实践研究

七、具体要求

1. 工作室成员要结合重点研究方向，紧密联系各自学校的实际，展开研究，以自己的办学实践为主线，边学习边研究，借此推动自己的专业发展和学校的可持续发展。

2. 工作室成员对工作室安排的工作要克服困难，既分工又合作，保证工作落实到位，取得实效。

3. 工作室成员要结合本人所在学校的实际，每年都能拿出学校改进行动计划，并在具体实施过程中改进学校管理工作，提升学校办学品质，促进学校内涵发展。

4. 工作室成员要创造性地完成工作任务，推进我工作室在市教育局党委的检查评估中达到优秀等次。

名校长工作室的工作需要完善的制度去保障。

名校长工作室管理制度

（一）会议制度

1. 每年初召开一次工作室计划会议。讨论本年度工作室计划，确定工作室成员的阶段目标，工作室教育科研课题及专题讲座、考察观摩等内容。

2. 每年底召开一次工作室的总结会议，安排本年度学校管理、个人成长等方面需要展示的成果内容及形式，分享成功的经验，探讨存在的问题。

3. 根据工作室计划，每学期至少安排一次阶段性工作情况汇报会，督促检查课题的实施情况，解决实施过程中的难点问题。

4. 会议纪律

（1）要按时出席会议，不要迟到，不要早退，原则上不要缺席。

（2）特殊情况需请假的，请安排人来替会并接受任务。会后要按会议布置的任务按时完成。

（3）会议期间手机静音，不要接听电话。

（4）认真做好会议记录，以备检查。

5. 工作室设秘书处，负责日常的联络、考勤与活动记录。

（二）培训研讨制度

工作室实施导师制，首席校长为总导师，顾问和名校长为辅导导师团队成员，采用“理论学习”“专家引领”“考察观摩”“交流探讨”“课题研究”“个人自学”等的培训方法。

1. 确立研讨“一个课题”。工作室将以“学生文化建设与校长领导力研究”课题作为主要研究内容，要求每位成员根据自己学校的办学特色与特点申报子课题，或者结合研究内容自行申报独立课题，制定课题研究方案并开展研究，提炼形成研究成果。

2. 每季度“一次交流”。工作室成员每季度至少集中一次在一起交流读书心得、案例分析、课题研究，改进行动计划实施，让思想碰撞生发智慧。

3. 每届“一次互访”。工作室成员之间互访学校，进行学习、调查、诊断、研究和评价，发现问题、分析问题、解决问题，形成调研报告。帮助成员校提炼办学特色，规划学校未来发展。

4. 每年“一次研讨”。以科研课题为切入点，每年定期举行一次专题研究，以校长论坛、校长沙龙等多种形式，激活思维，让智慧碰撞出火花。

（三）具体考核办法

1. 一年“一展示”。每年举行学校特色品牌建设活动展示，每位成员展示自己、学校的研修收获、成果，通过个人展示、群体展示，达到分享交流促共同成长的目的，同时努力争取在全市或全省一定范围交流展示。

2. 一年“一评估”。工作室对每位成员在每次活动中的表现、研修任务的完成情况等进行过程性评价，年底根据展示情况进行综合性评价，并评选优秀学员，建立档案。

具体参考指标如下：

（1）出勤（20 分）：缺一次扣 10 分，请假扣 5 分，迟到早退扣 2 分。

（2）资料（20 分）：每缺一次扣 5 分，期末交工作室研修手册，优秀加 5 分。

（3）实践（30 分）：参加集体活动与团队研讨主动积极，一等奖加 30 分，二等奖加 20 分，三等奖加 15 分。

（4）成果（30 分）：研修笔记与专题作业加 10 分，完成论文加 10 分，课题研究 10 分，研修期间出版个人专著加 30 分。

考核分 85 分以上记满分，第一年考核低于 60 分，书面提醒通知。连续 2 年考核低于 60 分，自动退出工作室。

3. 工作室设秘书处，负责日常的联络、考勤与活动记录。

4. 未尽事宜由导师联席会议商议，由秘书处对外发布。

严格的考核标准与考核标准的执行是工作绩效的关键。严格考核是落实制度、计划、方案，推进名校长工作室管理的关键。“邓智刚名校长工作室”

从工作室建设、个人教育科研、个人主要贡献和影响力三大方面制定标准，对首席名校长工作进行考核。从所任职学校办学情况、个人教育科研、个人主要贡献和影响力三大方面制定标准，对工作室成员进行考核。

工作室严格执行考核标准，运用在线信息管理系统，加强过程性管理、日常管理和年度考核，保障工作室各项工作高效进行。

“邓智刚名校长工作室”首席名校长考核表

<table>
<tr><th>项目</th><th>内容</th><th>评价等第</th><th>计分</th><th>备注</th></tr>
<tr><td rowspan="2">名校长工作室建设（40分）</td><td>组建名校长工作室，帮助学员提升政治素养、师德修养、管理能力和领导水平，使学员的办学理念更有系统、更具特色，所在学校办学质量有明显提高（20分）</td><td></td><td></td><td>A等：17—20
B等：14—16.9
C等：11—13.9</td></tr>
<tr><td>名校长工作室形成了合作研修、自主发展的工作机制，定期组织学员开展学习交流、教育调研，形成较为显著的建设成果（20分）</td><td></td><td></td><td>A等：17—20
B等：14—16.9
C等：11—13.9</td></tr>
<tr><td rowspan="2">个人教育科研（30分）</td><td>每年在国内省级以上公开刊物发表论文1篇，任期内在核心期刊发表论文1篇或出版学术著作1部，均为独著或第一作者（15分）</td><td></td><td></td><td>A等：13—15
B等：11—12.9
C等：9—10.9</td></tr>
<tr><td>任期内主持市级以上教育科研项目1项以上，或作为主要成员参与省级以上科研项目1项以上（15分）</td><td></td><td></td><td>A等：13—15
B等：11—12.9
C等：9—10.9</td></tr>
<tr><td>个人主要贡献和影响力（30分）</td><td>不断加强自身专业发展，逐步形成比较成熟的教育思想，努力成为全省乃至全国知名的教育专家（30分）</td><td></td><td></td><td>A等：26—30
B等：22—25.9
C等：18—21.9</td></tr>
<tr><td colspan="4">合计</td><td></td></tr>
</table>

“邓智刚名校长工作室”名校长考核表

项目	内容	评价等第	计分	备注
所任职学校办学情况（40分）	所任职学校在实施素质教育和形成办学特色方面具有示范作用，享有良好的社会声誉（20分）			A等：17—20 B等：14—16.9 C等：11—13.9
	主动承担结对帮扶任务，促进帮扶学校管理水平和教学质量不断提高，为推动区域教育均衡发展做出贡献（20分）			A等：17—20 B等：14—16.9 C等：11—13.9
个人教育科研（30分）	每年在省级以上公开刊物发表论文1篇，为独著或第一作者（15分）			A等：13—15 B等：11—12.9 C等：9—10.9
	任期内主持或作为主要成员参与市级以上教育科研项目1项以上（15分）			A等：13—15 B等：11—12.9 C等：9—10.9
个人主要贡献和影响力（30分）	不断加强自身专业发展，逐步形成比较成熟的办学理念，在本地本系统有较大影响力（30分）			A等：26—30 B等：22—25.9 C等：18—21.9
合计				

“邓智刚名校长工作室”以习近平新时代中国特色社会主义思想为指导，以教育部中小学校长专业标准为指针，以促进团队发展、培养教育家型校长和优秀骨干校长为目标，以坚持主动参与、合作研究与自主发展为原则，以课题研究推进为载体，以学生文化建设为主线，以校长的专题研修为基础，以学校改进行动计划为抓手，充分发挥名校长的引领作用，促进工作室成员间的团结合作，资源共享、智慧共融，进一步提升了校长的办学能力，有效促进了所在学校健康、快速、内涵发展。

第五章

课题研究

——迈乎学习的升华平台

课题是激发学校活力的重要引擎。教育活力与教育质量和教育公平之间存在着密切的关系。教育活力是教育质量的保障，也是高质量教育的表现形式。学校以课题研究促师生可持续发展。学校通过课题的深入研究，促进教师专业发展、学生全面发展和学校内涵发展，提升学校品位与活力。

第一节　校长带头课题研究，不忘初心砥砺前行以课改促引领

以麓山国际实验学校为主体的麓山教育共同体已发展成一校九区的规模，同时作为“长沙邓智刚名校长工作室”的首席名校长，长郡中学副校长兼麓山国际实验学校校长，笔者一直重视基于工作需求和教育实践探索的课题研究和管理。

一、孜孜追求：立足三课促教育教学

近年来，笔者先后完成“信息技术在学科教学中的应用”“博物馆资源在中学生综合素质发展中的应用研究”和“名校托管的新学校青年老师群体发展研究——以长郡双语实验中学初中部为例”等课题研究并结题评优获奖。近两年来着力以三课（课程、课堂和课题）研究促进教师专业发展，促学生核心素养培育落地，促学校内涵品质提升。近两年申报主持了省“十三五”教育规划重点课题“基于中学生核心素养培育的三维课程建构与教学改革”（XJK17AZXX010，201706）和省教育学会“十三五”教育科研重点课题“基于个别化教学的课程改革与课堂建构”（2016A－5，201609）等，并核心参与了校园足球课程改革等一系列课题研究。

笔者无论是担任长郡双语实验中学校长，还是来麓山国际实验学校担任校长，始终关注三课建设，积极带头进行课题研究，不忘初心，砥砺前行，不断开展个别化教学的组织与管理实践与探索，撰写了质量较高的学术论文，获得专家和教授们的一致好评。

在教育管理方面，笔者深刻领会新时代学校治理的基本要求，实行人本化管理和精细化管理。课程设计方面，吃透政策文件精神，课程建构将课标解读与学校育人目标同频融合，将核心素养培育落地。课堂改革方面，MIFE高效课堂改革突出理念超前、多元互动、智慧高效的特色亮点。课题研究方面，把握未来学校办学方向，深入挖掘教育教学一线实践经验，升华“脚踏实地、仰望星空”的教育智慧。

二、研究背景：立足校本促师生发展

课题研究与中考高考改革对接。国家对新高考确定了指导方针，湖南是第二批试点省份，让学生选择课程，推进高校多元录取机制。为适应新高考的要求，学校未雨绸缪，先试先行，积累经验，服务学生。

课题研究为教师可持续发展提供平台和机会。课题更多的就是一种行动研究，与教师有关的校本化和人本化特色体现在：一是基于教师。课题选题来自学校发展尤其是教师和学生的发展诉求。二是依靠教师。始终依靠和深度结合广大教师的一线实践和探索，不断总结经验和提炼升华。三是在教师中。课题很多研究成果的应用，都为教师带来了便利、效率和实惠。

课题研究为学生全面个性发展提供平台。基于个别化教学的课程教学改革对于培养学生的个性特长，增加学生的自主学习性，起到很大作用。

三、研究思路：立足特色促系统优化

1. 加强研讨，整体性理解核心素养的体系框架及其内涵。通过大量的研讨和调查研究，深入思考核心素养所反映出的课改、时代和学科发展要求，深入思考核心素养与社会主义核心价值观的内在联系以及与教育教学的融合路径。

2. 重构课程，实现核心素养在课程领域中的校本化整合。

课程制定融入核心素养的指导思想和整体思路。诸如课程目标、课程结构、课程内容与结果的规定、教与学的指导、评价指导等，它们清晰地展示出“核心素养”在其中处于核心的地位。课程设计的方方面面都是围绕核心素养展开的。

3. 夯实教学，在学生发展中落实核心素养与课程的要求。

以全方位、多角度建构学校特色为切入点，探寻迈乎学习的新方式。研究涉及的角度有学校办学理念、德育研究、教学研究、学校活动、教师队伍建设、评价机制等方面，通过深入分析在这些方面的举措及效果，对比分析其他研究，总结出如何以校为本更有效地进行个别化教学研究。

4. 优化评价，通过经验结果与评价设计落实核心素养。

“素养”是可教的、可学的，也是可以评价的。评价要基于学生的身心发展规律和教育教学的相关规律。评价要关注过程与结果的动态多元。

四、研究方法：立足实证促经验升华

将理论研究与实践研究紧密结合，借助研究性学习课程、班会、校会课以及理论研讨班、讲座、经验交流会等各种研究平台，借助QQ群、信息平台等最新的教育技术，采用以下研究方法。

1. 行动研究法：针对基于核心素养的课程教学改革问题制定方案，通过反思，发现新问题，制定新方案，开展新行动，在研究中行动，在行动中研究。

2. 个案研究法：对基于核心素养的课程教学改革进行案例研究，仔细分析学生在迈乎学习中个人性格、家庭环境及特殊教育的作用，追踪其回归社会后的适应和发展情况，分析总结相关经验。

3. 调查法：采用问卷、实地调查、个体访谈等多种形式，了解基于核心素养的课程教学改革实施的现状、存在的主要问题及其对策。

4. 文献法：对国内外有关基于核心素养的课程教学改革的资料进行搜集、整理和研究，为本课题的研究提供理论支持和可借鉴的经验。

五、研究措施：立足团队促资源整合

1. 组建研究团队；组建包括科研部门、教学管理部门、德育管理部门

（含负责学生工作的班主任）、实验室、教研组和学业生涯规划指导老师、备课组老师等在内的迈乎学习研究团队，理论与实践相结合。

2. 收集相关资料：进行成员分工，收集基于核心素养的课程教学改革方面的相关资料。

3. 组织学习研训：进行校内和校外交流，采用座谈会、辅导报告、经验交流会等形式，进行交流研讨。

4. 分类实施研究：综合运用调查法、经验总结、行动研究等多种研究方法，对基于核心素养的课程教学改革进行分类研究和系统梳理。

5. 编制管理文本：针对基于核心素养的课程教学改革，制定相应的管理制度和案例集，巩固和物化相关研究成果。

6. 完成结题报告：在充分的实验、总结、实践、再实验、再总结和再实践的基础上，形成结题报告、论文等研究成果。

六、研究效果：立足品质促内涵发展

迈乎学习理念下的课题研究探寻现代教育治理视域下的学生核心素养培育生长点。2016 年笔者主持的课题“基于个别化教学的课程改革与课堂建构”，获省教育学会“十三五”教育科研课题重点立项（项目号 2016A-5，2016 年）。本课题研究旨在现代教育治理视域下，基于笔者个性化教学和精细化管理的教育思想，把现代教育理念运用到我校教育教学实践探索行动中，解决课程和教学综合改革、学科管理和建设，以及课堂教学模式效能等实际问题，促进师生发展，提高教育质量，提升学校品质。

迈乎学习理念下的课题研究探寻学校生态化建设过程中的学生核心素养培育生长点。随着探索与实践的深入，随着更多经验的升华和更多问题的呈现，学校由笔者主持申报了省教育规划重点课题“基于中学生核心素养培育的三维课程建构与教学改革”（立项号 XJK17AZXX010，201706），获得了相关专家的一致好评。通过课题研讨，整体性理解核心素养的体系框架及其内涵。通过大量的研讨和调查研究，深入思考核心素养所反映出的课改、时代和学科发展要求，深入思考核心素养所反映出的全民关注与讨论的焦点、深入思考核心素养所反映出的对国际教育发展的前瞻性思考以及借鉴最新的脑科学、心理学的成果，深入思考核心素养所反映出的中华民族传统文化的基因和价值标准，深入思考核心素养与社会主义核心价值观的内在联系与融合路径。基于麓山国际实验学校融教育教学实践的务实做法及其突破性成果，促进课题研究不断深入。学校共申报国家级、省、市各类课题共计 50 多项，其中独立课题 16 项，课题科研的影响力也逐步辐射出来。

迈乎学习理念下的课题研究探寻教育教学各层面的学生核心素养培育生长点。2017 年，作为课题的子课题，彭云副校长主持的湖南省教育学会“十三五”教育科研课题“中学校园足球‘三元三化’课程模式的探索与实践”以及由唐君和张博文老师共同主持的课题“基地学校互动的研学旅行课程建设”也获得省级立项。同时，作为课题的子课题，我校另外三位老师的课题也在湖南省教育科学研究工作者协会成功立项：基于核心素养培养的中学美术 MIFE 高效课堂实践探索——以中国画课程教学为例（主持人刘清峨）；学校、家庭、社会三大资源在思品大课堂中的有机整合研究（主持人梁勋）；研究性学习方式在德育交往中的运用（主持人张博文）。这是我校课题工作重心下移的新成果，有利于进一步探索学生核心素养培育的具体抓手。

作为湖南教育科学省规划课题的子课题，还有 200 多位教师参与了课程建设、教学方式、学习方式、德育管理、班级文化等更多教育教学细节的研究。从而全方位探寻了中学核心素养培育的体系，找准了节点，提升了可操作性。

第二节　教师一线课题研究，反思提炼升华教育教学智慧成果

微型课题研究是学校重要的科研窗口和一道亮丽的风景线。中学的科研相比大学的科研，最大的特色是强调行动和研究的可操作性。迈乎学习理念下的中学科研立足教育教学实践，要能提炼和升华教育教学一线的智慧成果。

一、做好开题工作，见微知著

学校鼓励一线教师基于教育教学实践，开展应用性微型课题研究。学校通过教育科研引导广大教师进行以转变教学方式为核心的课堂教学校本研究，把问题转化为课题，把经验提升为成果。一个课堂问题、一个教学案例、一种新的学生评价方法都可以成为微型课题的研究选题。每个备课组都有课题，每学期教师参与课题研究的比率达到100％。

（一）明确微型课题的理念与定位

1. 厘定微型课题的指导思想

微型课题，是校本教研中一条引领教师专业成长的幸福之路。微型课题立足于教育教学实践，“观察一个问题、研究一个问题、解决一个问题”，开展个性化研究。微型课题研究倡导小积累、大发展；小进步、大提高；小切口、大纵深；小课题、大作为。积小步为大进，积小得为大悟。

2. 明确微型课题的意义价值

微型课题研究使科研真实地走进教师、走进学科、走进课堂。

（1）现实需要

一是解决教育教学问题的途径和方法。课改样板校与现代实验学校建设的过程中，围绕提升教学质量和人才培养质量发展目标，面临教学模式改革、课程改革、评价模式改革、师资队伍建设、专业化管理、数字化校园建设、校园文化建设、技能大赛、对口升学等重大的问题，急需学校领导、行政干部、一线的骨干教师、富有教学经验和积累的教师面对这些难题，找到破解的途径和方法。通过开展有针对性的课题研究，对拟解决的问题深入思考，将教学实践中获得的正反两方面的经验通过总结、研究、反思的途径转化为理论成果，形成解决问题的策略，指导教育教学的实践。

二是评聘职称的需要。职称是教师任职资格、专业能力认定依据。评高级职称对应的业绩包括相应的论文和市级以上课题。这些条件激励教师参照任职资格和评聘条件，积极开展教研活动，靠近评选要求。

三是教学评估、督导的需要。校本教研是学校教育工作的重要组成部分，是上级教育主管部门督导、评估教育教学质量的重要指标，从这个角度来看，教研是学校建设、发展的需要，所以学校领导非常重视课题、论文、出版教材、论著等方面，给予教师考核加分，形成鼓励制度。

（2）发展意义

一是提升教师专业水平的必由之路。

促进教师专业化发展，是建设高素质教师队伍的前提，也是国家教育发展的战略。教师专业化发展最核心的理念是：教师的发展是一个终身的过程，要通过自我研修，将教育教学工作模式由“经验型”转化为“科研型”，由“教书匠”转变为“教育家”，教研是教师成长的重要标志；另外在开展课题研究的过程中，通过大量的查阅资料、阅读书籍，能够重新审视、反思自己的教育教学工作，转变、提升教育教学观念，培养科研意识和科研能力。

二是新课改对教师的要求。

三是改善教师的生活方式，消除职业倦怠。苏霍姆林斯基说：“如果你想让教师的劳动能够给教师带来乐趣，使天天上课不至于变成一种单调乏味的义务，那你就应当引导每一位教师走上从事研究这条幸福的道路上来。”很显然，这句话的意思就是说：如果教师坚持做教育教学研究的话，教师会觉得越来越幸福！

（3）研究价值

①提升教育教学效果效能，学生发生相应的变化并因此受惠。

②参加研究的教师的教育观念、教育活动能力发生相应的变化。在改善所面临的教育环境的同时，自身也在改造环境的实践中得到改变。

③研究所涉及的教育活动的方式、体制、机制、制度发生相应的变化。

3. 做好微型课题的定位

微型课题研究是研究者采用一般的科学方法对自身教育实践中细微的问题进行观测、分析和了解，从而发现日常生活中常见教育现象之间的本质联系与规律的认识活动。

微型课题常常以课堂为现场、以教学为中心、以教师个人为主体、从实际出发开展教学研究。在研究过程中，教师可根据各自不同的兴趣、特长、需要和教学实践中发现的不同问题进行个性化的研究，得出个性化的结论。

因此，微型课题研究的定位是：

（1）它是一种微观研究（袁玥：研究所针对的都是学校教育、教学、管理过程中所有的环节和细节，如教学活动过程、师生互动过程、班级组织管理、学生思想行为等问题的研究）。

（2）它是一种行动研究（余文森教授：行动研究是立足于实践和解决实际问题的研究方法，简单地说，就是广大教师在教育实践中“做中学”或“学中做”的方法）。

（3）它是一种应用性研究（袁玥：运用教育理论解决教育实践中具体问题的研究）。

（4）它是一种校本研究。

4. 明确微型课题的基本特点

微型课题“麻雀虽小，五脏俱全”。它有以下特点：

（1）小。范围小、问题小、切入点小。

（2）活。选题论证、方案设计、立项开题、实施研究等相对简便；教师单独或合作研究均可。

（3）实。选题务实；研究过程踏实；研究成果真实。

（4）短。周期短，或两至三周，或三至五月，不超过一年。

（5）平。表达平实，注重一线教育教学措施的真实积累与记录。

（6）快。见效快，一个问题解决了，就转入下一个问题的研究；辐射快，一位教师研究到位了，组内和校内其他教师马上推广。

（二）明确微型课题研究的一般步骤与策略

明确了微型课题研究的三步流程：开题—中期检查—结题评优。

比如，在开题时，教科室在微信群进行《如何做好微型课题的开题论证》的微型讲座。

如何做好微型课题的开题论证

一、开题论证的形式

1. 专家指导型；2. 自我论证型；3. 会议交流型。

二、开题论证会的程序

1. 教研组主持会议，介绍课题组成员和专家组成员；2. 课题主持人做开题报告；3. 专家与嘉宾点评与质询；4. 课题组答疑；5. 根据专家意见修改开题报告。

三、开题报告的格式

1. 背景意义；2. 课题界定；3. 目标内容；4. 创新点；5. 研究方法；6. 实施步骤；7. 预期成果。

四、开题的论证要点——以教育科学研究为例

（一）开题论证的重点是“三个论证”

1. 研究目标的“长、宽、高”的论证。因为科研无止境，课题有时限，实际运作时间一至五年，长度（研究时间的跨度）、宽度（研究范围的幅度）、高度（研究目标的程度）都要适度，不能过度。

2. 研究目标落实的论证。研究目标的落实，主要看研究内容，做到“五要五不要”。一是研究内容要紧扣课题研究目标，不要让课题研究内容偏离研究目标；二是每项研究内容表述要十分清楚，不要含糊其辞或模棱两可；三是研究内容要整体完备，不要出现重大缺漏；四是每项研究内容要相对独立，不要近似甚至雷同；五是每项研究内容的难易度要均衡，不要使各项研究任务悬殊。

3. 研究步骤实现的论证。步骤实现要做到“二防”“三落实”。“二防”是一防“超载”，每一步的活动量不能超过课题组成员力所能及的工作量；二防“误点”，课题组都要增强时间观念，保证“正点运行”。课题研究特别强调的是团队合作。因此，要把研究任务分解，讲清任务要求，并加强督促和完成。“三落实”就是把人、财、物落实好。

（二）开题论证的具体内容是“八要素”

1. 课题名称问题。课题名称要主题确切，切口适宜，言之有物，特色鲜明。

2. 研究现状问题。了解前人研究情况，把握可以借鉴的成功经验，提出在前人研究的基础上如何创新研究，才不会“低水平重复”“自娱自乐”。

3. 课题研究核心概念问题。研究核心概念要明确具体。

4. 研究预期目标定位问题。形成“四有”体系，即有推广意向、有实施条件、有运行机制、有创新能力的体系；努力实现课题成果推广“四效”，即有效率、有效果、有效益、有效能。实现“双赢”，即促进成果单位、推广单位教育改革发展。

5. 研究内容问题。研究内容或子课题内容具体并紧扣主题。

6. 研究方法问题。关键是科学，符合教育科学规律。教育科学研究有很多种方法，如文献法、历史法、观察法、实验法、调查法、比较法、个案法、预测法、统计法、经验总结法、行动研究法、叙事研究法等。

7. 研究的实施步骤、措施问题。核心是可操作。

8. 研究的阶段性成果和最终成果明确并得到落实。

（长沙麓山国际实验学校教科室整理）

学校明确微型课题的研究策略：

微型课题指选题来自教育教学一线、研究结合课堂教学，切口小、用人少、容易搞、有实效的小课题。研究主体是一线教师（一般是一个人）。

研究对象：实践中碰到的真问题、实问题、小问题。

研究方法：行动研究、案例研究、叙事研究。

研究过程：边研究问题边改进教学、边研究边展示（在网络、公开课、研讨会上展示发布）边改进边认定。

研究周期：或二三周，或三五个月。

成果形式：可以写成一篇论文，可以是叙事，是教学案例，也可以是教育教学行为改进的日记反思或者经验总结等。

此外，学校还明确了微型课题的研究参考方法。

学校微型课题选用实践研究、案例研究和叙事研究等研究方法。

对于一个问题，我们不要强求一定要用某种理论来指导我们的实践，应该就事论事，尝试用各种可能的办法来解决问题。把问题解决了，课题就成功了。

研究的载体涉及研究问题的一门学科、一个教学环节、一个学生、一段教育过程等等。把它们作为一则一则案例来剖析。把研究过程记录下来，就是教育叙事，也是课题研究的过程性资料。比如一个教学片段、一段教学实录、一次谈话等等。

（三）明确开题审定的标准

一是强调微型课题研究应立足课堂教学，突出迈乎学习有效课堂的教学理念。微型课题研究应体现现代学习的课堂基本要求与教学设计理念：

◎教学设计体现“有效”理念

◎教学要素形成“有效”合力

◎教学主题提升“有效”层次

◎教学提示折射“有效”引导

◎教学创意生成“有效”精彩

◎教学指导保障“有效”提升

◎教学感动激发“有效”互动

◎教学探究拓展“有效”深度

◎教学评价满足“有效”需求

◎教学反思促成“有效”感悟

二是明确开题评审标准。具体如下表。

表 5－1　微型课题开题评审标准

麓山国际实验学校·微型课题开题论证

评审标准

请各位专家依照以下标准，对该小组的开题报告进行评分

评估指标	具体表现
研究选题具有价值（10分）	研究紧密契合实际情况，对解决实际问题有很重要意义（9～10分）
	研究立足于实际情况，对解决实际问题有较重要意义（8分）
	研究结合实际情况，有利于解决实际问题（6～7分）
	研究的实用性、应用性差（0～5分）
研究思路清楚，框架合理（15分）	研究体系缜密，脉络清晰，各部分环环相扣（14～15分）
	研究体系完整，各部分衔接顺畅（12～13分）
	依照格式，各部分功能明确（9～11分）
	未依照格式，各部分内容混杂（0～8分）

续表

评估指标	具体表现
对现状调研深入、了解清楚（10分）	进行科学合理的调研，明确提出了重要问题（9～10分）
	进行初步调研，提出了研究相关的问题（8分）
	进行简单调研，简单得出现状问题（6～7分）
	未进行调研，现状存在的问题不清晰（0～5分）
研究相关的观点和做法借鉴到位（15分）	对研究相关的观点和做法有系统的认识、适宜的分析与借鉴（14～15分）
	对研究相关的观点和做法有较好的认识、分析与借鉴（12～13分）
	对研究相关的观点和做法有初步分析和借鉴（9～11分）
	对研究相关的观点或做法没有阐述和借鉴（0～8分）
研究目标明确、可实现（10分）	研究目标非常清晰、具体，可实现、可衡量（9～10分）
	研究目标比较清晰、具体，可实现（8分）
	研究目标可实现（6～7分）
	研究目标不清晰明确，难以实现（0～5分）
研究方法得当（10分）	研究方法对所有观点、措施都有坚定的支撑作用（9～10分）
	研究方法对大部分观点、措施有较好支撑作用（8分）
	使用了研究方法，但支撑作用有限（6～7分）
	没有使用科学合理的研究方法（0～5分）
研究内容和措施充实（20分）	对问题分析、改进方案、配套措施都有非常清晰完备的设想（18～20分）
	对问题分析、改进方案有比较清晰的设想（15～17分）
	对问题分析、改进方案有基本的设想（12～14分）
	对问题分析或改进方案没有设想（0～11分）
研究计划与分工明确（10分）	研究计划与分工安排非常合理，责任明确，可保证全员参与、准时或提前完成研究任务（9～10分）
	研究计划与分工安排比较合理，对研究工作有重要指导意义，各位组员都有明确的研究责任（8分）
	研究计划与分工安排基本满足研究开展的实际需要，研究任务粗略地划分到不同个人（6～7分）
	安排不符合学院进度要求，研究分工不明确（0～5分）

此外学校还对如何选题进行具体的业务指导。包括选题的来源、选题的视角、选题的策略、一般步骤、提升课题意识和科研素养等方面。

________年级________备课组·微型课题开题评审表

主持人		学科		联系方式	
研究成员				邮箱	
课题名称					
研究意义、现状与理论依据					
研究目标与研究内容					
研究思路与方法					
时间部署					
课题研究预期成果					
专家评审意见与建议					
学校意见					

在学校的推动下，教师参与微型课题研究的热情高涨，开题数量明显增加，而且研究选题更多地与学校的迈孚学习教育思想相契合。学校微型课题共开题立项105项。

二、夯实中期推进，微实有体

学校重视微型课题研究的针对性、实操性和实效性。在研究过程中，对教师研究团队做好培训和课题跟进服务。并在以下几个方面做足文章。

1. 组织学习，加强引领

学校为此开展了各种研讨活动，加强微型课题研究的深入探讨。

做“四有课题”　促专业升华

——张博文老师微型课题讲座提纲

一、做有灵魂的特色课题

1. 有思想：研究者有理念、有思想、有教育情怀、有实践经验与感想

2. 有人本：课题立足点是促进师生的可持续发展

3. 有特色：一是有学校和师生特色；二是有课程与学科特色

4. 有规划：学校加强顶层设计，整体规划，统筹安排，重点推进

5. 有体验：通过课题研究师生动起来，思路活起来

二、做有团队的合作课题

1. 有联动的课题研究，加强交流研讨

2. 有扎实的子课题研究，打造教学科研共同体

有理论＋有政策＋有案例＋有反思＋有评价＋有比较＋有反馈＋有借鉴

三、做有行动的真课题

有问题＋有困惑＋有任务＋有师生＋有课程＋有学科＋有课堂＋有落实＋有措施＋有保障

四、做有效果的优质课题

有抓手＋有重点

有机制＋有安排

有评价＋有联动

有示范＋有辐射

学校还邀请省市专家刘翠红等老师做了《科研写作方法》等系列讲座。

2. 开展组内评估研讨

组织学科组和备课组内教师进行课题梳理组内研讨会，对课题的研究过程以及成果现状进行梳理、深度研讨和评估，研究出后期改进方案和对策。

最好的研讨方式，当然是上示范课和座谈会，适当时候也可进行微讲座等。

3. 进行课题深度调研

学校提供方便，协助课题组对微型课题的实施，进行问卷调查、访谈和微测试等活动，以调整研究方向，提升研究效能。

4. 整理研究物化成果

一方面，鼓励课题组收集研究过程资料。另一方面，提炼研究逻辑，对一些研究资料进行二度开发，整理成册。同时，学校对基本成型的微型课题研究，指导研究成员整理和发表学术论文或者参与论文评奖。每年学校协助教师向《湖南教育》投稿超过 30 篇。目前，已经在微型课题基础上编印校本资料近 60 本，超过 300 万字。

三、及时结题评优，微也论道

学校重视微型课题的结题和评优工作，并作为重要指标纳入教师学期综合绩效考评。

2017 年 6 月 20 日—9 月 15 日，学校举行了 2016—2017 学年教师微型课题结题成果推优评审活动。2016—2017 学年教师微型课题结题评优重实践成果、可操作性以及教育教学推广价值。最终评出微型课题成果奖 52 项，其中一等奖 28 项，其余 24 项为二等奖。这其中有从学科基础型课程中提炼研究成果的，如候秧等老师的微型课题“互文本阅读教学探幽人物情感研究”得到了很多鲜活的素材与案例，如谢韩英等老师的微型课题“数学中考复习策略研究”形成了具有“麓山”特色的中考数学复习模式。有从拓展丰富型课程中提炼研究成果的，如朱津沙的“高中英语录音教学在学生自主学习中应用研究”形成了许多诸如英语电影配音等英语拓展学习的宝贵经验、素材案例以及操作方法，李明星的“开设中学书法教学校本课程初探”对中学生书法学习形成了较完备的系列指导手册。也有从活动实践型课程中提炼研究成果的，如孙国强等老师的微型课题“有关高中生进行岳麓山地质考察的研究”形成了较为详实的活动材料与经验反思。

结题后，学校及时对微型课题进行了评优。具体方案如下。

2017—2018 学年微型课题结题成果函审评优活动方案

一、活动主题：2017—2018 学年微型课题结题成果评优

二、活动时间：2018 年 9 月 16 日—9 月 22 日

三、活动形式：各评委对教研组微型课题结题材料进行函审

四、评委成员：

邓智刚（评委组组长）、杨革非、向雄海（评委组副组长）、彭云、杨德成、王德复、胡云、李梅芳、张博文、廖国清

五、评优理念与原则

1. 科学性与操作性相结合

2. 目标达成和过程评估相结合

六、评优奖项

奖励项目	个数	绩效奖励金额	期末课题科研工作加分
一等奖	择优确定	600 元	2 分
二等奖	其余参评的教研组课题	300 元	1.5 分

长沙麓山国际实验学校

学校制定评价细则如下。

表 5－2　微型课题结题评优评分细则

评价要素	分值	得分	备注
课题报告和相关材料完整	10		
课题总结报告规范，全面详实	10		
研究成果（原始材料、课件、论文等）丰富有价值	25		
研究课题有现实意义	15		
研究过程务实	20		
有值得推广的经验	20		

最终，经过教研组初评推荐和专家鉴定，评选出优秀课题如下。

表 5-3　2017—2018 年麓山国际微型课题评优名单

教研组	结题课题名称	主持人	成员	等第
初中语文	课堂微写作：跬步至千里，课课有提升（以部编版语文八年级上册教材为例）	黄颖	黄颖、雷静、万湘初	二等奖
	语文课堂随机写作实践研究，提升中考创作方式新尝试	李群	李群、陈浩等	二等奖
	浅谈“课前展示”在语文课堂中的有效运用	刘崇艳	刘崇艳、梅青、童立、余燕柳	一等奖
	部编教材八上语文诗歌教学吟诵实践研究	吴昊	刘晓凌、赵华、吴昊	二等奖
	部编教材八上语文课本写作资源的开发与利用	马慧萍	马慧萍、赵添丽、黄雅丹	一等奖
初中数学	“合理”布置作业，践行因材施教	谢振国	谢振国	二等奖
	初中数学概念课教学实践	谢韩英	戴青艳、唐磊、余伟民、谢韩英	一等奖
	《几何画板》在初中数学教学中的应用研究	杨正军	杨正军、李婷、徐党、阳鸿鹤、李朝石、龙森、李钦皋、姚智慧	一等奖
	基于“迈孚”理论下的初中数学课堂教学实效性研究	彭怀慧	吴志辉、张陈、彭怀慧、荣婷	二等奖
初中英语	英文原著进课堂研究	张迈	初一英语备课组	二等奖
	初二英语教学与“互联网+”的美丽邂逅——基于移动终端语言学习使用	邓斌	邓斌	二等奖
	新常态下毕业班的新型师徒结对	张泽宇	初三英语组	一等奖

续表

教研组	结题课题名称	主持人	成员	等第
高中语文	深读教材，力促德育智育共生共荣	傅应湘	傅应湘	一等奖
	任务驱动型作文如何“就事说理”与高一作文训练的有机衔接	熊静	熊静、田伊琳、范艳萍	二等奖
高中数学	清北自主招生试题研究	肖瑶	肖瑶、彭华平、张荣祥	一等奖
	简单几何体的内切球、外接球问题	苏倩	黄海波、何文娟、刘玲珑、熊应龙、苏倩、肖喜、万胥、阳松、李建华、	一等奖
	高中数学课堂如何激发学生的学习主观能动性	徐娅	胡四莲、雷勇、徐娅	二等奖
高中英语	课前 5 分钟中外文化分享的研究	鲁霞	鲁霞、黄威	二等奖
	中国传统文化的高中英语教学实践初探	任荟梓	任荟梓、周礼华、赵振宇	一等奖
	如何运用信息技术增强 MIEF 高效课堂中词汇教学的趣味性	杨钰	杨钰、孙巧珍、万璐	二等奖
政治	中学班级安全员制度的建立与开发	向志圆	向志圆	一等奖
	基于 MIFE 教学理念指导下的时事新闻与教学内容有机结合的策略研究	荆晨昊	刘卫、方叶兰、荆晨昊	二等奖
	思想品德“课前新闻五分钟”演讲对学生解题能力的培养	梁勋	梁勋、周琼花、陈洁	二等奖
	高三思想政治学科一轮复习 MIFE 高效课堂教学模式及评价体系初探	刘海阔	刘海阔、吴美文、张雅	一等奖

续表

教研组	结题课题名称	主持人	成员	等第
历史	如何构建高效的历史学考复习模式	阳桃	阳桃、覃年丰	一等奖
	中考历史怎样抓好合格率	朱映梅	朱映梅、陈瑶峰	一等奖
	利用板书提高历史课堂教学效果的研究	卓红	卓红、杨小红	二等奖
	青年教师硬笔书法校本教程	李明星	李明星	一等奖
地理	高中人文地理的教学案例研究与实践	高晓青	高晓青、贺明岳、何新华	二等奖
	透过镜头学地理——地理校本课程的开发与实践	唐焱	唐焱	一等奖
物理	《试卷分析》——信息收集与整理	李晓亮	李晓亮、王熠、田丽	一等奖
	“师徒结对”解决初中物理作业完成问题	邓爱萍	邓爱萍	二等奖
	中学物理结合 3D 打印技术，优化实验教学方案	唐雄	伍黎明、唐雄	一等奖
化学	2017 年中考化学试题整理汇编	曹建华	曹建华、何丽萍、肖利辉 刘斯仪、冯阳、杨娟 周裕松、李丽、何欣欣	一等奖
	化学趣味实验在校本课程中的实施	余静	余静、谭永祥、王维	一等奖
	离子方程式书写突破	王代良	王代良、陈玉飞	二等奖
	平衡常数应用突破	赵紫梨	赵紫梨、吴政霞	二等奖
	规范解题，减少失分	蒋晓明	蒋晓明、饶挺、刘润泽 张矫睦、王小平	二等奖

续表

教研组	结题课题名称	主持人	成员	等第
生物	初探人教版初中生物八下年级教材中的微课开发	欧庭良	文洁、王妙、樊珊、杨丽霞、陈亮，刘泽蓉	一等奖
	《动手学生物》校本拓展课程开发与有效组织的研究	贾志	文洁、戴秋、曾红武	一等奖
	对高中生物教学中若干“争议”问题的探讨和辨析	邓勃	邓勃、唐永红、贺文	二等奖
	学生错题的收集和应用	叶修刚	叶修刚、彭洋、谢海峰、姚瑛、卢炜	一等奖
音乐	初中音乐课堂评价研究	陈洁	吴朝晖、陈洁	一等奖
	中学生合唱艺术表现手法多元化初探	夏天	夏天、周素梅	二等奖
初中体育	体育中考实心球技术动作分析与训练手段的探究	曾雯雯	曾雯雯、邢静文、鲁勇、张小伟、黎青、李冰冰、熊俊	一等奖
	体育课堂中学生安全自救与应急能力培养研究	何斌	何斌、王晓、黄伟峰	二等奖
高中体育	我校高中体育与健康课程重构目标设置研究	谭俊	谭俊、刘飞、卢鹰	二等奖
	“动态分层教学”模式在我校高中体育选项课程教学中应用的可行性研究	李非	李非、张可	一等奖
美术	“美丽校园”精品校本课程的开发与利用	李曙光	李曙光、刘清峨、陈刚、周品、杨名	一等奖
信息技术	利用手机自媒体工具进行网络教研课	钱莺	钱莺	一等奖
	计算机房有效维护经验总结	王灿	王灿	二等奖

学校通过课题科研引导广大教师从备课、课堂教学方式、学生学习方式、课堂评价等方面进行系统全面的教学改革，引导教师进行以转变学生学习方式为核心的课堂教学校本研究，把问题转化为课题，争做研究型教师，把经验提升为成果，争做实践型教师。学校获得湖南省教育科研工作者协会“先进会员单位”荣誉称号，并升格为常务理事单位。我和多名教师获教育教学科研成果优秀论文评选一等奖。在各种教学比赛、国培省培项目以及“一师一优课”比赛中，我校教师展示课程建设和 MIFE 高效课堂改革成果并获得国家级省级一等奖。我校学生综合素质全面发展，在各种学科和艺体竞赛中，独占鳌头。

第三节　学生主题研学探究，关注社会民生提升创新实践能力

对研究性学习的重视体现了迈孚学习的新时代诉求。研究性学习是新一轮课改所倡导的一种重要学习方式，综合实践活动课程、学科课程，都要引导学生采取研究性学习方式进行，强化主动探究意识，培养科学精神。《中小学综合实践活动课程指导纲要》中所强调的野外考察、社会调查、研学旅行等，都是研究性学习的具体形式，其他几种活动方式，也都体现了研究性学习的基本精神。

研究性学习是一门全新的课程。新在教育理念，是一种主题性教育教学模式；新在定位，培养深度学习和实践创新等关键能力；新在方法，研究性学习的方法更加注重体验性、实践性、合作性和探究性。

如何实施研究性学习？没有固定的标准答案，只有校本化的探索。

一、宣言目标

我校研究性学习课程的探索始于 2009 年，至今已经过了 10 年的探索，结合探索的历程，经过教研组研讨，确定研究性学习课程的学科宣言为：

在亲身体验中践行社会责任

在自主合作中培养探究能力

培养社会责任是中学教育的一项重要使命，这是由社会发展诉求、中学教育的任务目标以及中学生的学习和身心特点等因素决定的。但学科的着力点却在学科核心能力——学习探究能力上，因为探究能力是其他各种能力素

养的基础，同时也指向和涵盖了学生各种能力的培养和运用。

根据以上总目标，我校研究性学习制定以过程研究为主线的目标系列，并以学年为单元，确定分阶段的课程目标。

第一阶段（高一年级为主），即社会生活主题研究性学习阶段。这一阶段以培养学生的“课题意识”为核心，以研究性学习专门课程为载体，组织课题的背景材料和流程学习。高一上学期采取从接受型学习到研究性学习逐步过渡的原则。在此过程中，注重以往学生作品的展示和课题研究流程的教学，注重于对比研究性学习与接受型学习的不同及研究性学习的优越性。在课题设置上，在开始时，以统一的小课题为主，侧重于培养学生掌握初步的研究方法。高一下学期采取“统一大课题，学生自选小课题”的方式，推进学生自主研究性学习。

第二阶段（高二学年），即学生行为与心理主题研究性学习阶段。这一阶段采取学生自己选取一种社会活动作为研究的课题的方式来进行。学生通过研究自己选择、确定比较感兴趣的社会活动课题，以培养学生实践、创造能力为核心，以“课题研究”课程为载体，自主探索实践，确定研究课题，采用文献研究模式、实验或观测模式、调查研究模式、建模概括模式、畅想论证模式和思辨探究模式等解决的方案与途径，自主选择表达方式和成果形式。

第三阶段（高三学年），即学科能力主题研究性学习阶段。这一阶段以培养学生思辨学习和创新思维为核心，培养学科的深度理解能力、拓展学习能力、学科高考应试能力，提升学科学习效能与品质。

二、内容设置

研究性课程在内容上要注重联系学生的学习生活实际，联系自然界、社会和人自身发展的实际问题，要有效地利用各种社会资源和自然资源，紧密结合各地区和学校的实际开展学习、研究。大概分类如下：

1. **社会生活主题类**

以经济生活、政治参与、文化交流、军事互动、生态修养等为基本主线，确定研究内容和形式。学生情牵农村，研究“三农”问题，关注农业、林业、畜牧业、现代农业加工业、渔业的发展形势，关注农民的生活与生产。学生们文化寻根，研究风俗人文的典型人物及其背后的故事，关注民族文化基因和社会历史的发展脉络。学生观察政治，研究政府的创新举措，关注民生，关注城镇化建设的方方面面，关注身边人的政治意识与价值认同。学生问道自然，研究天人合一的理论渊源和实施路径，关注生态文明建设，关注地球村，关注人类的和谐文明以及可持续发展。

2. **学生行为与心理主题类**

学生一切活动都是研究的对象。课堂学习、寝室生活、人际交往、劳动卫生、班级建设、社团活动、人文节日等，都是研究性学习最常用的选题来源和最受欢迎的研究方向。活动背后的心理变化和情绪表达，同样是研究性学习的深度研究内容。

通过学生活动主题类研究性学习进课堂、进教材、进学生头脑，培养学生以习近平新时代中国特色社会主义思想为指导，提高政治思想水平，增强社会责任感，分析影响个人发展的各种因素，充分理解自主合作在个人成长中的作用，充分理解个人发展内因是关键的道理，充分认识到在劳动和奉献中创造人生价值、在个人与社会的统一中实现人生价值、在自我砥砺中走向成功的人生发展真谛。

青年团校、党校、理论学习辅导班、学校社团活动、学校六大系列节日以及寒暑假社会实践考察活动等是学生活动主题类研究性学习的重要平台。组织学生参加青年团校、党校的理论学习，使更多的学生向团组织和党组织靠拢。

3. **学科能力主题类**

学科能力主题研究性学习注重把学科教学与学生的研究性学习有机结合，落脚点是培养学科素养和能力。

我校近几年来在学科能力主题研究性学习方面的主要形式有：①以学科知识为基础的建构性学习，比如生活数学。②按学科特点突出知识运用的应用型学习。如“新闻时评”等。③跨学科综合性学习。跨学科综合性学习的关键是内容的模块化建构和方法的多元整合。这种基于实践总结的模块化的学习设计从管理上来说，提供了这样的一种可能：在学校统一指导和教师、学生的自主活动之间可能存在一个比较理想的结合点。实际中也的确如此，有了基本的模块和实施流程，学校管理者不必再担心“出乱子”，教师和学生在模块内获得充分自主权，可以创造性地教学和研究。

三、基本特点

研究性学习作为新课改理念下的新型活动课程，具有鲜明的课程特色。

具体体现在，①开放性：定位开放、视域开放、目标开放、内容开放、方法开放。②自主性：选题自主、团队组建自主、研究过程与方法自主、学习时间相对自主、成果形式和汇报交流形式自主。③探究性：从密集的现象中探究事物的本质，从重复的现象中发现事物的规律，从新的现象中探究事物的趋势。④实践性：理论与实践相结合，用实践探索来检验理论的系统性和引领性。

四、实施要求

课程实施应坚持研究性学习和实际生活相结合的原则；研究性学习和信息技术相结合的原则；研究性学习和通用技术相结合的原则；研究性学习和学科教学相结合的原则；研究性学习和励志教育相结合的原则；研究性学习和养成教育相结合的原则；研究性学习和生涯规划相结合的原则；研究性学习和社会实践相结合的原则；研究性学习和社区服务相结合的原则；研究性学习要跨学科进行研究的原则。指导教师要全程指导、习惯养成、方法引领、过程落实、成果升华。

五、管理脉络

我校努力建立以年级备课组为研究性学习课程中心的管理模式，指导各年级研究性学习课程的开展。并由教务处和教科室指导研究性教研组具体组织专人负责课程的设置、学生成果的汇总和表彰、课程教师的调度和考核、课程资源的协调使用等工作。

在课程建设具体操作过程中，相关成员分工合作示意图如图 5－1：

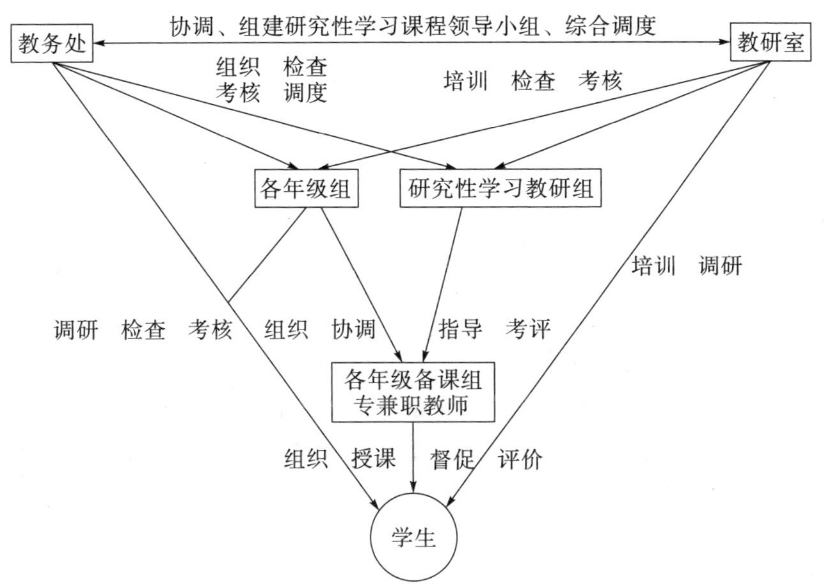

图 5－1　课程建设相关成员分工示意

1. 成立研究性学习课程领导小组

组　长：校长

副组长：主管教学副校长、书记

成　员：教科室主任、学部主任、年级组长

2. 研究性学习工作小组

组长：学部主任

组员：各班班主任、研究性学习指导教师

3. “研究性学习课程”评审委员会委员

（1）领导小组全体成员　　（2）各学科教研组长

4. “研究性学习课程”课题指导教师

全体任课教师、部分校外专业人士，以及部分学生家长。

学科建设首先需得到学校领导的重视。从学校的管理教学的副校长，到教务处和教科室的主任，到年级组，都要非常重视学生的研究性学习，而且参与研究性学习，并制定一套切实可行的管理办法和工作体系。学校在教科室和教务处协调下，成立研究性学习课程实施领导小组，负责研究性学习课程的培训、指导、考核、评价和调研。

年级组高度重视，负责研究性学习的具体组织和协调。每个年级选一名教师担任课程主题授课，每个班由两位教师担任研究性学习导师，负责本班的研究性学习的具体组织、授课、督促和评价工作，对每个学生实行档案化管理。研究性学习注重过程的评价，将“过程性评价”和“学业性成绩评价”相结合、“学生评价”和“教师评价”相结合、“形成性评价”和“终结性评价”相结合，而且在教务处和教科室的领导下，组织对指导教师的反馈评价。

“研究性学习”是一门既无教学大纲又无统一教材的开放性课程，学生的学习行为不再停留在书本知识上，而是通过不断的提出问题，并经过社会实践不断地解决问题来实现教学目的。所以教师承担着培养、训练学生综合素养的具体的教育教学任务。我校的研学教师首先自己认真学习，补充自己不足。各年级组长在探索期主动担当研究性学习备课组长，整合好年级组教师资源和教学资源。然后，在研学教研组的指导下，各备课组教师合作分工。每位研学教师要承担一定内容的备课，然后采用研学备课小组团队合作完成相关的学生指导。坚持集体备课，共同完成研究性学习的教案和课件，并逐步形成一套初步的教案和课件。研学课程的教师既有分工，又非常合作，从而使学生受益匪浅。期末时，教研组会根据教务处和教科室要求对各备课组研学教师进行综合考评。

六、阶段流程

研究性学习的实施一般可分三个阶段：进入问题情境阶段、实践体验阶段和表达交流阶段。

研究性学习的主要流程是：选题、成立研究小组→设计研究方案→课题开题→深入社会调查→中期检查→整理、分析资料→撰写研究报告→结题答辩、成果展示→总结评估。

具体操作可以参考以下基本流程：

1. 了解研究性学习的基本要求

- 研究性学习的目的和意义
- 研究性学习的基本方法
- 研究课题的选择与确立
- 课题组的建立

2. 研究方法的设计与课题论证

- 课题的确立、交流与论证
- 研究步骤的制定
- 课题方案的构建和课题研究计划书的填写

3. 收集资料与展开研究实践

- 文献资料法、观察法
- 实验法、经验总结法、个案研究法
- 调查法、访谈法
- 研究实践

4. 资料的整理与分析

- 调查报告、实验报告、经验总结报告的撰写
- 文字、数据资料的整理

5. 课题研究的总结、交流与展示

- 课题结题的各项准备
- 研究报告、课程故事、学习心得的撰写
- 班级内的交流与展示
- 个人学习情况和课题研究情况评比
- 年级、学校内的交流与展示

七、项目评价

研究性学习课程中关于学生评价的问题，是比较困难的，评价效能的保障在于坚持基础性评价、发展性评价、及时性评价和激励性评价的有机结合，在于坚持定量评价与定性评价的有机结合，在于坚持过程性评价与终端性评价的有机结合，当然也在于坚持书面考试与成果考查评价的有机结合等。

激励学生在研究性学习课程中积极进取、努力实践，不是简单地把研究性学习的评价从“一元”走向“多元”的问题，重要的是在考评中强调“责任评价”。在评价的内容设置和方法选择上充分考虑学生在研究性学习中所承担的“责任”以及履行“责任”情况的评价。

注重以下三类评价的有机统一。

（1）过程评价。做好考勤记录与活动过程记录，所有活动完成后及时评价。

（2）定性评价。教师根据每个学生参加学习的情况进行评价，可分为优秀、良好、合格、不合格，作为“优秀学员”评比条件。

（3）成果评价。学生成果通过实践创作、作品鉴定、竞赛、评比、汇报演出等形式展示，成绩优异者可加以宣传报道。

其中，过程评价的观察视角见下表。

表 5－4　研究性学习过程评价记录·学分权重简表

项目	学分权重（总分 100 分）	实际得分
积极参与研究性学习，听从指挥	⩽20	
团队合作有成效	⩽10	
活动方案、研学计划或者故事分享展示	⩽10	
团队 PPT 展示、研学报告或者纪录片视频展播	⩽20	
参与开题、中期检查等研讨会	⩽10	
同步报道、研学照片、研学日记、心得展览	⩽20	
研学小论文、研学手抄报等	⩽10	
总分		

参考文献

著作类

［1］孙明霞. 课堂与核心素养［M］. 上海：华东师范大学出版社，2016.

［2］袁贵仁. 中小学校管理评价［M］. 北京：人民教育出版社，2014.

［3］杨九俊. 学校课程能力建设：基于普通高中课程文化转型的研究［M］. 南京：江苏教育出版社，2013.

［4］李素洁. 为世界公民的人生奠基：长沙麓山国际实验学校教育创新研究［M］. 北京：教育科学出版社，2012.

［5］《中国学生素养读本》编委会. 中国学生素养读本［M］. 北京：华夏出版社，2011 .

［6］陈大伟. 观课议课与课程建设［M］. 上海：华东师范大学出版社，2011.

［7］吴非. 致青年教师［M］. 北京：教育科学出版社，2010.

［8］吴式颖. 教育：让历史启示未来［M］. 北京：人民教育出版社，2009.

［9］杨自伍. 教育：让人成为人：西方大思想家谈人文和科学教育［M］. 北京：北京大学出版社，2009.

［10］华国栋. 差异教学策略［M］. 北京：北京师范大学出版社，2009.

［11］李炳亭. 高效课堂 22 条［M］. 济南：山东文艺出版社，2009.

［12］钟启泉. 课程的逻辑［M］. 上海：华东师范大学出版社，2007.

[13] 陈琦，刘儒德. 当代教育心理学 [M]. 北京：北京师范大学出版社，2007.

[14] 曾继耘. 差异发展教学研究 [M]. 北京：首都师范大学出版社，2006.

[15] 萧宗六. 学校管理学 [M] 3 版. 北京：人民教育出版社，2002.

[16] 范国睿. 教育生态学 [M]. 北京：人民教育出版社，2001.

[17] 崔允. 校本课程开发 [M]. 北京：教育科学出版社，2000.

[18] 刘仕龙. 自主合作探究：初中数学高效课堂的构建 [M]. 长春：吉林人民出版社，2018.

期刊论文类

[1] 高书国. 向中国教育现代化二〇三五奋进 [J]. 人民教育，2019 (5).

[2] 顾明远. 激发教育活力 加快推进教育现代化 [J]. 基础教育论坛，2019 (3).

[3] 中国教育科学研究院课题组. 中国未来学校 2.0 概念框架 [N]. 中国教育报，2018 (11).

[4] 张斌贤，周梦圆. 儿童中心学校的兴起与美国教育变革 [J]. 全球教育展望，2018 (10).

[5] 邓智刚. 基于中学生核心素养培育的课程教学改革探索 [J]. 创新人才教育，2018 (9).

[6] 向雄海. 中学生潜能开发与创新人才早期培养机制的建构 [J]. 创新人才教育，2018 (9).

[7] 王德复. 学校高效课堂的探索与实践：以 MIFE 高效课堂为例 [J]. 创新人才教育，2018 (9).

[8] 李梅芳. 全面实施素质教育背景下的教师专业成长策略 [J]. 创新人才教育，2018 (9).

[9] 陈芳. 基于高中生个体差异的教学策略与实践研究 [J]. 课程教育

研究，2018（8）.

［10］李水明. 生涯规划教育的实施策略探索［J］. 教学管理与教育研究，2018（8）.

［11］邓智刚. 校园足球普及与推广的“麓山”模式［J］. 创新人才教育，2018（6）.

［12］陶西平. 未来不再遥远：浅谈未来学校的模式［J］. 未来教育家，2018（3）.

［13］郝文武. 百年大计 教育为本　教育大计 教师为本：中国共产党关于教师和教师教育思想的百年发展和实践［J］. 当代教师教育，2018（3）.

［14］王定华. 新时代我国教师队伍建设的形势与任务［J］. 教育研究，2018（3）.

［15］代蕊华. 校长要做有思想的实践者［J］. 中小学管理，2018（1）.

［16］雷朝滋. 教育信息化：从 1.0 走向 2.0：新时代我国教育信息化发展的走向与思路［J］. 华东师范大学学报（教育科学版），2018（1）.

［17］石鸥，张文. 立足课堂 超越课堂 向课程要质量［J］. 教育科学研究，2017（12）.

［18］张野芳. 谈初中数学课堂中学生核心素养的培养途径［J］. 才智，2017（11）.

［19］向雄海. 中学阶段创新人才培养存在的几个误区［J］. 新课程（下），2017（11）.

［20］陈文静，刘秋泉，江新军，等. 优秀传统文化的“点灯人”：记长沙麓山国际实验学校教师张曲［J］. 湖南教育（A 版），2017（9）.

［21］李素洁. 课堂教学的“道”与“术”［J］. 学术论文联合比对库，2017（6）.

［22］王玥，许志星. 中小学创新素养测量工具的研制和现状分析［J］. 内蒙古师范大学学报（教育科学版），2017（6）.

［23］邓智刚. 探寻核心素养落地的路径［J］. 湖南教育（A 版），2017（5）.

［24］向雄海．培育豪迈的中国人［J］．教师，2017（5）．

［25］邓智刚．对中学个别化教学组织管理的系统思考［J］．课程教育研究，2017（4）．

［26］邓智刚，钟武伟．足球少年出麓山，名校绿茵映国际［J］．湖南教育（D版），2017（4）．

［27］张彦坤．落实初中语文学科核心素养培养的前提条件［J］．新课程（中），2017（4）．

［28］王素，曹培杰，康建朝，等．未来学校设计构想［J］．今日教育，2017（4）．

［29］任艳华．核心素养与学科核心素养的有机对接［J］．中国教育学刊，2016（12）．

［30］向雄海，张博文．中小学创新人才培养“麓山模式”的理性思考［J］．教育现代化，2016（11）．

［31］余理，张博文．“五彩麓山枫”系列社会实践活动理性回眸［J］．科普童话，2016（8）．

［32］张博文．培养现代教育视域下的卓越教师［J］．亚太教育，2015（11）．

［33］王凯．学校课程建设的十大问题探析［J］．课程·教材·教法，2015（11）．

［34］钟武伟．学会生存，学会关心：以校训为尊，构建“麓山”育人体系［J］．湖南教育（上），2015（2）．

［35］李素洁．用生态性教育理念推进学校课改创新［J］．课程教育研究，2014（12）．

［36］陈玉琨．中小学慕课与翻转课堂教学模式研究［J］课程·教材·教法，2014（10）．

［37］田爱丽，吴志宏．翻转课堂的特征及其有效实施：以理科教学为例［J］．中国教育学刊，2014（8）．

［38］向雄海，胡云，张博文．基于现代教育理念的学校拔尖人才培养与

教育创新的思路与行动［J］．生活教育，2014（5）．

［39］李素洁，王德复，张博文．用生态性教育理念提升学校品质：我校生态性教育创新方面的思考和行动［J］．中小学教师培训，2014（4）．

［40］陈玉琨．新时期卓越校长的追求［J］．人民教育，2013（9）．

［41］杨梅．学科宣言：教师群体的专业信念［J］．基础教育课程，2013（8）．

［42］沈曙虹．学校核心理念策划的若干路径［J］．教育科学论坛，2013（6）．

［43］刘璇．体验多元文化，加深国际理解：麓山国际实验学校英语教学理念有感［J］．中学生英语（初中版），2012（3）．

［44］任小艾，任国平，朱哲．期待已久的变革：广西壮族自治区有效教育改革与实践纪实［J］．人民教育，2012（1）．

［45］《评价与管理》编委会．国家中长期教育改革和发展规划纲要（2010～2020年）［J］．评价与管理，2010（9）．

翻译图书文献

［1］怀特海．教育的目的［M］．徐汝舟，译．上海：文汇出版社，2012．

［2］弗谷森·戴安．个别化学习设计指南［M］．王玲玲，译．上海：华东师范大学出版社，2007．

会议论文

［1］龚小英，吴丽萍，李小勇．中小学课堂学习环境的设计研究//十三五规划科研成果汇编（第五卷）［C］，2018（5）．

硕博论文

［1］邓智刚．中学个别化教学组织管理的实践与思考［D］．长沙：湖南大学，2016．

［2］胡云．基于现代学校制度下的特色学校创建研究［D］．长沙：湖南大学，2017.

报纸类

［1］石中英．活力，新时期办学的核心追求［N］．中国教育报，2017－01－11.

［2］陈永平．依托学科教学培育核心素养［N］．中国教育报，2016－11－09.

［3］钟启泉．打造实践研究的学习共同体［N］．中国教育报，2016－11－23.

［4］王勇．寻找培育核心素养的共识与支撑［N］．中国教育报，2016－11－02.

［5］北京师范大学中国教育创新研究院．破译21世纪核心素养教育的全球经验［N］．中国教师报，2016－06－08.

［6］袁振国．核心素养如何转化为学生素质［N］．光明日报，2015－12－08.

后 记

自觉的校长办自觉的教育。所谓“自觉”，包括了校长对文化的自觉和对教育的自觉，还有他对自身使命和责任的自觉。

将自己关于学校教育教学改革的想法整理结集成书一直是我的愿望。无意故弄玄虚，但希望能以专业取向为标准，平易通俗地将一线教师在教育改革过程中的一些想法和做法真实而相对完整地记录下来。所以本书关于高效课堂的探讨不只满足于理论的演绎，更注重实例分析、现象探讨、成果形成等实践过程。

书能付梓，离不开众多人的关心、支持和帮助。

感谢湖南省教科院的领导。杨敏副院长等领导和专家多次亲临指导，他们从方向把握、立意取舍、素材运用等多方面给予我指点。

感谢湖南省“十三五”教育重点规划课题组的同仁王德复、张博文、刘仕龙，他们从选题、构思、数据处理到论文的修改等都诸多方面给予我很大的帮助。

感谢麓山国际实验学校开展“迈乎高效课堂”教育教学改革活动中的每一位参与者，是他们不断提供鲜活的课堂案例，分享切身的实践感受，才让“迈乎学习”的教育思想体系得以落地、生根、发芽。

教育只有在不断反思总结中才能取得更大的进步。我的这次书稿总结，倘若能给自己带来一点点进步，给读者带来一点点思考，我便也知足了。仓促成稿，还望批评指正！

邓智刚

2019 年 6 月于麓山沁园